Markus Spindler

Schachlehrbuch für Kinder

Anfänger

13. Auflage 2020

ISBN 978-3-95920-115-5

© by Joachim Beyer Verlag

Ein Imprint des Schachverlag Ullrich, Zur Wallfahrtskirche 5, 97483 Eltmann

Alle Rechte vorbehalten. Nachdruck, jegliche Vervielfältigung oder Fotokopie, sowie Übertragung in elektronische Medien, nur mit schriftlicher Zustimmung des Verlags.

Inhalt

		Seite
Inhaltsverzeichnis	....	3
Einleitung	....	5

Kapitel 1:
	Das Kampffeld und das Heer	8
1.1	Wie alles anfing	9
1.2	Das Brett	11
1.3	Die Figuren – Der König	13
	Der Bauer	14
	Der Turm; Der Läufer	16
	Die Dame; Der Springer	18
1.4	Zusammenfassung und Schachnotation ..	20
1.5	Kontrollfragen	23

Kapitel 2:
	Das Spielziel – Schachmatt	26
2.1	Wie sagt man Schach?	27
2.2	Wie sagt man Schachmatt?	28
	Das Matt mit Dame und zwei Türmen	29
	Matt mit zwei Schwerfiguren	30
	Matt mit einer Schwerfigur	31
	Andere Mattbilder	35
2.3	Wenn es nicht zum Sieg reicht – das Remis	37
	Remis durch zu wenig Material	37
	Remis durch Einigung der Spieler	38
	Remis durch Zugwiederholung und durch 50-Züge-Regel	38
	Remis durch Patt	39
2.4	Kontrollfragen	40

Kapitel 3:
	Wie spielen wir eine Partie Schach?	43
3.1	Wie beginnt man seine Partie Schach?	44
3.2	Zwei Sonderregeln	50
	Die Rochade	50
	Das Schlagen im Vorübergehen	52
3.3	Das Mittelspiel	53
3.4	Das Endspiel	62
3.5	Kontrollfragen	72

Kapitel 4:
	Endspiele	76
4.1	Technische Endspiele – Matt mit zwei Läufern	77
4.2	Kampf der Figuren gegen einen Bauern	78
4.2.1	Läufer gegen Bauern	78
4.2.2	Springer gegen Bauern	79
4.2.3	Turm gegen Bauern	80
4.2.4	Dame gegen Bauern	82
4.3	Der Kampf zweier unterschiedlicher Figuren gegeneinander	87
4.3.1	Dame gegen Turm	87
4.3.2	Dame gegen Leichtfigur	89
4.3.3	Turm gegen Läufer	89
4.3.4	Turm gegen Springer	91
4.4	Bauernendspiele	91
4.4.1	Bauern auf einer Linie	92
4.4.2	Bauern auf verschiedenen Linien	93
4.4.3	Die Symmetrie des Schachbrettes	95
4.4.4	Endspiele mit einem Mehrbauern	97
4.4.5	Bauernendspiele mit vielen Bauern	98
4.5	Turmendspiele	102
4.6	Leichtfigurenendspiele	108
4.6.1	Springerendspiele	108
4.6.2	Läuferendspiele	110
4.6.3	Läufer gegen Springer im Endspiel	111
4.7	Damenendspiele	114
4.8	Kontrollfragen	119

Einleitung

Spielen wir eine Partie Schach?
Eine wunderbare Frage. Warum? Das wird nur der richtig einzuschätzen wissen, der in die jahrtausendealten Geheimnisse des königlichen Spieles eingedrungen ist, der sich hat bezaubern lassen von der inneren Logik, dem Ideenreichtum, aber auch der Schönheit des Schachspiels. In unserer heutigen Zeit, wo Fernseher und DVD-Spieler, Computer und HiFi-Anlagen das gesellige Beisammensein immer mehr in den Hintergrund drängen, wo Mensch-ärgere-dich-nicht und Domino sich anhören wie Begriffe aus Urzeiten, hat sich das Schach allgemeine Beliebtheit bewahrt. Denn es ist durch seine einmalige Kombination aus Elementen der Wissenschaft, des Sportes und der Kunst mit keinem anderen Spiel vergleichbar. Nicht ohne Grund werden die Stimmen immer lauter, die fordern, Schach als Schulfach aufzunehmen, denn es dürfte neben Latein eine einmalige Schule der Logik sein. Spielend lernen. Nicht ohne Grund auch erfreut sich das Spiel als Wettkampfsport steigender Beliebtheit. Waren die Weltmeisterschaftskämpfe noch vor 30 Jahren eine Veranstaltung, von der nur unverbesserliche Fans Notiz nahmen, so haben sie sich heute zu einem sportlichen Großereignis gemausert, werden auf der Straße ausdiskutiert, und so mancher Fan von Topalow ist dem Herzinfarkt nahe, wenn Anand wieder einmal in letzter Sekunde noch das Steuer herumreißt. Aber auch die Nichtweltmeister stehen nicht mehr außerhalb der Öffentlichkeit. Bereits die zehnjährigen Kinder tragen Landesmeisterschaften aus, für die Zwölfjährigen gibt es die erste Europameisterschaft, und nicht selten ist der Jugendweltmeister bald ein Anwärter auf den Schachthron der alten Herren.

Bis dahin braucht es viel Übung und Geduld. Doch muss man diese auch z.B. für Mathematik aufbringen, was den meisten keinen Spaß macht. Beim Schach aber ist das alles verbunden mit der Freude am Spiel, dem Stolz über eine gewonnene Partie und dem Spaß mit der Mannschaft. Und wie Wissenschaftler herausgefunden haben, schult dieses Spiel unsere mathematisch-naturwissenschaftlichen Fähigkeiten genauso wie eine Mathematikstunde. Das sind schon eine ganze Menge Vorteile, doch hat das Schach noch anderes zu bieten. Vor allem scheint mir nämlich wichtig, dass Schach, gerade wenn man es in einem Klub wettkampfmäßig betreibt, uns Spaß, Unterhaltung, Zusammenhalt im Team vermittelt. Eine gut aufeinander eingespielte Mannschaft geht durch dick und dünn und wird gewiss nicht nur Schach zusammen spielen, sondern auch gemeinsame Urlaubsfahrten unternehmen, zusammen Feten feiern und vieles andere. Wie gut ist es heute, wo wir immer mehr Freizeit haben, wenn wir auch wissen, wie wir diese sinnvoll ausnutzen können.

Und so kann ich also nur empfehlen, seine Aufmerksamkeit dem Königlichen Spiel zuzuwenden – es lohnt sich. Ich selbst arbeite schon einige Jahre als Trainer von Kindergruppen, und viele, die mit mir geübt haben und durch die Lande gefahren sind, sind dieser Sportart noch heute treu. Mancher hat in der Zwischenzeit andere Interessen, noch nie aber habe ich jemanden getroffen, der mir sagte, dass er gar nicht mehr spiele und traurig sei, sich jemals damit beschäftigt zu haben.

Im Schach, wie in vielen anderen Sportarten auch, fangen die Kinder immer früher an zu üben. Nicht selten gibt es bereits Kindergärten, die das königliche Spiel in ihr Förderprogramm aufgenommen haben. Diejenigen, die auf den Siegespodesten ganz oben stehen, haben oft mit sechs oder gar fünf Jahren ihre ersten Partien gespielt, ja selbst mit vier Jahren ist ein Kind durchaus in der Lage, die Regeln des Spieles zu begreifen und zu trainieren. Früh übt sich ...

Und so habe ich dieses Lehrbuch in erster Linie für Kinder geschrieben. In meinen Trainingsstunden ist mir immer wieder negativ aufgefallen, dass kein Buch, kein Übungsmaterial zu haben war, welches wirklich für Kinder gemacht ist und den spezifischen Ansprüchen, die man an ein solches Lehrwerk stellen muss, gerecht wird. Anfängerlehrbücher, wie man sie überall zu kaufen bekommt, gehen generell davon aus, dass der Leser ein potenzieller Weltmeister ist, dem eigentlich alles klar ist und dem man deshalb nach 20 Einführungsseiten gleich ein paar Weltmeisterpartien vorsetzen kann, da er daraus den höchsten Nutzen zieht. Ein solches Lehrbuch aber ist für ein methodisch aufgebautes Training völlig unbrauchbar, im Mathematikunterricht der ersten Klasse stehen auch keine Logarithmen oder Integrale auf dem Lehrplan, obwohl der Schüler daraus mehr lernen könnte als aus der Frage, wie viel 1 + 1 ist. So habe ich mich also aus meinen eigenen Erfahrungen heraus bemüht, dieses Buch so zu gestalten, dass es für Kinder einen optimalen Lerneffekt verspricht. Es ist zum Selbststudium geeignet, kann als Trainingsunterlage in der Schachgruppe im Klub oder auch in der Schulschachgruppe verwendet werden. In allen Varianten, kommentierten Partien und angegebenen Regeln habe ich mich gemüht, das Niveau zu wahren, welches so weit über dem des Anfängers steht, dass er maximalen Nutzen daraus ziehen kann. Um hier eine grobe Einschätzung zu geben: Jeder bis zum Niveau des Deutschen Meisters in der Altersklasse 12 sollte dieses Buch mit Gewinn lesen können. Und wenn ich es auch speziell für Kinder geschrieben habe, so halte ich es doch auch für eine sehr gute Einstiegshilfe für ältere Jahrgänge, die sich mit diesem Spiel beschäftigen wollen.

Am Schluss jedes Kapitels habe ich Kontrollfragen angefügt, damit jeder sein Wissen testen kann. Wer das vorangegangene Kapitel gelesen hat, sollte meistenteils keine unüberwindlichen Schwierigkeiten damit haben. Ich habe bewusst darauf verzichtet, die Lösungen mit anzugeben, da das aus meiner Sicht zu schnell dazu verführt, einfach nachzuschlagen. Wer eine besonders knifflige Frage erwischt hat, der kann sich damit bestimmt an Eltern, Geschwister oder Trainer wenden.

Damit nicht jeder gleich nachschlägt, befinden sich die Lösungen zu den Kontrollfragen am Ende des Zweiten Bandes.

Falls ihr aber mal ein Problem habt, welches gar zu schwer ist, könnt ihr mir ruhig mal schreiben! Ich schicke euch dann die Antwort. Auch über Hinweise, Meinungen, Kommentare und Verbesserungsvorschläge freue ich mich jederzeit:
Email: 007spindler@web.de

Dann können wir uns also ins Vergnügen stürzen. Wir werden viel erfahren über unser Schachheer. Dabei sollten wir nicht vergessen, dass viele Begriffe zwar aus dem Kriegsgeschehen stammen, aber nicht zu Gewalt und Unrecht aufrufen, sondern dass im Gegenteil das Schachspiel ein einzigartiges Beispiel dafür ist, wie man einen Kampf auf Leben und Tod auch friedlich führen kann – auf dem Brett.

Manchem wird das Buch beim Durchblättern vielleicht als zu schwer erscheinen. Kann denn ein sechsjähriges Kind so etwas überhaupt verstehen? Dazu möchte ich sagen, dass wir unsere Kinder oftmals unterschätzen. Im übrigen ist dieses Buch eine Zusammenfassung von Wissen, mit der über einen längeren Zeitraum hinweg gearbeitet werden soll. Das tiefere Verständnis vieler Regeln und Begriffe wird sich erst im praktischen Üben herausbilden. Auch dazu sind vielfältige Hinweise gegeben.

Sicher hätte man manches weglassen können. Das aber ist der Fehler vieler Lehrbücher, die mit dem Argument, das verstünde ein Kind sowieso nicht, für das Gesamtverständnis wichtige Details unterschlagen. Ich glaube vielmehr, dass ein Kind sehr viel verstehen kann, wenn es Interesse an der Sache hat und man sie ihm richtig erklärt! Das hat meine langjährige Tätigkeit als Schachtrainer gezeigt. Die Erfolge mancher Trainer, die innerhalb eines Jahres aus Anfängern Sieger nationaler Kindermeisterschaften machen, zeigen deutlich, was für Möglichkeiten in unseren Kindern stecken. Wir sollten sie zu wecken suchen!

Zum Schluss noch ein kleiner Hinweis: Dieses Buch wurde im Jahr 1990 Jahre geschrieben. Wenn man heute, wo erfreulicher Weise immer mehr Menschen sich nicht als „Ossis" oder „Wessis", als ehemalige Bürger der DDR und BRD oder der alten und neuen Bundesländer fühlen, sondern als Deutsche, Europäer oder Weltbürger, noch an der einen oder anderen Stelle diese Bezeichnungen liest, möge man nicht stutzen, sondern schmunzeln – wir wollten der damaligen Niederschrift ihre Authentizität nicht durch eine Überarbeitung rauben.

Ich wünsche euch allen viel Spaß beim Lesen und Üben und hoffe, dass ich von euch in Kürze in der Schachzeitung lesen kann, wenn ihr euer erstes Turnier gewonnen habt. Und wenn ihr in zehn Jahren Großmeister seid, dann wünsche ich mir, dass ihr nicht nur professionell eure Partien spielt, um die Millionen einzukassieren, sondern dass ihr noch immer erfreut seid, wenn euch jemand die Frage stellt: „Spielen wir eine Partie Schach?"

Markus Spindler, Dezember 2009

Kapitel 1: Das Kampffeld und das Heer

1.1.

Wie alles anfing

Vor langer, langer Zeit, es muss wohl schon 2000 Jahre oder noch länger her sein, da regierte im Königreich Indien ein weiser und gütiger alter Herrscher. Er war bei Jung und Alt beliebt, denn er verwaltete das Land redlich und gerecht, führte keine Kriege mit den Nachbarvölkern und erhob auch nur wenig Steuern, so dass es das Volk zufrieden war. Die Felder blühten, alle hatten genug zu essen, kleideten sich in saubere Gewänder und waren den ganzen Tag guter Dinge. Die großen Lastelefanten besorgten alle schwere Arbeit, die Menschen waren einander Freund und halfen sich, wo sie nur konnten. Der König hatte eine schöne Gemahlin, die im Volk ebenfalls sehr beliebt war, denn sie war sehr klug und gab ihrem Gatten so manchen guten Rat. So war das ganze Volk glücklich.

Leider aber neigte sich das Leben des Herrschers seinem Ende entgegen, er legte sich zum Sterben nieder und vermachte sein Reich den beiden jungen Königssöhnen. Diese aber waren zwei rechte Heißsporne, immer zum Raufen und Streiten aufgelegt und konnten sich nicht einigen, wie sie sich in die Herrschaft teilen sollten. Da half kein guter Rat der Mutter, keine Bitte und kein Flehen, beide sammelten ihre Anhänger, riefen ihr Heer zusammen und zogen in die Schlacht, denn jeder wollte allein König sein. So schlimm kann es werden, wenn sich zwei Gegner streiten, die beide unvernünftig sind. Solcher Zank geht meistens nicht gut aus – so auch hier: Der jüngere Bruder fiel, von einem verirrten Pfeil tödlich verwundet, mitten im Schlachtgetümmel. Da sah nun der Ältere, was er angerichtet hatte und große Trauer befiel sein Herz. Die Schlacht wurde abgebrochen und alle zogen nach Hause, wo die alte Königin vor Schmerz fast den Verstand verlor, als sie ihr Kind getötet sah. „Das hast du getan, du allein hast ihn erschossen, weil du alles für dich haben wolltest!", schrie sie den ältesten Sohn an, dann schloss sie sich ein und aß und trank nichts mehr, da sie glaubte, ihr älterer Sohn hätte den jüngeren mit Absicht in eine Falle gelockt. So saß sie in ihrem Zimmer und magerte immer mehr ab, bis sie sich vor Schwäche gar nicht mehr erheben konnte. Da endlich kam dem Königssohn die rettende Idee. Er verschwand mit seinem Schnitzmesser im Wald und kam am Abend mit einem seltsamen Brett und einem Beutelchen wieder nach Haus. Mit diesen Dingen betrat er die Gemächer der Königin.

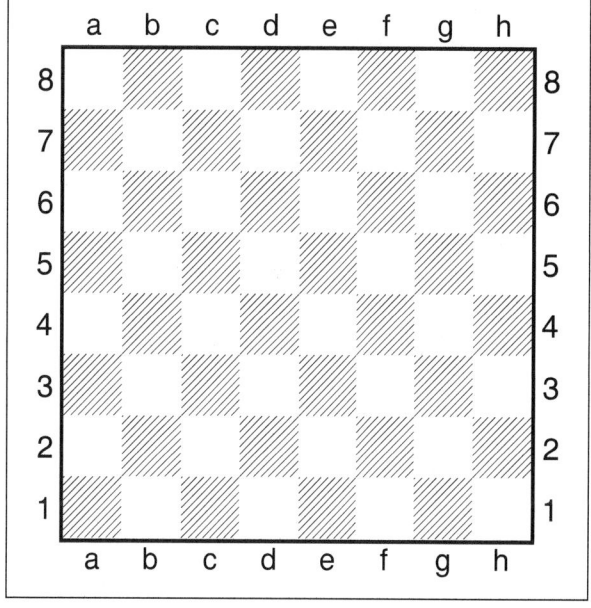

Diagramm 1

„Endlich kann ich dir meine Unschuld beweisen", rief er erfreut aus, „sieh her!" Und er legte das seltsame Brett auf den Tisch und schüttete aus dem Säckchen eine ganze Anzahl seltsamer Figuren dazu. „Dieses Brett", so erklärte der Königssohn, „soll das Kampffeld darstellen. Die Schlacht fand auf einer großen Ebene statt, ich habe das Feld der Übersichtlichkeit halber in verschiedene Felder eingeteilt, du erkennst in jeder Reihe vier weiße und vier schwarze Felder, und da das Brett ein Quadrat ist, also alle Seiten gleich lang sind, besteht das Brett aus 8 mal 8 Feldern." (Siehe Diagramm 1)

„Diese 64 Felder", fuhr der Königssohn in seiner Rede fort, „sind also unser Kampffeld. Auf ihnen nimmt das Heer Aufstellung." „Wie aber soll ich das Brett hinlegen, damit alles richtig ist?" fragte die Königin interessiert.

„Das ist ganz einfach. Wir legen das Brett immer so hin, dass sich in der linken unteren Ecke ein schwarzes Feld befindet, in der rechten also ein weißes. Und nun zeige ich dir, wie unsere Streitkräfte Aufstellung genommen hatten. Beide Heere waren nach Landessitte gleich ausgerüstet und standen sich genau gegenüber. Damit du alles unterscheiden kannst, habe ich die Soldaten meines Bruders weiß, meine aber schwarz dargestellt. Den Offizieren voran schritt wie immer eine Reihe schützender Fußsoldaten, die mit Pfeil und Bogen auf den Gegner eindringen sollten. Diese Aufgabe mussten natürlich unsere armen Bauern übernehmen. Wir stellten also auf die zweite Reihe eine gerade Bauernkette. Dahinter nahmen die anderen Waffengattungen Aufstellung. Ganz außen zogen unsere gepanzerten Kampfelefanten auf, um uns die Flanken freizuhalten. Daneben war die leichte Reiterei postiert. Auf die Pferde folgten die Melder, schnelle Läufer, die mir sofort Meldung zu erstatten hatten, wenn sich etwas Wichtiges auf dem Kampffeld tat und meinen beiden Flügeln auch meine Befehle überbringen mussten. In der Mitte des Heeres, auf einem Hügel, geschützt von meinen Truppen, hatte ich mit meinem treuen Minister Aufstellung genommen, um alles übersehen zu können. Genauso verfuhr auch mein Bruder auf der anderen Seite. Meinen Ratgeber stellen wir auf ein schwarzes Feld, weil wir die schwarze Farbe gewählt haben, den Minister meines Bruders auf ein weißes, denn auch seine Streitkräfte sind ja weiß. So also hat alles angefangen, das war unsere Grundstellung vor der Schlacht und wird es immer wieder sein, denn schon unsere Väter und Vätersväter zogen so in den Krieg."

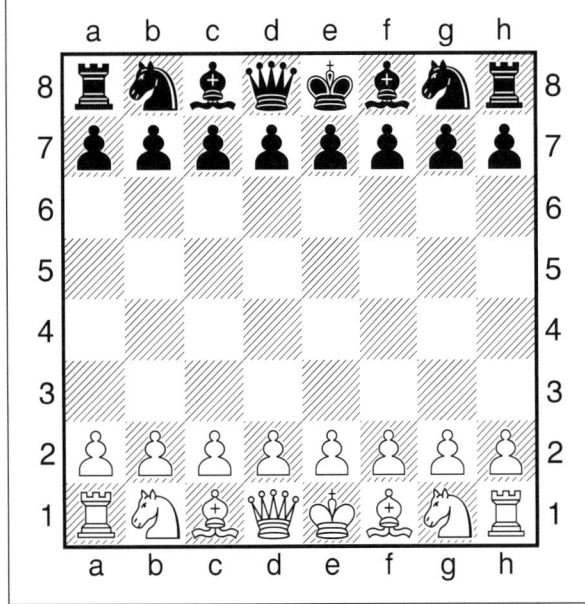

Diagramm 2

So sprach der junge Königssohn und dann ging er daran, seiner Mutter den Kampfverlauf zu erläutern. Er zeigte ihr genau, wie sich die Schlacht entwickelt hatte, wo jemand gefallen war und wo sein armer Bruder stand, als ihn der tödliche Pfeil traf. So gelang es ihm, die Mutter von seiner Unschuld zu überzeugen. Ihr aber, so berichtet diese alte Sage weiter, soll das Spiel so gut gefallen haben, dass sie hinfort nur noch die Figuren über das Brett bewegte und sich um nichts anderes mehr kümmerte, bis sie ihrem alten Gemahl ins Grab nachfolgte.

So also ist das Schachspiel entstanden!? Die Wissenschaftler wollen natürlich immer alles genau wissen und geben sich nie mit alten Sagen zufrieden. Sie haben aber herausgefunden, dass schon eine ganze Menge Wahres in der alten Überlieferung liegen könnte.

Das Schachspiel ist vor ungefähr 2000 Jahren in Indien entstanden und stellt wirklich eine Nachbildung des Schlachtfeldes dar. Früher wurde allerdings noch ganz anders gespielt. Von den Indern kam das Spiel zu den Persern, welche sich auch mit Feuereifer darüber hermachten. Sie nannten den Minister Wesir. Durch Händler wurde das Spiel dann bis ins Morgenland getragen, und als die Muselmanen zu

Beginn unseres Jahrtausends Spanien eroberten, brachten sie auch das Schach mit nach Europa. Die Fürsten hier fanden es auch äußerst interessant, nur konnten sie mit einigen Bezeichnungen nichts anfangen. Pferde, Läufer, Fußvolk und König gab es auch in Europa, was aber war ein Wesir und was ein Elefant? So nannten sie den Kampfelefanten in Erinnerung an ihre festen Burgen und Schlösser, aber auch an ihre gepanzerten Kampfwagen einfach Turm, und dem König stellten sie seine Königin, seine Dame zur Seite. Und so heißen die Figuren noch heute und auch das Ziel ist dasselbe geblieben, den Feind zu besiegen. Der Name Schach aber kommt noch von den Persern, deren König Schah genannt wurde. Wenn dieser in der Schlacht in Gefahr war, so warnte ihn sein Wesir mit dem Ruf „Schach", das bedeutet auf Persisch: Schah, pass auf!

So also hat sich das Schach über die Jahrhunderte hinweg verbreitet und entwickelt. Heute zieht es Millionen Menschen aus aller Welt in seinen Bann. Wenn aber einer behauptet, es sei so ungeheuer schwer, so muss er flunkern, denn wir haben in dieser kurzen Zeit aus der Erzählung des Königssohnes schon eine ganze Menge hochwichtiger Sachen gelernt. Wollen wir noch einmal wiederholen:

Das Schachbrett besteht aus 64 schwarz und weiß eingefärbten Feldern. In der rechten unteren Ecke befindet sich ein weißes Feld. Auf der zweiten Reihe stehen die Bauern (es sind 8). Auf der ersten Reihe stehen: ganz außen zwei Türme, daneben je ein Springer, gefolgt von einem Läufer; in der Mitte sind König und Dame platziert.

Die Dame liebt ihre Farbe, das heißt, sie steht auf einem Feld, das dieselbe Farbe hat wie sie.

1.2

Das Brett

Wir wollen uns nun noch kurz mit dem Schachbrett befassen, weil wir die dazugehörigen Begriffe zum Erklären der Figurenzüge brauchen werden. Ihr müsst euch deshalb von dieser etwas langweiligen Seite nicht abschrecken lassen, gleich wird's wieder spannend. Damit man überhaupt etwas erklären und auch Partien in die Zeitung drucken kann, muss man natürlich eine Bezeichnung für die Felder haben. Wie sonst soll man klar machen, wohin z.B. der Läufer gezogen hat. Dazu sind an der Seite des Brettes die Buchstaben a bis h angebracht. Wenn das Brett richtig liegt, zeigen sie zum Spieler. Alle Felder, die über demselben Buchstaben liegen, nennt man eine **Linie**. Außerdem sind rechts und links am Brett die Zahlen 1 bis 8 zu sehen. Alle Felder neben derselben Zahl heißen eine **Reihe**. Jedes Feld liegt also auf einer bestimmten Linie und auf einer Reihe. Von der Linie bekommt es den Buchstaben, von der Reihe die Zahl. Der Buchstabe wird immer zuerst genannt, und fertig ist die Feldbezeichnung. Die Felder heißen also a1, a2, a3, ..., d5, d6, ... usw. Auf unseren Diagrammen und auf fast allen Schachbrettern sind die Randbezeichnungen vorhanden, so dass man sich leicht orientieren kann. Man bezeichnet nun die Reihen und Linien nach ihren Zahlen und Buchstaben, so sagt man also z.B. „die f-Linie" oder die „5. Reihe". Im Diagramm 3 habe ich die Felder dieser beiden Geraden für euch noch einmal extra bezeichnet. Außerdem werden wir noch sehen, dass auch die Schrägen für uns von Bedeutung sind. Sie nennen wir **Diagonalen**. Auf Diagonalen liegen grundsätzlich nur Felder einer Farbe. Um auch diese Geraden zu bezeichnen, geben wir ihr erstes und ihr letztes Feld an. Wir sagen z.B. „die Diagonale a2-g8"; auch diese habe ich im Diagramm nochmals kenntlich gemacht.

Natürlich sind nicht alle Felder in ihrer Qualität gleich gut geeignet für die Figuren, wir werden das gleich feststellen. Um hier unterscheiden zu können, nennen wir alle äußeren Felder den Rand (im Diagramm 4 hervorgehoben), die vier Ecken haben

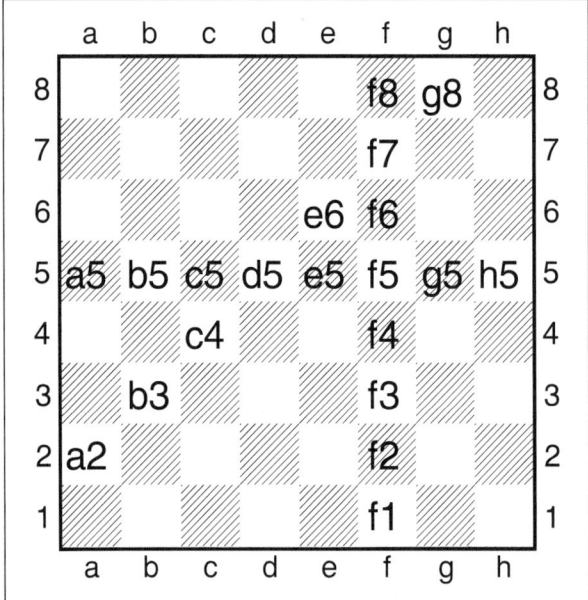
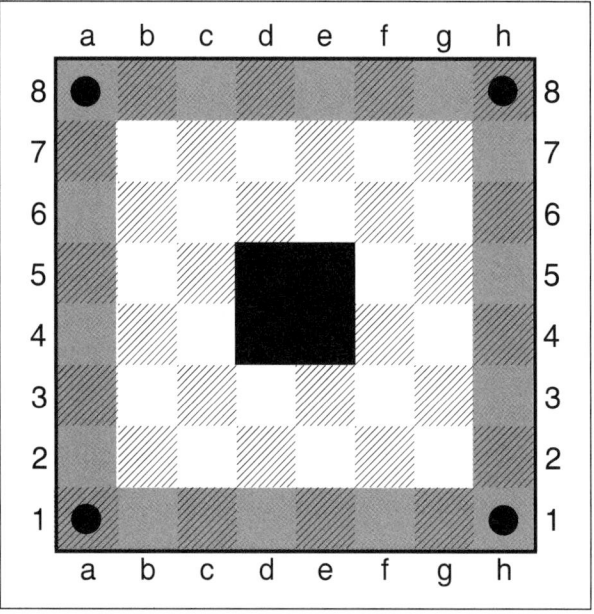

Diagramm 3

Diagramm 4

dabei noch eine besondere Bedeutung (im Diagramm 4 mit Punkten markiert). Die vier Felder, die in der Mitte liegen, heißen **Zentrum.** Es sind dies e4, e5, d4 und d5 (im Diagramm 4 ausgemalt).

Damit es auch hier keine Unklarheiten gibt, werden die weißen Figuren immer auf der ersten und zweiten Reihe aufgebaut, die schwarzen auf der siebenten und achten. Das ist auch deshalb gut so, weil nun die Damen immer auf der d-Linie stehen:
d wie Dame. Deshalb nennt man die beiden Flügel (Flügel = militärische Bezeichnung für die beiden Hälften des Heeres) den Damenflügel und den Königsflügel. Zu jedem Flügel gehören die Hälfte aller Felder, zum Damenflügel also die a-, b-, c- und d-Linie (da auf d die Dame steht), zum Königsflügel die e-, f-, g- und h-Linie (auf e steht immer der König). Damit haben wir uns mit der Einteilung des Brettes vertraut gemacht. Ihr braucht euch die neuen Begriffe nicht alle gleich zu merken, wenn sie dann im Buch vorkommen, könnt ihr ja wieder nachschlagen. Und schon können wir zum Wichtigsten kommen, zu den Figuren.

1.3

Die Figuren

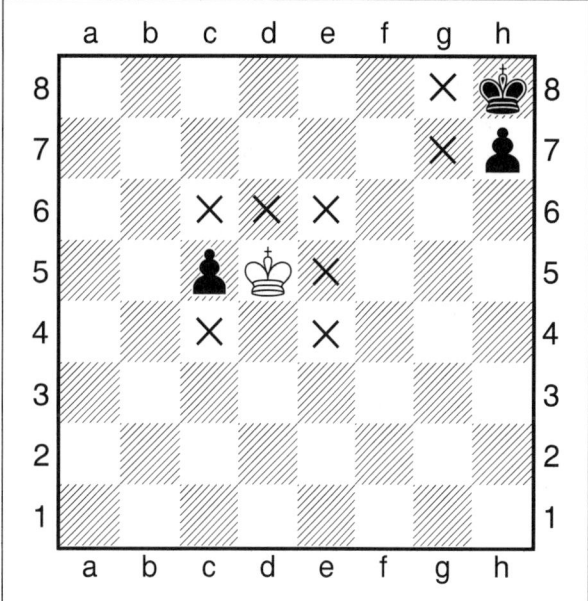

Diagramm 5

Der König

Der Heerführer ist natürlich die wichtigste Figur, um ihn dreht sich der gesamte Kampf, denn jeder versucht, den König seines Gegners matt zu setzen. Wie das genau zu bewerkstelligen ist, sehen wir uns später an. Der König ist dick und fett und setzt sich natürlich keiner Gefahr aus, da schickt er lieber seine Soldaten vor. Deshalb kann er nur jeweils ein Feld weit ziehen. So ein König ist eben träge. Dafür kann er sich aussuchen, in welcher Richtung er gehen möchte: nach oben, unten, rechts, links oder auch schräg; alles null Problem!

Im Diagramm 5 steht der weiße Herrscher im Zentrum auf d5, der schwarze in der Ecke auf h8. Alle Felder, auf die die beiden Könige ziehen können, sind gekennzeichnet. Steht nun eine eigene Figur auf einem dieser Felder, kann der König dieses natürlich nicht betreten, es ist besetzt. Befindet sich neben ihm aber eine Figur aus dem feindlichen Lager, so kann er sie einfach schlagen. Er nimmt sie vom Brett und stellt sich an ihre Stelle. Im Diagramm 5 steht auf h7 ein schwarzer Bauer, auf dieses Feld darf der schwarze König also nicht. Den schwarzen Bauern auf c5 dagegen kann Weiß bedenkenlos schlagen. Der König selbst aber darf als oberster Heerführer nie von einer feindlichen Figur geschlagen werden, man könnte ihn sonst ja nicht mehr matt setzen. Also muss er sich schonen und darf nie ein Feld betreten, welches von einem Feind bedroht wird. Das heißt insbesondere, dass zwei Könige niemals nebeneinander stehen dürfen, da sie sich sonst gegenseitig schlagen könnten. Damit wissen wir über die wichtigste Figur bereits bestens Bescheid.

Der Bauer

Bauern gibt es wie Sand am Meer, nämlich im Ganzen 16 (8 weiße und 8 schwarze). Sie bilden das Fußvolk, das im Kampf voranmarschieren muss und nötigenfalls geopfert wird. Deshalb darf ein Bauer auch niemals zurückgehen, sein Schicksal treibt ihn stur geradeaus; Sieg oder Tod ist die Parole. Wenn die Bauern noch in der Grundstellung stehen, sind sie ausgeruht und kräftig, sie können dann einen großen Sprung machen und gleich ein Feld überspringen. Wenn sie möchten, kann es aber auch gemütlich mit einem Einzelschritt vorwärts gehen. So kann der weiße Bauer auf b2 (Diagramm 6) sowohl nach b4 als auch nach b3 gehen, ebenso darf der schwarze auf h7 zwischen h5 und h6 wählen. Sobald aber ein Schritt gemacht wurde, auch wenn es nur ein einfacher war, ist es vorbei mit den großen Sprüngen. **Nur ein Bauer, der noch auf seinem Ausgangsfeld steht, hat das Recht, einen Doppelschritt zu machen.** Ansonsten dürfen Bauern immer nur ein Feld nach vorn gehen, mehr nicht. Der Bauer auf d3 darf demnach nur auf d4, der auf f4 nur nach f3 (Weiß läuft nach oben, Schwarz nach unten). Eine Ausnahme bildet hier das Schlagen. Ein Bauer darf eine Figur, die vor ihm steht und ihm den Weg versperrt, nicht schlagen. Er ist blockiert und darf nicht ziehen. Die Bauern a4 und a5 blockieren sich gegenseitig. Sie können beide nicht ziehen. Der weiße Bauer auf c6 wird von seinem eigenen König blockiert, der schwarze auf e7 von einem feindlichen Läufer. Auch diese beiden können nicht ziehen (siehe Diagramm 6).

Allerdings kann auch ein Bauer feindliche Figuren vom Brett nehmen, aber schräg. **Bauern schlagen feindliche Figuren, die sich schräg vor ihnen befinden, indem sie diese wegnehmen und sich an ihre Stelle setzen.** Im Diagramm 7 kann der weiße Bauer b2 sowohl einen der beiden schwarzen Bauern auf a3 oder c3 schlagen als auch ein oder zwei Felder vorbeiziehen. Der schwarze Bauer auf h5 ist blockiert, er kann nicht geradeaus ziehen, aber durchaus den Läufer auf g4 schlagen.

Doch auch ein Bauer kann zu Ehre und Würden gelangen. Wenn er sich durch das Schlachtengetümmel geschlagen hat und mutig auf der letzten Reihe angekommen ist, wird er nämlich befördert. Dann darf er sich wünschen, was er werden will. Er wird einfach vom Brett genommen, und an seine Stelle wird eine beliebige andere Figur gesetzt. Nur einen König darf man sich natürlich nicht wünschen – kein vernünftiger König wird seinen Soldaten, wenn er tapfer war, zum König befördern! Im Diagramm 7

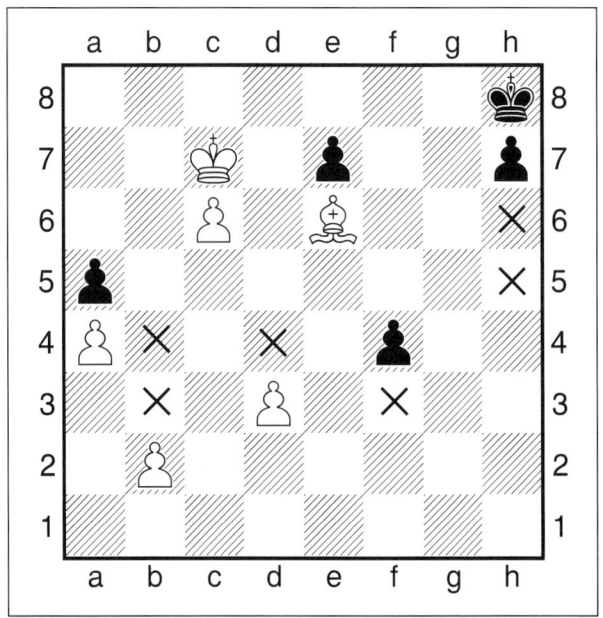

Diagramm 6

kann der weiße Bauer auf c7 nach c8 gehen und sich verwandeln, der schwarze Bauer auf f2 kann sich sogar aussuchen, ob er sich auf f1 verwandelt oder lieber noch den Springer auf g1 schlägt und also auf g1 zum General geschlagen wird. Nun wissen wir auch über den Bauern Bescheid. Bevor wir uns an die anderen Figuren (die viel leichter sind) wagen, können wir jetzt erst einmal ein Spiel spielen.

Stellt die Figuren wie in der Ausgangsstellung (Diagramm 2) aufs Brett, aber nur Könige und Bauern! Alle anderen Figuren lassen wir einfach weg. Weiß beginnt, dann macht jeder abwechselnd einen Zug. Spielziel ist, sich eine Figur wünschen zu dürfen. Wer es also als erster geschafft hat, mit einem Bauern auf die Grundreihe des Gegners zu kommen, hat gewonnen. Dabei solltet ihr alle Schlagmöglichkeiten gut beachten und, wenn nötig, auch euren König zum Einsatz bringen.

Sehen wir uns einmal ein solches Spiel an: Weiß beginnt und zieht seinen Bauern von e2 nach e4. Schwarz antwortet mit dem Bauern von d7 nach d5 (siehe Diagramm 8). Das war ein Fehler, denn Weiß schlägt diesen Bauern mit dem seinen auf e4. Schwarz zieht den Bauern von a7 nach a5 und Weiß geht von b2 nach b4. Nun hat Weiß einen Fehler gemacht, denn Schwarz schlägt mit seinem a5-Bauern den Bauern auf b4. Weiß spielt nun den Bauern von c2 nach c4, Schwarz antwortet mit b7 nach b6. Weiß zieht den Bauern a2 nach a4, Schwarz spielt den c7-Bauern nach c6. Das war wieder ein Irrtum, denn erneut gewinnt Weiß einen Bauern, indem er mit seinem Bauern auf d5 den auf c6 schlägt. Schwarz geht nach b3, Weiß nach c7. Nun droht Weiß auf c8 die Grundreihe zu erreichen, doch kann Schwarz das verhindern – er hat ja noch seinen König. Diesen zieht er nach d7. Weiß setzt siegessicher seinen Bauern auf die Grundreihe, doch kann Schwarz jetzt mit seinem König einfach den frischernannten General schlagen, ganz egal, welche Figur sich Weiß gewünscht hat. Also hat Weiß doch noch nicht gewonnen, denn weg ist weg. Weiß zieht nun den Bauern von h2 nach h4, und Schwarz von b3 nach b2. Nun droht Schwarz sich zu verwandeln, was Weiß jedoch nicht verhindern kann, denn sein König steht zu weit entfernt, er darf ja immer nur einen Schritt machen.

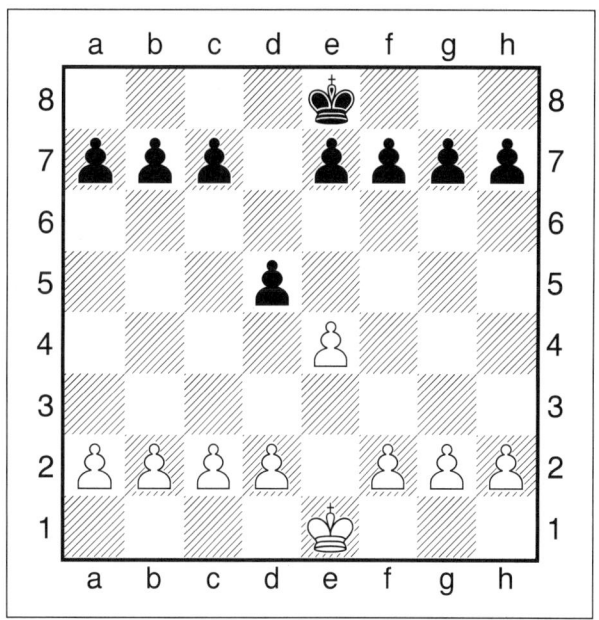

Diagramm 7   Diagramm 8

Deshalb gewinnt Schwarz im nächsten Zug die Partie.

In unserem kleinen Beispiel haben natürlich beide noch eine Menge Fehler gemacht. Ich hoffe, dass ihr schlauer seid und euch nicht gleich ein paar Bauern umsonst schlagen lasst. Wenn ihr also diese kurze Partie gut nachgespielt habt (auf eurem eigenen Brett wiederholen heißt „nachspielen"), dann macht es besser – viel Spaß dabei!

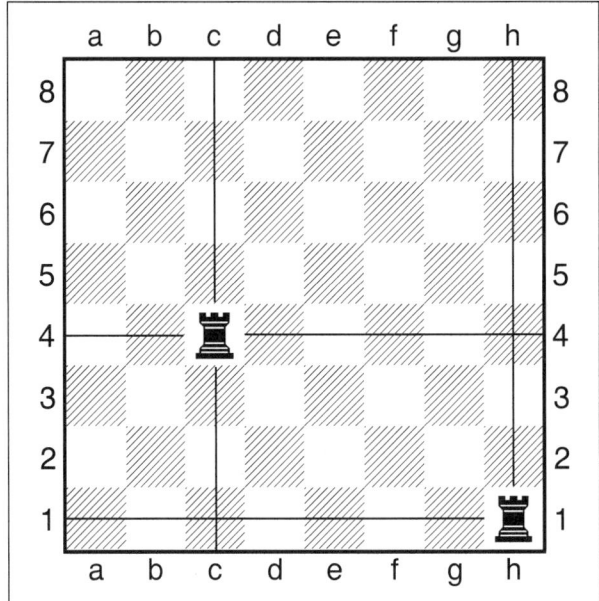

Diagramm 9

Der Turm

Der Turm ist eine der einfachsten Figuren. Er bewegt sich in gerader Richtung, also auf den Reihen und Linien beliebig weit über das Spielfeld. Andere Figuren kann er nicht überspringen, dazu ist er viel zu schwer. Schlagen darf er ganz normal, was ihm im Wege steht, indem er es wegnimmt und sich an seine Stelle setzt. Stellen wir einen Turm auf ein beliebiges Feld des Brettes, so bemerken wir eine Besonderheit – wenn ihm nichts im Wege steht, kann er stets genau 14 Felder erreichen. Es ist also egal, ob er in der Ecke oder im Zentrum steht. Da er große Sprünge machen kann, ist der Turm eine sehr starke Figur. Seine Zugweise ist in Diagramm 9 noch einmal kenntlich gemacht. Auf allen im Diagramm gekennzeichneten Feldern dürfte der weiße König nicht stehen, da er dort vom Turm geschlagen werden könnte. Das bedeutet, er wäre dort in Gefahr, auf persisch Schach. Wir sagen, auf einem solchen Feld steht der König im Schach.

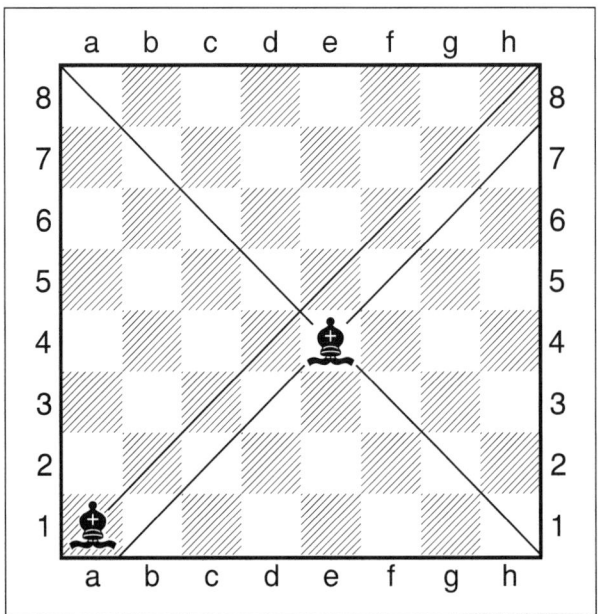

Diagramm 10

Der Läufer

Der Läufer kann wie der Turm beliebig weit ziehen, doch bewegt er sich nicht gerade, entlang der Reihen und Linien, sondern schräg, entlang der Diagonalen. Jede Partei besitzt einen schwarzfeldrigen (ein Läufer, der sich nur auf schwarzen Feldern bewegt) und einen weißfeldrigen Läufer. Auch der Läufer darf keine Figuren überspringen, wohl aber feindliche Kräfte schlagen. Das geschieht wie bei allen anderen Figuren auch, indem er sich an ihre Stelle setzt. Im Diagramm 10 ist die Gangart des Läufers demonstriert. Da wir wieder schwarze Läufer gezeichnet haben, ist es auch wieder der weiße König, der sich nicht auf die bezeichneten Felder wagen dürfte. Zählen wir die Felder zusammen, auf die der Läufer auf a1 im Diagramm 10 ziehen kann, so stellen wir fest, dass es 7 sind. Dagegen kann der Läufer auf e4 13 Felder betreten. Das ist auch für den Springer und die Dame typisch. Wir sollten uns merken, dass es sehr unklug ist, diese Figuren an den Rand oder in die Ecke zu stellen, weil sie im Zentrum wesentlich günstiger stehen.

Wir wollen nun unsere neuen Erkenntnisse wieder in einem Übungsspiel anwenden, welches uns hilft, uns die Gangart der Figuren einzuprägen.

Wir legen das leere Brett vor uns hin, dazu die vier Türme und die vier Läufer. Nun stellen wir diese nacheinander auf das Brett, und zwar so, dass sie sich gegenseitig nicht schlagen können. Jetzt macht wieder abwechselnd jeder einen Zug, gewonnen hat der, der zuerst eine Figur des Gegners schlägt, ohne dass dieser zurücknehmen kann.

Schlägt nämlich Schwarz einen Turm, und Weiß kann daraufhin auch einen Turm schlagen, so hat ja offensichtlich keiner von beiden einen Fehler gemacht. Man sagt, es war ein Abtausch (Weiß gab seinen Turm für einen des Gegners). Beim Aufstellen der Figuren in unserem Spiel ist darauf zu achten, dass jeder der zwei Spieler sowohl einen weißfeldrigen als auch einen schwarzfeldrigen Läufer erhält! Als Hilfestellung gebe ich euch eine mögliche Ausgangsstellung für dieses Spiel an, die ihr auf euer Brett übertragen könnt. Viel Spaß!

Weiß: die Türme auf b3 und c4; die Läufer auf d2 und d3,
Schwarz: die Türme auf f7 und g7; die Läufer auf f8 und h1.

Die D ame

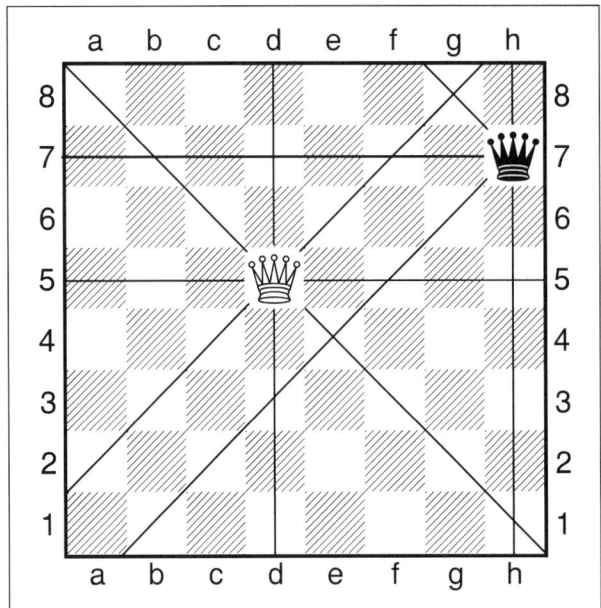

Diagramm 11

Die Dame ist die stärkste Figur, sie zieht haargenau so, als ob sie ein Turm und ein Läufer zusammen wäre. Das heißt also, sie kann wahlweise gerade oder auch schräg ziehen, keine Figuren überspringen, aber schlagen, wenn ihr ein Feind im Wege steht. Mit dieser geballten Kraft ist sie allen anderen Figuren weit überlegen und beherrscht das Geschehen auf dem Spielbrett. Wer sich die Dame schlagen lässt, ohne dafür die feindliche Dame in einem Abtausch zu gewinnen, der verliert meist auch bald die Partie. Im Diagramm 11 ist die Dame mit ihren Zugmöglichkeiten dargestellt. Zählt nach und beantwortet dann selbst die Frage, ob die Dame am Rand günstig steht! Darf der weiße König auf g7 stehen und der schwarze auf b4?

Der S pringer

So mancher behauptet, dass der Springer die am schwierigsten zu lenkende Figur sei, da er eben nicht auf vorgegebenen Bahnen geht wie die

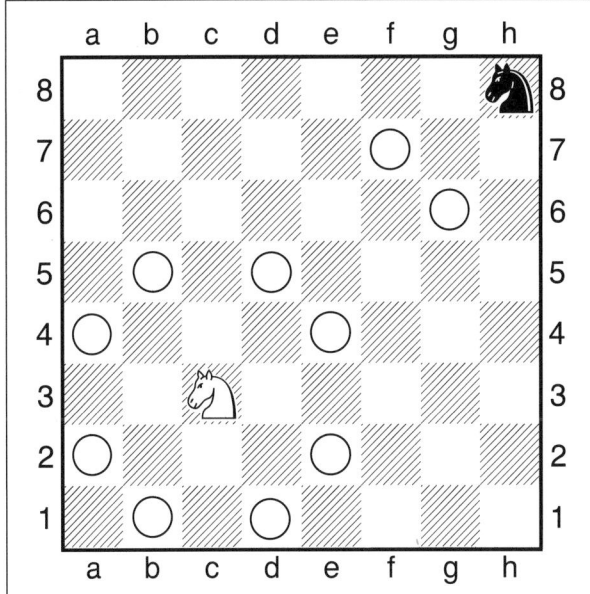

Diagramm 12

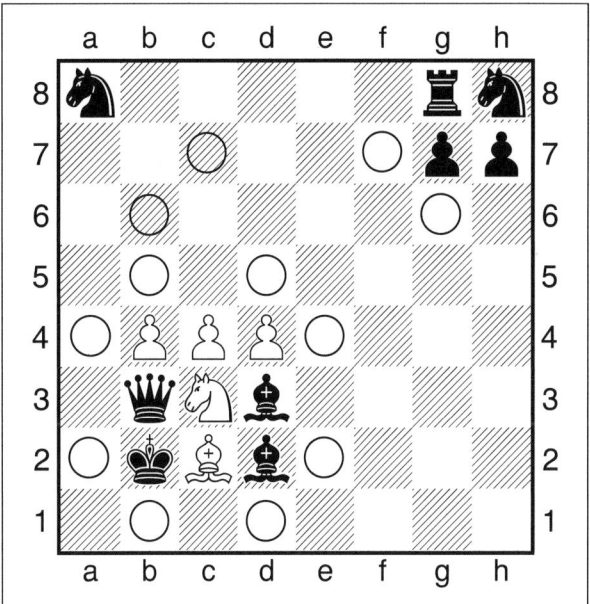

Diagramm 13

anderen Streitkräfte unseres kleinen Schachheeres. Ich denke aber, wenn man ein bisschen Fantasie hat, dann scheint einem das Pferd recht leicht zu bändigen. Der Springer ist die einzige Figur, die alle anderen überspringen kann. Das haben Pferde nun einmal so an sich und nur deshalb standen sie ja damals mit im Feld, als alles angefangen hat. Bei unseren Königssöhnen. Für einen Springer gibt es also keine Hindernisse und eben das macht ihn zu einer gefährlichen Waffe. Schlagen kann der Springer wie jede andere Figur auch. Er tut das umso öfter, als Feinde seine geschickten Manöver oft nicht durchschauen und vergessen, sich rechtzeitig in Sicherheit zu bringen. Wie aber zieht nun der Springer? Sehen wir uns das am besten auf Diagramm 12 an. Ein Springer vollführt seinen Sprung, indem er sich zwei Felder nach vorn und danach ein Feld zur Seite bewegt. Er kann vorwärts, rückwärts, nach rechts und nach links springen, hat also, wenn er weit genug in der Mitte steht, 8 Felder zur Verfügung. Am Rand sind es nur vier und in der Ecke gar nur zwei, eine große Einschränkung seiner Kampfkraft. Anfänger haben oft Schwierigkeiten, sich die Gangart des Springers einzuprägen. Betrachten wir dazu noch einmal Diagramm 12. Alle Felder, auf die der Springer ziehen kann, sind dort markiert. Wir sehen eine Blume, die sogenannte Springerblume. Mit ihrer Hilfe kann man sich die Gangart sehr schnell einprägen. Außerdem bemerken wir noch einen Umstand, der uns das Lernen erleichtert. Alle Felder, auf die der Springer ziehen kann, haben dieselbe Farbe. Aber welche? Genau die, auf der er nicht steht!

Steht ein Springer auf einem schwarzen Feld, so kann er wegen seiner Zugweise (zwei Felder geradeaus in eine beliebige Richtung und dann ein Feld zur Seite von dieser Richtung fort) nur auf einem weißen Feld landen und umgekehrt.

Steht der Springer also auf einem weißen Feld und will wieder auf ein weißes, so braucht er mindestens 2 Züge. Im Diagramm 13 ist noch einmal die Fähigkeit des Springers verdeutlicht, sich über alle Hindernisse hinwegzuheben. Der schwarze Springer auf a8 braucht 3 Züge, um nach b2 zu kommen. Dafür gibt es zwei verschiedene Möglichkeiten – findet sie heraus! Wie viele Züge braucht dieser Springer, um nach b1 zu kommen? Prägt euch die Zugweise des Springers gut ein und übt sie auf dem Brett so lange, bis ihr sie wirklich beherrscht! Schon oft habe ich es erlebt, dass Kinder zu mir kamen und fragten, ob sie mittrainieren dürften, sie würden schon sehr gut

Schach spielen. Sobald ich dann aber mit ihnen spielte, musste ich feststellen, dass sie nicht einmal den Springer setzen konnten. Ist das nicht peinlich? Am besten könnt ihr es wie folgt üben:

Setzt den Springer auf ein beliebiges Feld. Dann zieht ihr ihn auf ein anderes, welches ihr mit einem Groschen markiert. Setzt ihn dann wieder zurück auf sein Ausgangsfeld (was ihr vorher sicherheitshalber auch markieren könnt) und zieht ihn von dort in eine ganz andere Richtung. Wenn ihr das achtmal macht, muss genau so eine Blume entstehen wie im Diagramm 12. Wo sie einen Buckel oder eine Ecke hat, habt ihr einen Fehler gemacht. Übrigens eine gute Gelegenheit, sich von den Eltern 9 Geldstücke zu besorgen.

1.4

Zusammenfassung und Schachnotation

So schnell haben wir uns mit der Gangart aller Figuren vertraut gemacht und wissen nun bereits das Wichtigste, was man braucht, um eine richtige Schachpartie spielen zu können. Aber wir wollen ja noch mehr lernen. Dazu müssen wir uns etwas einfallen lassen, um uns auch in der Sprache des Schachs ausdrücken zu können. Denken wir zum Beispiel an unsere kurze Bauernpartie und blättern zurück bis zum Diagramm 8. Wie viel musste ich dort schreiben, um euch die wenigen Züge verständlich zu machen. Wir wollen uns aber Partien von 50 Zügen und mehr ansehen und haben keine tausend Seiten zur Verfügung. Da mussten sich die schlauen Schachspieler etwas einfallen lassen, ein Schachspieler ist nämlich faul und will möglichst wenig Arbeit haben. Wir besitzen also eine eigene Schrift für Schachpartien, die wir uns nun ansehen wollen. Die Feldbezeichnungen haben wir schon kennen gelernt. Außerdem brauchen wir noch Figurenbezeichnungen, da nehmen wir einfach den ersten Buchstaben, also K, D, T, L, S, B (♔, ♕, ♖, ♗, ♘, ♙) Da der Bauer so oft vorkommt, lassen die schlauen Schachspieler meistens sogar das B (♙) noch weg, wie wir sehen werden. Jetzt kennen wir schon fast alles bis auf ein paar Sonderzeichen:

Zeichen	Bedeutung
:	schlagen
+	Schach
++	Doppelschach
?	schlechter Zug
!	guter Zug
?!	riskanter Zug, der schwer einzuschätzen ist und Sieg, aber auch Niederlage bringen kann.
#	Schachmatt

Das war schon alles. Wollen wir nun den langen Satz „Der Weiße schlägt mit seinem Springer den schwarzen Bauern auf g6, worauf der Schwarze mit seiner Dame auf d4 dem Weißen Schach sagt" in unserer neuen Sprache schreiben, so bedeutet das einfach: ♘:g6 ♛d4+. Das ging denn doch wohl etwas schneller. Will man Züge notieren, so schreibt man immer in zwei Spalten. In die erste kommen die weißen, in die zweite die schwarzen Züge, und damit niemand durcheinanderkommt, werden die Züge nummeriert. Zu einem vollständigen Zug gehören der weiße und der schwarze Halbzug. In unserem Beispiel eben haben wir also einen Zug gezeigt (nicht zwei). Zur vollständigen Notation gehört die Zugnummer (erster, zweiter, ... Zug), welche Figur zieht, wohin zieht die Figur, passiert dabei etwas Besonderes (z.B. schlagen, Schachsagen,...), und das sowohl für Weiß als auch für Schwarz. Die Sonderzeichen werden alle jeweils an den Zug hinten angefügt, das gilt auch für ?, !, !?. Diese Zeichen sind zur Einschätzung des Zuges wichtig – ihr wollt ja wissen, ob er nun gut oder schlecht war. Eine Ausnahme bildet das Schlagzeichen, welches zwischen Figur und Feld geschrieben wird – ♘:g6. Manche schreiben allerdings auch ♘g6:. Um sich bei den vielen Bauernzügen das B / ♙ zu sparen, wird es einfach weggelassen, und wenn ihr einen Zug seht, bei dem kein Figurensymbol steht, wisst ihr also, dass es sich um einen Bauernzug handelt. „Der weiße Bauer von a2 geht nach a4, worauf der schwarze von d6 nach d5 geht" würde also in Schachnotation heißen: a4 d5.

Wie ihr sicher gemerkt habt, wird das Ausgangsfeld immer weggelassen. Das ist ja auch nicht nötig, solange nur ein Bauer da ist, der nach d5 kann. Können aber zwei gleiche Figuren auf dasselbe Feld, so muss man ja noch kenntlich machen, welche von beiden gemeint ist. Nehmen wir an, Weiß hätte einen Turm auf a1 und einen auf a3. Wenn ich schreibe „♖a2" werdet ihr fragen, welcher Turm, denn es können ja beide dorthin ziehen. Ich muss also schreiben: ♖a1a2, das heißt, der Turm von a1 geht nach a2. Man schreibt dann etwas einfacher : ♖1a2 – der Turm von der ersten Reihe geht nach a2 (nicht der von der 3. Reihe). Stehen die Türme auf a1 und c1, und ich schreibe ♖ab1, so heißt das, der Turm

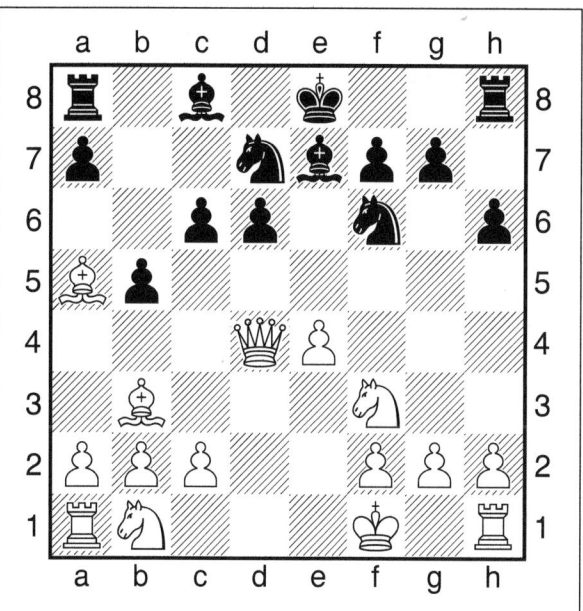

Diagramm 14

von der a-Linie ging nach b1, nicht der von der c-Linie. Wir wollen das nun an einem Beispiel üben. Stellt euer Brett in Grundstellung mit allen Figuren vor euch hin (Diagramm 2) ! Ich gebe euch die ersten 10 Züge einer Partie an und ihr spielt sie auf eurem Brett nach. Dann vergleicht ihr mit Diagramm 14. Wenn ihr alles richtig gemacht habt, muss auf eurem Brett dieselbe Stellung zu sehen sein, wenn nicht, müsst ihr es nochmal probieren. Also los:

1.	e4	e5
2.	d4	e:d4
3.	♛:d4	d6
4.	♗b5+	♘d7
5.	♘f3	c6
6.	♗a4 !	♘gf6
7.	♔f1	♛a5
8.	♗d2	♗e7 ?
9.	♗:a5 !	b5
10.	♗b3	h6

Zur Erklärung: Der 1. und 2. Zug von Weiß sowie der 1., 2., 3., 5., 9. und 10. Zug von Schwarz waren Bauernzüge. Im zweiten Zug nahm Schwarz mit seinem Bauern von e5 den weißen auf d4 weg. Im 4. Zug sagte der weiße Läufer dem Schwarzen Schach, denn da er schräg zieht, steht der König genau in seiner Schusslinie. Da aber der König zu faul war, aus dem Schach herauszuziehen, stellte er seinen Springer vor sich und wendete so die drohende Gefahr ab. Im 5. Zug griff Schwarz mit c6 den Läufer auf b5 an, und wäre der nicht weggegangen, hätte Schwarz im nächsten Zug c:b5 gespielt. Weiß erkannte aber die Gefahr und zog sich auf a4 zurück. Das war gut, und so bekommt dieser Zug ein Ausrufezeichen.

Im 6. Zug konnten beide schwarze Springer das Feld f6 erreichen, es musste also bezeichnet werden, welcher gemeint war. Warum bekommt der 8. Zug von Schwarz ein Fragezeichen und der 9. Zug von Weiß ein Ausrufezeichen? Was hat Schwarz falsch gemacht?

Zum Trost für alle diejenigen, die jetzt noch ein paar Schwierigkeiten mit der Notation haben: Vorerst müsst ihr sie nur lesen können, aber noch nicht selber schreiben. Das kommt dann von ganz alleine. Trotzdem würde ich euch raten, wenn ihr das Spielen übt, auch ein bisschen Schreiben zu üben, dann habt ihr später keine Probleme mehr damit. Außerdem hat das den großen Vorteil, dass ihr von euch gespielte Partien später noch einmal nachspielen könnt und dabei eure Fehler herausfindet. So lernt man nämlich das meiste.

Fast sind wir am Ende unseres Einführungskapitels angelangt. Bevor wir uns aber an eine richtige Partie wagen können, müssen wir uns noch überlegen, wie wertvoll die einzelnen Figuren denn nun eigentlich sind. Dazu geben wir als Richtwert dem Bauern einen Wertpunkt. Wenn ein Bauer einen Punkt wert ist, wie viel sind dann wohl die anderen Figuren wert? Schätzt einmal selbst, bevor ihr weiterlest! Der Läufer kann viel größere Strecken überwinden als der Bauer, doch hat er den Nachteil, dass er nur 32 der 64 Felder betreten kann, da er ja auf eine Farbe beschränkt ist.

Wir geben ihm 3 Punkte. Das heißt, wenn man einen Läufer gegen 3 Bauern tauscht, dann haben beide Seiten keinen Fehler gemacht. Der Springer kann nicht so weit ziehen wie der Läufer, dafür aber alle Felder erreichen und Figuren überspringen. Auch er bekommt drei Punkte. Während wir die Bauern nur als Fußvolk, nicht aber als Figuren ansehen, bezeichnen wir Läufer und Springer als Leichtfiguren. Sie haben die unteren Dienstgrade unserer Schacharmee. Der Turm kann schon wesentlich besser kämpfen, er überwindet spielend 7 Felder, wenn er möchte, und erhält 5 Punkte. Unsere stärkste Figur, die Dame, ist so gut wie Läufer und Turm zusammen, doch ist es natürlich noch ein extra Pluspunkt, wenn solche Eigenschaften nicht aufgeteilt, sondern in einer Figur vereint sind. Deshalb geben wir ihr 9 Punkte. Und der König? Nun, die Punkte haben wir vergeben, um bei einem Abtausch zu wissen, was man für welche Figur geben sollte. Der König kann aber nie geschlagen werden, wozu ihm also Punkte geben? Wer ihm aber unbedingt eine Zahl zuordnen will, der muss sagen, der König ist unendlich viele Punkte wert. Wenn er matt ist, ist die Partie verloren, dann nutzt einem auch der Besitz von 9 Damen nichts. Oft kommt es vor, dass ein Turm gegen einen Läufer oder Springer und Bauern abgetauscht wird. Diesen Unterschied Turm gegen eine Leichtfigur nennen wir eine **Qualität.** Wenn Weiß einen Läufer verliert und Schwarz dafür einen Turm geben muss, sagen wir, Weiß hat eine Qualität gewonnen. Eine Qualität ist 2 Punkte wert (5-3=2). Ich habe alles nochmals in einer Tabelle zusammengefasst:

Figur	Symbol	Abkürzung	Wertigkeit	Gruppe
Bauer	♙	keine, manchmal B	1	Bauer
Springer	♘	S	3	Leichtfigur
Läufer	♗	L	3	Leichtfigur
Turm	♖	T	5	Schwerfigur
Dame	♕	D	9	Schwerfigur
König	♔	K	unendlich	keine

Damit wären wir fertig mit unserer Einführung, und ihr wisst jetzt schon fast alles, was man zum Spielen einer guten Schachpartie braucht. Ich stelle euch jetzt eine ganze Menge kleiner Fragen, damit ihr testen könnt, ob ihr auch alles Wichtige verstanden habt. Schlagt nicht gleich nach, sondern überlegt erst einmal, ob ihr die Antwort nicht selbst schon wisst. Bei den meisten Fragen ist das sicher kein Problem. Im nächsten Kapitel beschäftigen wir uns mit dem Spielziel, den feindlichen König matt zu setzen. Wenn ihr Lust habt, könnt ihr aber unterdessen ruhig schon mit euren Eltern oder Freunden eine richtige Partie probieren, denn Übung macht den Meister.

1.5

Kontrollfragen

1.
Seht euch das Diagramm 15 gut an und übertragt es auf euer Brett! Beantwortet dazu folgende Fragen bzw. löst folgende Aufgaben: Weiß hat in dieser Stellung 22 Zugmöglichkeiten, Schwarz 17. Findet sie heraus! Warum kann der schwarze König gar nicht ziehen? Auf wie viele Arten und Weisen kann

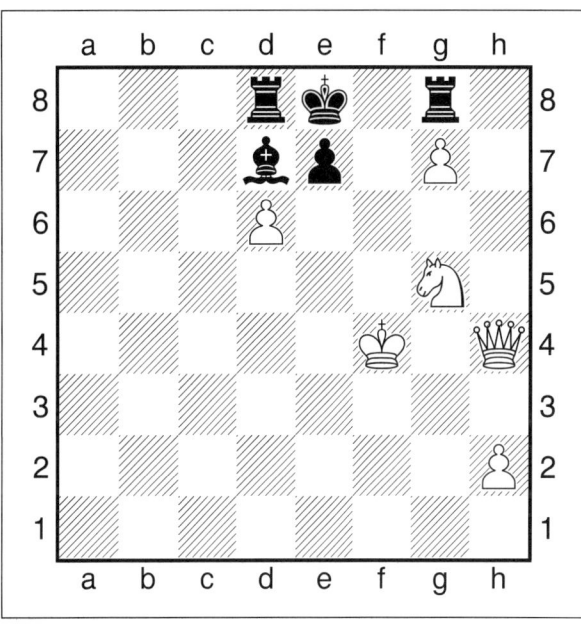

Diagramm 15

Weiß Schach sagen, auf wie viele Schwarz? Wie viele Felder stehen in Diagramm 15 dem weißen König zur Verfügung? Wer von beiden hat mehr Material (die Gesamtheit aller Figuren nennt der Schachspieler Material)? Auf welche Felder sollte die weiße Dame nicht ziehen, wenn sie nicht geschlagen werden will (es sind 3)? Was ist der beste Zug für Weiß, wenn Schwarz ♖h8 ziehen sollte (nach diesem Zug hätte Weiß Material im Wert von 23 Punkten, Schwarz nur im Wert von 9 Punkten.)?

2.
In den folgenden Teilaufgaben ist jeweils angegeben, wie viel Material beide Parteien haben. Stellt fest, wer besser ist (also wer mehr Punkte hat)!
a) Weiß: ♔, ♕, ♖, ♗, ♙, ♙, ♙, ♙; Schwarz: ♚, ♛, ♜, ♜, ♞
b) Weiß: ♔, ♖, ♖, ♘, ♘, ♙; Schwarz: ♚, ♛, ♗, ♙, ♙, ♙
c) Weiß: ♔, ♙, ♙, ♙, ♙, ♙; Schwarz: ♚, ♖
d) Weiß: ♔, ♗, ♘, ♙; Schwarz: ♚, ♖, ♙
e) Weiß: ♔, ♕, ♕; Schwarz: ♚, ♖, ♖, ♗, ♗, ♙, ♙

3.
Stellt die Ausgangsstellung (Diagramm 2) auf euer Brett! Weiß macht stets den ersten Zug, dafür hat er 20 verschiedene Möglichkeiten. Findet alle heraus und schreibt sie euch in Schachnotation auf! Bsp.: 1.e4 oder 1.f3 ...

4.
Wie heißen die Geraden, auf denen folgende Felder liegen:
a) d1, e2, f3, g4 und h5
b) d1, d2, ... bis d8
c) a4, b4, ... bis h4

5.
Welche Felder gehören zum Zentrum, und wie viele Felder liegen auf den längsten Diagonalen?

6.
Welche Farbe hat das Feld in der rechten unteren Ecke des Brettes und welche Farbe hat das Feld, auf dem die schwarze Dame steht?

7.
Was bedeuten folgende Zeichen:
+ , # , : , ! , ? ?

8.
Spielt folgende Partie nach:
1.d4 d5 2.♘c3 ♘c6 3.♘f3 ♘f6 4.e4 d:e4 5.♘:e4 ♘:e4 6.♗b5 a6 7.♗a4 b5 8.♗b3 e6 9.♕e2 ♕d5.
Wer steht besser? Wie viele verschiedene Möglichkeiten zu ziehen hat Weiß in seinem 10. Zug? Schreibt sie in Schachnotation auf!

9.
Wie viele Zugmöglichkeiten hat ein Springer in der Ecke, wie viele im Zentrum? Wo sollte der Läufer besser stehen – am Rand oder in der Mitte? Wie nennt man Läufer und Springer noch, wie dagegen Dame und Turm?

10.
Zwei Springer stehen auf dem Brett, einer auf e4, einer auf b2. Schreibt alle Felder auf, auf die sie ziehen können!

11.
Spielt mit euren Freunden oder Eltern und Verwandten Partien nur mit dem Ziel, sich nichts wegschlagen zu lassen oder höchstens einen gleichwertigen Abtausch zu machen! Wer nach 5 Minuten weniger Material hat, hat verloren.

12.
Spielt ungefähr zehn Züge (wer schon gut ist, kann auch mehr machen) auf dem Brett und schreibt sie auf! Das könnt ihr auch ohne Partner machen, indem ihr abwechselnd für Weiß und Schwarz zieht. Probiert später anhand eurer Aufzeichnungen, diesen Partieverlauf zu wiederholen.

13.
Übertragt folgende Stellung auf euer Brett:
Weiß: ♔g1, ♖e1, ♖e2, ♘f4, ♗h5, a2, b3, c4, f2, g2, h2 (die letzten 6 Figuren sind wieder Bauern).
Schwarz: ♚b8, ♛c6, ♘a3, ♘e6, a6, b7, c7, g5, h6.

Schreibt alle Zugmöglichkeiten für Weiß und für Schwarz auf! Was sollte Weiß am Zug spielen, was Schwarz? Wie ist das Material in der Ausgangsstellung verteilt, wie nach einem weißen und wie nach einem schwarzen Zug (wenn Weiß oder Schwarz die besten Züge machen)?

14.
Wer eröffnet die Partie, Weiß oder Schwarz?

15.
Wie sagt man, wenn der König bedroht ist?

16.
Welche Figur schlägt anders als sie zieht, wie geschieht beides?

17.
Wann darf ein Bauer befördert werden, wie passiert das und was kann er alles werden?

18.
Wie lauten die Bezeichnungen für die rechte und die linke Hälfte des Brettes?

19.
Auf welchen Reihen werden die weißen Figuren aufgebaut, auf welchen die schwarzen?

20.
Ist es jemals möglich, dass während einer Partie der weiße König auf g4 steht, der schwarze auf g5?

Kapitel 2: Das Spielziel – Schachmatt

2.1

Wie sagt man Schach?

Wie sagt man Schach? Fassen wir nochmals kurz zusammen, was wir bisher über das Schachspiel wissen. Das Schach ist ein Brettspiel, das Brett besteht aus 64 Feldern, 32 weißen und 32 schwarzen, die auf einem 8 mal 8-Quadrat angeordnet sind. Sowohl Weiß als auch Schwarz stehen je 16 Figuren zur Verfügung, deren Aufbau und Gangart wir nun kennen. Bevor nicht jeder das Schachbrett aus dem Kopf aufbauen kann und jede einzelne Figur richtig zu gebrauchen weiß, sollte er sich nicht an dieses Kapitel wagen, sondern noch einmal üben.

Weiß beginnt das Spiel (immer), indem er einen beliebigen Zug ausführt, danach wird abwechselnd gezogen, bis der Partieausgang feststeht. Das Ziel für beide Spieler ist dabei, den Gegner schachmatt zu setzen. Wir wissen, wie der König zieht und haben auch bereits gelernt, dass er niemals ein Feld betreten darf, welches von einer feindlichen Figur erreicht werden kann. Dort wäre er bedroht, stünde im Schach und könnte geschlagen werden. Der König darf aber nie geschlagen werden, muss sich also von solchen Feldern fern halten. Das ist schön und gut; er darf kein angegriffenes Feld betreten. Was aber, wenn das Feld, auf dem er steht, plötzlich von einem Feind angegriffen wird? Dann sagt ihm dieser Feind Schach, und der Spieler muss das Schach abwehren. Er ist dazu durch die Schachregeln gezwungen und darf keinen anderen Zug machen, selbst wenn er die feindliche Dame schlagen könnte. Wie kann man nun ein Schachgebot abwehren? Dazu gibt es drei Möglichkeiten:

1. Man schlägt die gegnerische Figur, die das Schach geboten hat.
2. Man stellt eine eigene Figur schützend zwischen den König und den Feind, so dass der König nicht mehr geschlagen werden kann.
3. Man zieht seinen König von dem angegriffenen auf ein nicht angegriffenes Feld.

Im Diagramm 16 ist Weiß am Zug. Er steht im Schach, denn die schwarze Dame bedroht seinen König. Weiß hat nun folgende Züge zur Verfügung: Er kann nach Möglichkeit ♖:e6 spielen und damit die Ursache des Schachs beseitigen (was natürlich in

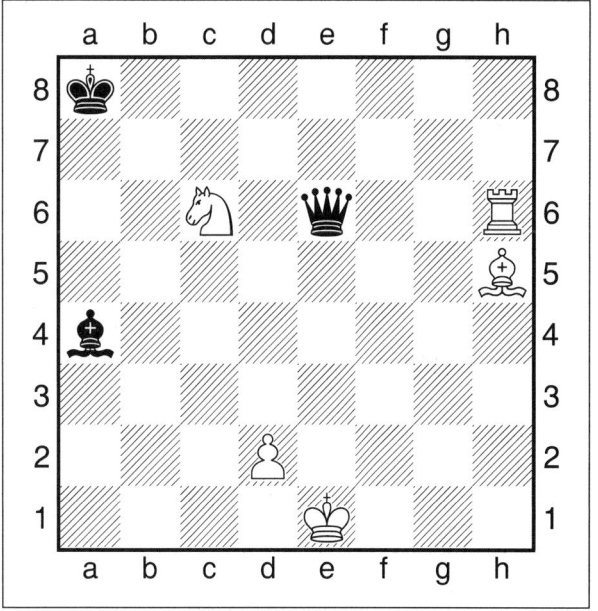

Diagramm 16

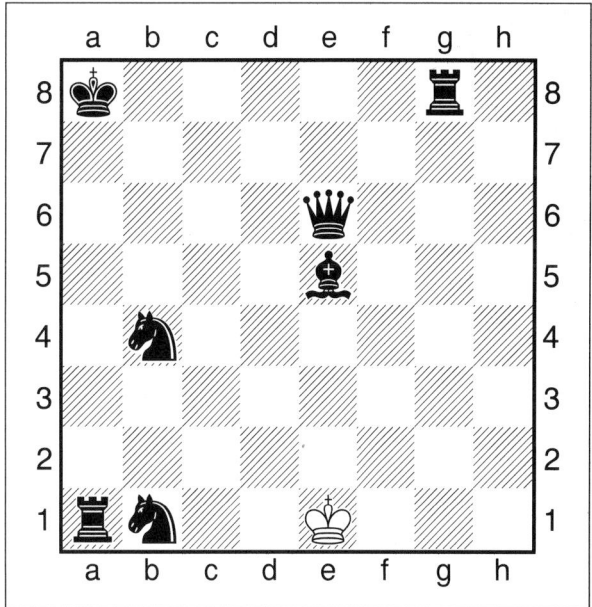

Diagramm 17

dieser Situation das Beste wäre), er kann mit ♘e2 oder ♘e5 eigene Figuren schützend vor den König stellen oder er kann mit dem König die Flucht auf ein nicht bedrohtes Feld ergreifen, also ♔f1 oder ♔f2 (das Feld d1 versperrt ihm der Läufer a4). Andere Züge stehen Weiß nicht zur Verfügung, er muss zuerst das Schachgebot abwehren. Ein Schach muss im Turnier (einen Schachwettkampf nennt der Spieler nach den Ritterspielen im Mittelalter „Turnier") nicht angesagt werden, der Spieler muss es selbst bemerken. Wir sollten beim Üben aber immer darauf hinweisen!

Es gibt nun verschiedene Formen des Schachbietens, mit denen wir uns auch noch kurz vertraut machen wollen. Sehen wir uns dazu Diagramm 17 an. Schwarz ist am Zug und möchte Schach geben. Zählt einmal nach, wie viele verschiedene Züge er dazu zur Verfügung hat!

Ist jemand auf die Zahl 18 gekommen? Bestimmt nicht, aber das ist ganz klar – wir wollen es ja gerade erst lernen. Schwarz hat 3 Möglichkeiten, ganz „normal" Schach zu bieten, nämlich ♖g1, ♘c2 oder ♘d3. Nach diesen drei Zügen ist der König von den Figuren, die gezogen haben, direkt angegriffen, und muss sich etwas einfallen lassen. Außerdem kann Schwarz aber noch mit 15 anderen Zügen Schach bieten, die ich alle einmal aufschreiben will: ♘a3, ♘c3, ♘d2, ♗b8, ♗c7, ♗d6, ♗f4, ♗g3, ♗h2, ♗h8, ♗g7, ♗f6, ♗d4, ♗c3 und ♗b2. Bei diesen Zügen sagt nicht die Figur, die gezogen hat Schach, sondern sie macht nur den Weg frei, so dass eine dahinter stehende Figur plötzlich Schach bietet. Das sind hier bei den Springerzügen der ♖a1 und bei den Läuferzügen die ♕e6. Man nennt ein solches Schach **Abzugsschach.** Weiß wehrt sich dagegen wie gegen ein normales Schachgebot. Zwei der Züge bilden hier allerdings eine Ausnahme. Das sind ♗g3 und ♗c3. Mit diesen Zügen sagt sowohl der Läufer selbst Schach als auch die vorher hinter ihm versteckte Dame. Der König ist also von zwei Figuren gleichzeitig bedroht. Man nennt das Doppelschach, das Zeichen dafür haben wir schon kennen gelernt. Man schreibt also ♖g1+ oder ♘c3+ oder ♗h2+, aber ♗g3++ oder ♗c3++.

Dem Doppelschach kann man sich nicht mit Methode eins oder zwei entziehen, denn durch Schlagen oder Wegverstellung kann man nur ein Schachgebot abwehren. Hier bleibt also nur die Flucht des Königs als letzte Rettung. Deshalb ist das Doppelschach besonders gefürchtet.

2.2

Wie sagt man Schachmatt?

Was geschieht nun aber, wenn ein König im Schach steht und sich auf keine der drei Arten, die wir kennen gelernt haben, davon befreien kann? Dann ist das Schach unabwendbar. Die Regel sagt aber, dass es abgewendet werden muss. Ihr werdet schon ahnen, was das nun heißt – die Partie ist zu Ende, der König ist schachmatt. Genauso, wie niemals zwei Könige zugleich im Schach stehen können, da derjenige, der als erster ins Schach kam, aus diesem unbedingt heraus muss oder matt ist. Genauso können niemals zwei Könige zugleich **schachmatt** (Wir sagen in Zukunft nur noch matt) sein, da ein Matt ja immer ein Schach voraussetzt. Ohne Schachgebot kann der König auch nicht matt sein.

Wer matt ist, hat die Partie verloren, und da jeder gewinnen will, ist es also für beide Partner das Spielziel, den anderen matt zu setzen. Das Zeichen hierfür war #. Wie erreichen wir nun dieses Ziel? Diese Frage stellen nicht nur wir uns jetzt, sondern auch der Weltmeister muss sich das vor jeder seiner Partien immer wieder fragen. Das Schachspiel ist deshalb so interessant, weil niemand auf diese Frage eine klare Antwort geben kann. Ein Spiel, bei dem man genau weiß, wie man gewinnen kann, wird bald uninteressant, das Schach aber ist seit 2000 Jahren beliebt, weil Sieg oder Niederlage letztlich nur vom Können der Spieler, von ihrer Phantasie, ihren guten Einfällen und ihrem Mut abhängen. Wir wollen also mit dem Einfachsten beginnen und annehmen, dass einer der Spieler schon viel Material gewonnen hat und es nur noch darauf ankommt, den feindlichen König mattzusetzen. Was ist dann zu tun?

Das Matt mit Dame und zwei Türmen
Sehen wir uns Diagramm 18 an! Zählt die Felder, auf die der schwarze König ziehen kann! Jeder müsste auf nur ein einziges gekommen sein. Die gesamte 6. Reihe ist ihm nämlich durch den ♖h6 versperrt, die 4. Reihe durch den ♖a4. Das Feld c5 greift die weiße Dame an. Der König kann also nur noch nach e5. Hat Weiß, wenn er am Zug ist, eine Möglichkeit, dem König Schach zu bieten und ihm gleichzeitig alle Fluchtfelder zu versperren? Ja, er hat! Kann die Dame auf die 5. Reihe gelangen, so ist auch diese dem König vollständig versperrt, da eine Dame ziehen kann wie ein Turm. Da ihm aber die Türme den Fluchtweg versperren, ist der arme König mausetot – schachmatt! Also kann Weiß ♕g5# spielen. Falsch ist dagegen ♕c5. Manche denken jetzt, auch dann ist der König matt, doch nach ♕c5 kann er einfach ♔:c5 spielen. Anders läge der Fall, wenn wir uns auf f8 noch einen weißen Läufer stellen (tut das auf eurem Brett!). Dann kann man ♕c5# spielen, da ♔:c5 nicht geht, denn auf c5 wäre der König vom ♗f8 bedroht. Man sagt dazu, die Dame ist auf c5 **gedeckt,** das heißt, eine andere Figur schützt sie dadurch, dass diese ebenfalls auf das Feld c5 ziehen kann. So einfach ist also das Mattsetzen, wenn man die richtige Stellung dazu auf dem Brett hat. Wie aber erreichen wir eine solche Stellung?

Auch das ist nicht schwer – sehen wir uns Diagramm 19 an!
Weiß am Zug muss versuchen, den schwarzen König einzuengen, ihm mithin Reihen abzuschneiden.

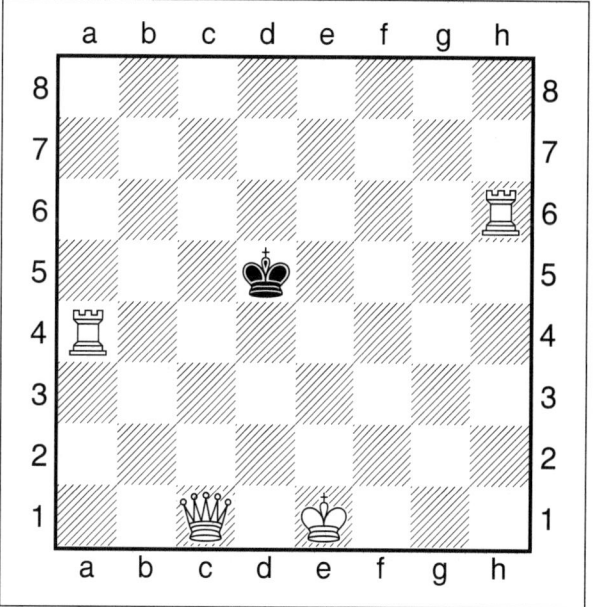

Diagramm 18

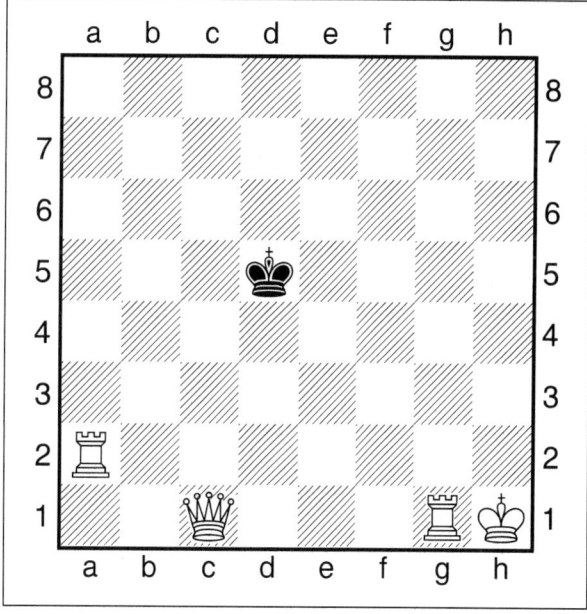

Diagramm 19

Also 1.♖a6. Schwarz ist dran und muss sich eines der Felder aussuchen, die ihm noch offen stehen (Es sind 3; welche?). 1...♔e5 (da zu einem Zug ein weißer und ein schwarzer Halbzug gehören, lässt man nach der Zugnummer etwas Platz, wenn der weiße Zug schon vorher angegeben wurde. Zusammen heißt das also: 1.♖a6 ♔e5). Nun muss Weiß, nachdem er dem König die obere Reihe abgeschnitten hat, ihm auch die untere Reihe unzugänglich machen. 2.♖g4. Jetzt ist auch diese dem König versperrt, er kann sich nur noch auf der 5. Reihe bewegen. 2...♔f5. Wenn Weiß nun 3.♕c5+ spielt, so kann 3...♔:g4 folgen. Aber Weiß kann trotzdem sofort mattsetzen: 3.♕g5# und ♖g4 decken sich gegenseitig, so dass der König keinen von beiden schlagen kann. Wäre das nicht so, müsste sich Weiß noch einen Zug gedulden und erst mit 3.♖b4 oder 3.♖ga4 seinen Turm in Sicherheit bringen, wobei dieser Turm natürlich auf der 4. Reihe bleiben muss, da der schwarze König sonst fliehen könnte.

Das war schon alles. Ebenso wird auch verfahren, wenn man statt Reihen lieber Linien abschneiden will. Übertragt folgende Stellung auf euer Brett: Weiß: ♔h1, ♕c1, ♖h8, ♖a7 ; Schwarz: ♔e5. Weiß am Zug spielt 1.♖f8 und schneidet damit die f-Linie ab. Schwarz: 1...♔e6 2.♕d1 (schneidet die d-Linie ab) 2...♔e5 3.♖e7#. Nachdem die Linien rechts und links abgeschnitten sind, wird die mittlere Linie genommen und damit das Todesurteil gefällt. Ganz einfach, oder?!

Ich gebe euch jetzt noch 3 Stellungen zum Üben an, setzt jeweils den weißen König matt! Wer das geschafft hat, kann das nächste Kapitel beginnen!

1. Weiß: ♔e4 ; Schwarz: ♔a8, ♕b8, ♖h2, ♖h1
2. Weiß: ♔f6 ; Schwarz: ♔a8, ♕c1, ♖a2, ♖h1
3. Weiß: ♔g4 ; Schwarz: ♔a8, ♔a7, ♖a1, ♖b8

Entscheidet selbst, ob es günstiger ist, dem König die Linien oder die Reihen abzuschneiden, und stellt euch weitere solcher Stellungen zum Üben aufs Brett! Wer beginnt, soll egal sein.

Matt mit zwei Schwerfiguren

Wir wollen nun annehmen, dass die stärkere Seite statt 3 nur 2 Schwerfiguren übrig hat, um den Mattangriff zu führen. Was tun? Auch hier ist alles ganz einfach. Wir benutzen dieselbe Strategie (wieder ein Fremdwort aus der Militärwissenschaft, das soviel wie Vorbereitung und Planung heißt) wie vorhin. Der König wird zuerst eingeengt, dann erledigt. Aber 2 Figuren können nicht drei Reihen oder Linien in Besitz nehmen! Richtig, deshalb müssen wir den König an den Rand treiben, wo er durch ein natürliches Hindernis nicht weiter kann – das Brett ist zu Ende. Dabei ist es egal, ob wir 2 Türme oder einen Turm und eine Dame haben, da wir die Dame sowieso wie einen Turm benutzen. Wir müssen nur aufpassen, dass uns nichts weggeschlagen wird. Sehen wir uns Diagramm 20 an! Als erstes müssen wir eine Entscheidung fällen, an welchen Rand wir den König treiben wollen. Dazu suchen wir uns natürlich den aus, dem er am nächsten steht, hier also entweder die a-Linie oder die 8. Reihe. Von der h-Linie oder der 1. Reihe ist der König zu weit entfernt, und wir wollen uns doch unnötige Arbeit sparen! Treiben wir den König auf die 8. Reihe (um ihn auf die a-Linie zu treiben, müssten wir noch den weißen König aus der 4. Reihe entfernen, um diese für den Th4 zu räumen)! 1.♖f5 (auch ♖h5 wäre möglich) 1...♔d6. Freiwillig geht der König natürlich nicht seinem Untergang entgegen, da müssen wir ihn schon zwingen: 2.♖h6+ ♔e7. Da wir dem König die 5. Reihe mit unserem 1. Zug abgeschnitten haben und ihm nun die 6. nehmen, muss er sich in Richtung Rand zurückziehen. Der ♖h6 muss nun als Wächter der 6. Reihe zurückbleiben, da der König sonst wieder zurück könnte, der ♖f5 aber ist dort überflüssig und kann für neue Aufgaben verwendet werden. Weiß möchte nun mit ♖f7 die 7. Reihe erobern, aber auf f7 würde der Turm einfach geschlagen. Deshalb muss er den ♖f5 soweit wie möglich vom schwarzen König wegbringen: 3.♖a5 ♔f7. Nun steht unserem Plan nichts mehr im Wege: 4.♖a7+ ♔g8. Die 7. Reihe ist erobert. Doch scheitert 5.♖h8# noch, da ♔:h8 folgen würde. Deshalb bringen wir auch diesen Turm weit weg, während der ♖a7 aufpasst, dass Schwarz nicht entwischt: 5.♖b6. Es ist wichtig, dass wir die Türme auf verschiedene Reihen oder Linien stellen,

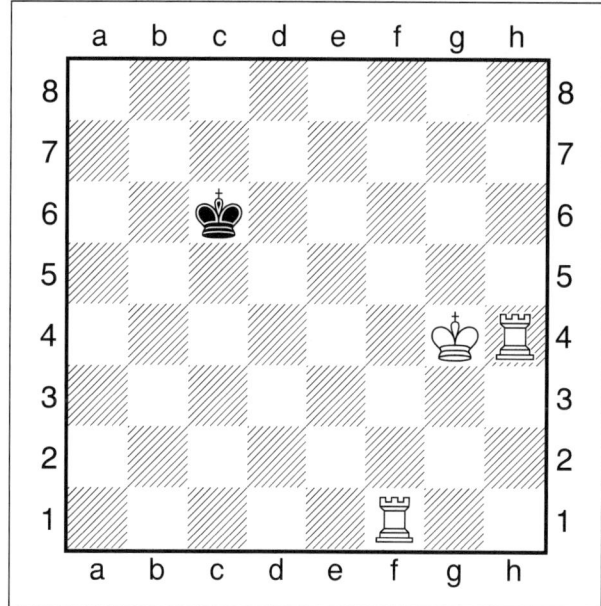

Diagramm 20

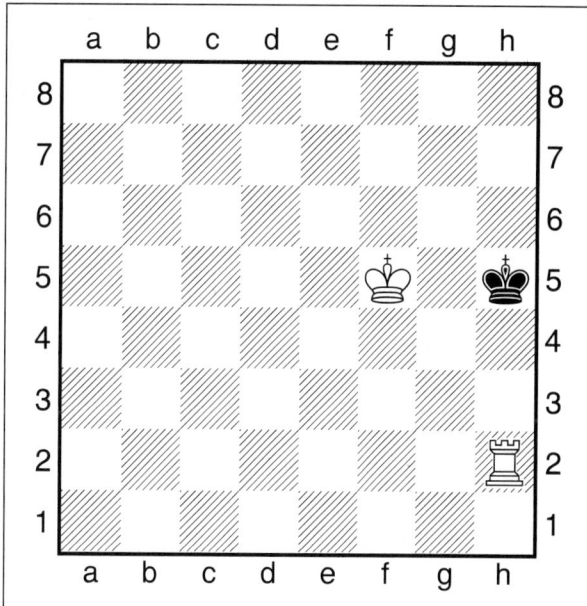

Diagramm 21

da sie immer aneinander vorbeikommen müssen. 5...♔f8. Schwarz hat keine große Auswahl mehr, und es folgt unweigerlich 6.♖b8#. Der ♖a7 verhindert die Flucht nach vorn, eine 9. Reihe gibt es nicht, auf die der König flüchten könnte, und der ♖b8 kontrolliert die gesamte 8. Reihe und gibt damit Schwarz den Gnadenstoß. Diese Taktik (das bedeutet: das Mittel, mit dem der Plan durchgesetzt wird) wenden wir immer wieder an, auch der Weltmeister kann es nicht besser.

Übertragt folgende Stellung auf euer Brett: Weiß: ♔b8, ♖a7, ♖a1 ; Schwarz: ♔f4

probiert zuerst, selbst mattzusetzen und seht euch dann an, wie es am schnellsten geht: 1.♖e7 ♔f3 2.♖f1+ ♔g2 3.♖f8 (sonst ♔:f1) 3...♔g3 4.♖g7+ ♔h4 5.♖h8#. Hättet ihr auch die h-Linie ausgewählt? Sie lag am günstigsten. Stellt euch nun selbst ähnliche Stellungen aufs Brett, wobei ihr auch statt eines Turmes eine Dame benutzen könnt und auch der Schwarze den Weißen zur Abwechslung einmal mattsetzen kann! Übt, bis ihr sicher seid, alles verstanden zu haben und aus jeder solchen Stellung heraus mattsetzen könnt, ohne noch einen Turm stehen zu lassen oder andere Fehler zu begehen! Wer gut mitgedacht hat, für den dürfte das allerdings kein Problem sein!

Matt mit einer Schwerfigur

Wir werden uns jetzt dem Schwersten zuwenden, mit dem wir uns in diesem Kapitel beschäftigen wollen. Aber gerade das ist auch die wichtigste Grundlage, die jeder verstanden haben muss! Angenommen, einer der Gegner hat nur noch einen König (der Schachspieler sagt wie der Skatspieler „einen blanken König"), der andere einen König und eine Schwerfigur. Ist dann ein Matt möglich? Die Antwort ist ja, auch wenn es nun schwerer wird. Wir wollen uns gleich an das Allerschwerste wagen und annehmen, es wäre nur ein Turm übrig geblieben. Falls statt dessen eine Dame auf dem Brett steht, wird unser Verfahren nur einfacher. Wenn wir mit einem Turm allein mattsetzen können, dann haben wir natürlich auch keine Schwierigkeiten, mit 2 oder 3 Schwerfiguren mattzusetzen und also dieses Kapitel mit Bravour bestanden.

Wie also kann man sein Ziel mit einem einzigen Turm erreichen? Schauen wir uns Diagramm 21 an. Zuerst muss der feindliche König als wichtige Voraussetzung natürlich an den Rand getrieben werden. Sodann brauchen wir unseren eigenen Herrscher, der uns bei unserer Aktion tatkräftig unterstützen muss. Unter diesen Voraussetzungen kann ein Matt, wie hier zu sehen, zustande kommen. Der fremde König steht am Rand und kann nach hinten nicht entfliehen. Der Turm hat den Rand in Besitz genommen und der eigene König versperrt die Flucht nach vorn, indem er sich dem anderen genau gegenüberstellt. Der Schachspieler nennt das **Opposition**. Da zwei Könige, wie wir wissen, niemals nebeneinander stehen dürfen, hat der Gegner kein Fluchtfeld mehr, er ist matt. Wie erreicht man eine solche Stellung? Nehmen wir dazu an, wir hätten den König schon an den Rand getrieben (siehe Diagramm 22). Wie ist dann zu verfahren?

Denken wir an Diagramm 21 zurück, so wird klar, dass wir unseren König in die Opposition bringen müssen. Er muss also dem anderen genau gegenüberstehen, wobei noch ein Feld zwischen ihnen frei ist. Also 1.♔c3 ♔f1. Der schwarze König läuft seinem Gegner natürlich nicht in die Arme. 2.♔d3 ♔g1. Wenn Weiß jetzt den Fehler macht und ♔e3 spielt, dann nimmt Schwarz einfach den Turm weg und lacht sich tot.

Also zuerst den Turm sichern und zwar so, dass der König trotzdem eingesperrt bleibt, also nicht etwa ♖h8? Sondern 3.♖a2! ♔h1. Jetzt kann Weiß wieder an die Annäherung des Königs denken. 4.♔e3 ♔g1 5.♔f3 ♔h1 6.♔g3 ♔g1. Dem Schwarzen bleibt keine andere Wahl, er muss auf g1. Jetzt haben wir die Grundstellung für unser Matt erreicht: 7.♖a1#! So schwer ist das nun auch wieder nicht, oder?! Es läuft alles immer nach dem gleichen Schema ab, man muss nur ein bisschen üben und darf nie zu schnell ziehen, weil man sonst im Eifer des Gefechtes schnell mal den Turm stehen lassen kann, wie es Weiß eben im 3. Zug hätte passieren können. Ich erinnere mich gut, dass ich genau diesen Fehler als Elfjähriger in unserer Regionalliga gemacht habe und unsere Mannschaft deshalb um ein Haar keine Medaille bekommen hätte – so etwas ist furchtbar ärgerlich!

Was nun aber, wenn der König nicht am Rand steht? Dann treiben wir ihn eben hin! Sehen wir uns Diagramm 23 an! Die Figuren sind über das gesamte Brett verteilt, was tun? Nehmen wir an, Weiß wäre

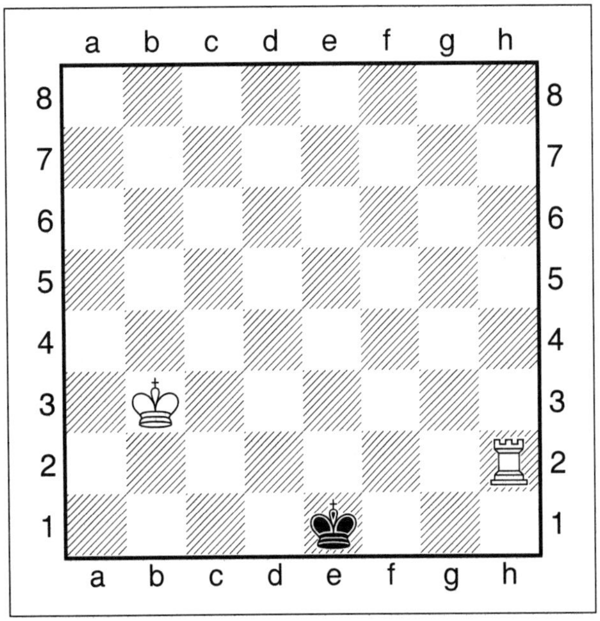

Diagramm 22

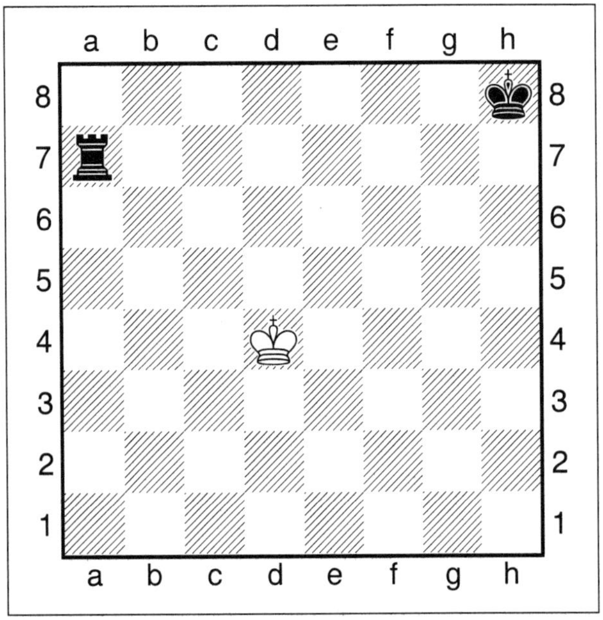

Diagramm 23

32

am Zug. Noch steht ihm alles offen und er spielt 1.♔e5. Als erstes muss sich Schwarz nun überlegen, an welchen Rand er den Gegner treiben will. Der König steht der h-Linie und der 8. Reihe näher, aber unser eigener König steht ungünstig, um ihn dorthin zu treiben. Holen wir ihn also erstmal näher heran und entscheiden dann, was das Günstigste ist. 1...♔g7 2.♔d4. Der König will im Zentrum bleiben. 2...♔f6 3.♔e4. Jetzt ist unser eigener König nahe genug, um eine Entscheidung treffen zu können. So, wie die Könige zueinander stehen, ist es das Beste, den Feind auf die 1. Reihe zu treiben. 3...♖a5, und eine Bretthälfte ist dem Gegner abgeschnitten. 4.♔d4 ♔e6 5.♔c4 ♔d6 6.♔b4 ♖h5 (zuerst muss der Turm in Sicherheit gebracht werden, der König aber eingesperrt bleiben) 7.♔c4. Wir haben eine Grundstellung erreicht (siehe Diagramm 24). Schwarz ist am Zug. Wenn er nun 7...♔c6 spielt, folgt 8.♔d4 ♔d6 9.♔c4 ♔c6, und wenn sie nicht gestorben sind, so spielen sie noch heute. Denn so kommt Schwarz nie in Opposition! Er muss Weiß an den Zug bringen. Das macht man mit einem sogenannten **Abwartezug.** 7...♖g5. Nun ist Weiß wieder dran und kann nur zwischen ♔d4 und ♔b4 wählen. 8.♔d4 ♖g4+. Und plötzlich muss der König in Richtung Rand zurückweichen. 9.♔c3 ♔d5 10.♔b3 ♔c5 11.♔a3 ♔b5 12.♔b3 ♖g3+. Wieder muss Weiß eine Reihe aufgeben. Wir merken schon, dass alles jedes Mal aufs Neue genauso abläuft wie beim Mattsetzen, wenn der König schon am Rand steht. Der einzige Unterschied ist, dass der König dann nicht mehr zurückweichen kann, während er sich jetzt immer eine Reihe weiter nach unten zurückzieht. 13.♔c2 ♔b4 14.♔d1?. Natürlich kann es auch einmal vorkommen, dass der Gegner freiwillig eine Reihe zurückweicht. Was ist dann zu tun? Gewiss nicht ♔c3, denn dann bemerkt Weiß vielleicht noch seinen Fehler und spielt ♔e2. Also 14...♖g2! Jetzt sitzt der König am Rand gefangen. Was nun folgt, haben wir schon kennen gelernt: 15.♔e1 ♔c3 16.♔f1 ♖a2 (der Turm muss in Sicherheit sein) 17.♔g1 ♔d3 18.♔h1 ♔e3 19.♔g1 ♔f3 20.♔h1 ♔g3. Bis hierher konnte sich Weiß um den unvermeidlichen Partieausgang drücken, doch jetzt gibt es kein Entrinnen mehr: 21.♔g1 ♖a1#. Besonders gut müssen wir uns die Stellung auf Diagramm 24 einprägen, denn der Abwartezug wird gar zu oft vergessen. Noch einmal der Ablauf im Überblick:

1. **Rand aussuchen, an den der König getrieben werden soll und abschneiden des größtmöglichen Brettstückes durch den Turm. Dabei die Stellung des eigenen Königs berücksichtigen.**
2. **Eigenen König heranführen und auf eine Linie oder Reihe dem König gegenüberbringen, um die Opposition zu erlangen.**
3. **Sich in Opposition stellen, wenn die Könige um eine Reihe versetzt zueinander stehen oder einen Abwartezug mit dem Turm machen.**
4. **Schach geben, um den König an den Rand zu treiben.**
5. **Dasselbe weiterführen bis zum Matt, dabei aufpassen, dass man den Turm nicht stehen lässt.**

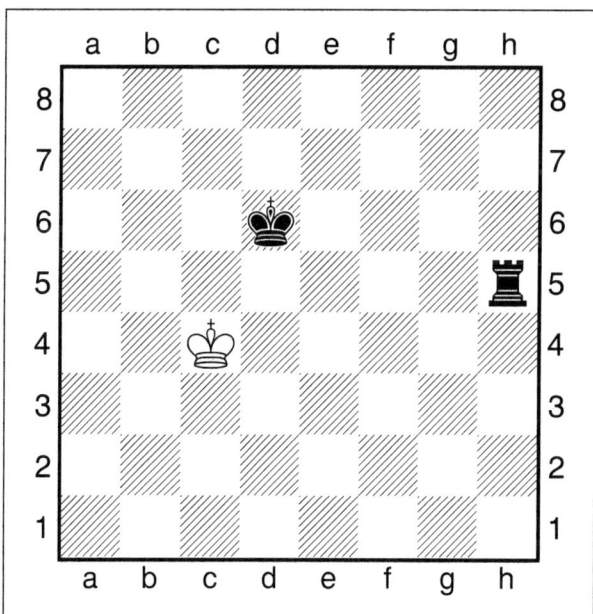

Diagramm 24

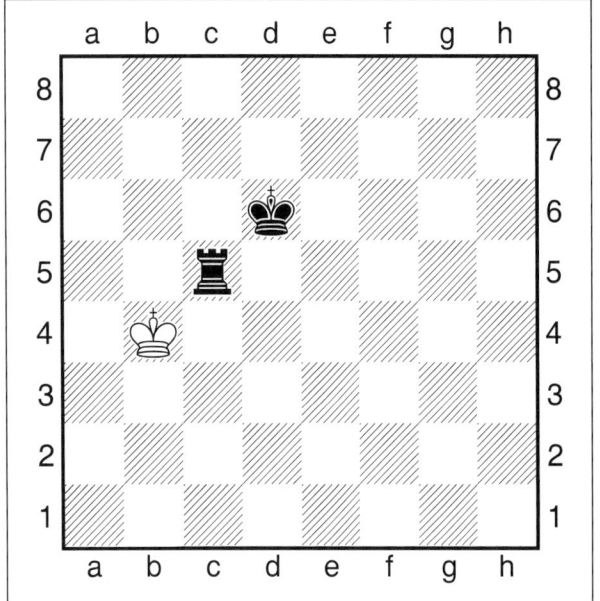 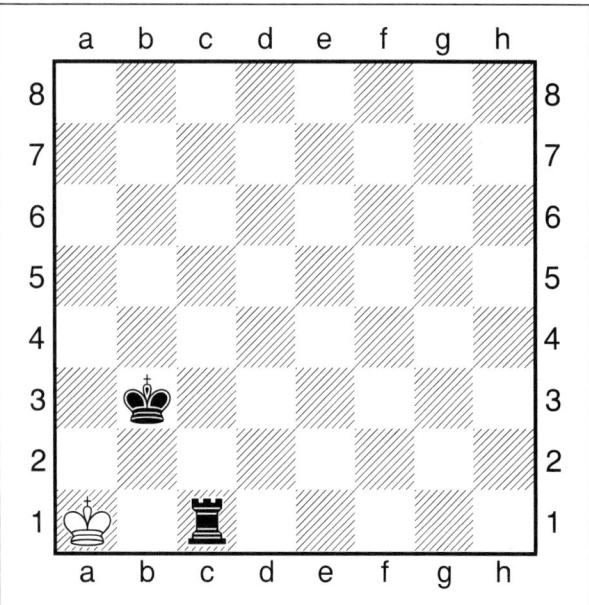

Diagramm 25   Diagramm 26

Zum Üben gebe ich noch eine Stellung, an der ihr euch erst selbst probieren sollt, bevor ihr meinen Lösungsvorschlag anseht:
Weiß: ♔c7, ♖c8 ; Schwarz: ♚e4 ; Weiß am Zug
1.♖d8 ♚e3 2.♔c6 ♚e2 3.♔c5 ♚e3 4.♔c4 ♚e4 5.♖e8+ ♚f5 6.♔d4 ♚f6 7.♔d5 ♚f7 8.♖e1 ♚f8 9.♔d6 ♚f7 10.♖e2 (der wichtige Abwartezug) ♚f8 11.♔d7 ♚f7 12.♖f2+ ♚g8 13.♔e7 ♚g7 14.♖g2+ ♚h6 15.♔f6 ♚h5 16.♖g8 (und wieder ein Abwartezug) ♚h4 17.♔f5 ♚h3 18.♔f4 ♚h2 19.♔f3 ♚h1 20.♔f2 ♚h2 21.♖h8#. Das ist natürlich auch mit anderen Zügen zu schaffen, auch kann sich Schwarz besser oder schlechter verteidigen. Uns reichen Beispiele zum Üben. Stellt euch nun selber beliebige Stellungen aufs Brett und übt (das geht auch sehr gut ohne Spielpartner)! Dabei solltet ihr zuerst nur Stellungen wählen, in denen der König schon am Rand steht, und wenn ihr das könnt, üben, ihn an den Rand zu treiben. Nehmt euch dazu viel Zeit, solche Stellungen werdet ihr auch nach Jahren noch auf dem Brett haben! Daran, ob man sie beherrscht oder nicht, kann man den Anfänger von dem unterscheiden, der schon fleißig gelernt hat.

Die eben betrachtete Methode, mit einem Turm mattzusetzen, ist nicht die schnellste. Es geht besser und eleganter, doch dementsprechend natürlich auch schwerer. Trotzdem will ich für die Neugierigen unter euch auch noch eine andere Methode vorstellen, die ihr aber nicht können müsst, wenn ihr keine Lust dazu habt. Wichtig ist nur, dass man auf irgendeine Art sicher mit einem Turm das Matt schafft!

Denken wir an die Stellung des Diagramms 23 zurück. Wir haben als erstes den eigenen König herangeholt und dem Feind soviel wie möglich vom Brett weggenommen. Das ist selbstverständlich und für jeden Mattplan eine notwendige Voraussetzung. Dann aber geht es auch anders. Im 6. Zug griff Weiß mit 6.♔b4 unseren Turm auf a5 an, während unser König auf d6 stand. Wir zogen ♖h5. Was aber, wenn wir 6...♖c5 spielen (siehe Diagramm 25)? Eine für diese Art des Mattsetzens typische Stellung. Die beiden Könige und der Turm befinden sich hintereinander auf einer Diagonalen. Der Vorteil dabei ist, dass der Turm dem König jetzt sowohl die 5. Reihe, als auch die c-Linie versperrt. Dem König bleibt nur ein schmales Rechteck aus 8 Feldern zum Ziehen. Der Nachteil ist, dass der Turm immer vom eigenen

König gedeckt werden muss, da Weiß ihn sonst sofort wegnimmt. Wir dürfen also mit unserer Aufmerksamkeit niemals nachlassen – ein Fehler, und es ist zu spät. 7.♔b3 ♖d5 8.♔b4 ♖d4 9.♔b3. Der Weiße geht nicht freiwillig an den Rand, da wäre er schön dumm, doch wir kreisen ihn langsam ein. 9...♖c4. Jetzt wird das Netz enger gezogen, das Rechteck verkleinert. 10.♔b2 ♖c3. Nur vier Felder sind Weiß geblieben. 11.♔b1 ♔d3 12.♔b2 ♔d2 13.♔b1 ♖c2 14.♔a1 ♔c3 15.♔b1 ♔b3 16.♔a1 ♖c1#. Die einzige Möglichkeit mattzusetzen ohne in Opposition zu stehen, ergibt sich, wenn der König in der Ecke steht. Schwarz hat das hier konsequent ausgenutzt. Auch diese Mattstellung solltet ihr euch gut einprägen (siehe Diagramm 26)! Ihr seht auch, dass es eben schneller gegangen ist. Um diese Methode anwenden zu können, braucht man schon ein wenig Erfahrung, doch kann es nur gut sein, wenn ihr sie von Anfang an mit übt. Ich gebe auch hier noch eine Probestellung, an der ihr euch zuerst selbst versuchen sollt: Weiß: ♔d5, ♖d1; Schwarz: ♔f4. Weiß am Zug beginnt:

1.♖e1 ♔f3 2.♖e4 ♔f2 3.♔d4 ♔f3 4.♔d3 ♔f2 5.♖e3 ♔g2 6.♖e2 ♔g1 7.♖g3+ ♔h1 8.♔f2 ♔h2 9.♖a3!! So sieht hier der Abwartezug aus. Indem der Turm auf der 3. Reihe bleibt, verhindert er eine Flucht des Schwarzen nach h3, der eigene König hält seine Position und Schwarz ist gezwungen, die verhängnisvolle Ecke zu betreten, wo ihn der Gnadenstoß erwartet: 9...♔h1 10.♖h3. Diesen Turmrückgang muss man sich auch tief einprägen. Eine solche Mattfalle in der Ecke sollte jeder beherrschen, auch derjenige, der nach dem ersten Schema vorgehen will.

Andere Mattbilder

Wir haben nun eine Menge über das Matt gelernt, aber uns dabei auf Stellungen beschränkt, in denen die Partie schon ausgekämpft war und ein Spieler genügend Material besaß, um den Gegner zu besiegen. Sehr oft aber treten Mattbilder schon viel früher auf, wenn der Kampf eigentlich noch in vollem Gange ist und das Brett noch voller Figuren steht. Ursache dafür kann sein, dass ein Spieler einfach eine Mattdrohung übersehen hat oder dass sein

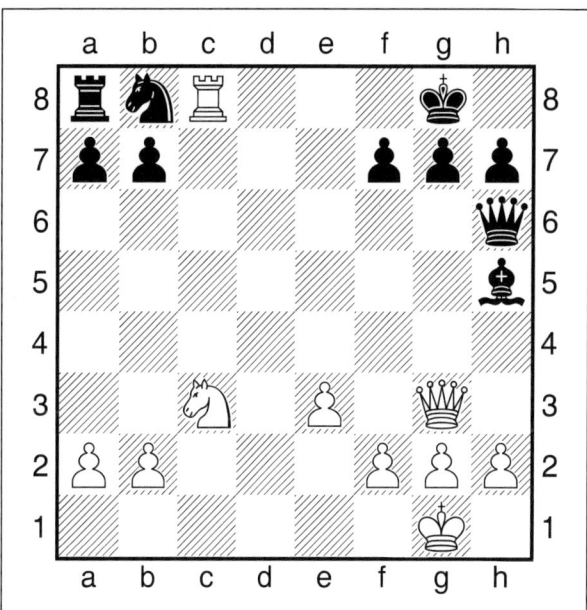

Diagramm 27

Gegner ihn in eine geschickte Mattfalle gelockt hat. Wir werden uns in diesem Buch natürlich noch mit Mattfallen usw. beschäftigen, aber jeweils in den dafür bestimmten Kapiteln. Hier noch einige typische Mattstellungen, die man sich jetzt schon einprägen sollte:

Im Diagramm 27 war Weiß soeben am Zug und zog ♖c8#. Man nennt dieses Matt **Grundreihenmatt**, weil ein Spieler auf seiner eigenen Grundreihe matt geworden ist. Er kann nichts mehr zwischen seinen König und den feindlichen Turm ziehen, und seine eigenen Bauern versperren ihm den rettenden Fluchtweg nach vorn. Deshalb sollte man sich in solchen Stellungen (sie kommen in fast jeder Partie vor) immer ein **Luftloch** machen, das heißt, einen der drei Bauern vor dem König ein Feld nach vorn ziehen, um im Ernstfall eine Fluchtmöglichkeit zu haben. Bei so vielen Figuren auf dem Brett ist ein solcher Patzer natürlich ärgerlich!

Noch mehr ärgert man sich über das Matt, das Schwarz gerade im Diagramm 28 fabriziert hat. Weiß hat ein riesiges Materialübergewicht und Schwarz glaubte sich schon verloren. Aber anstatt den Schwarzen mattzusetzen wollte Weiß sich lieber ganz sicher aufstellen und seinen König mit allen Figuren beschützen. Das kann aber auch schief gehen, wie wir hier sehen. Die Gefährlichkeit eines Springers wird dabei nochmals deutlich demonstriert. Gegen eine überragende Übermacht bringt er den König mitten in seiner Burg zur Strecke. Seine eigenen Figuren lassen ihm keine Fluchtmöglichkeit; Weiß ist schachmatt! Das zeigt uns deutlich, dass es beim Schach auf Findigkeit und gute Ideen, nicht aber nur auf Materialübergewicht ankommt. Man nennt ein solches Matt **ersticktes Matt.** Prägt euch auch das gut ein!

Im Diagramm 29 schließlich hat Schwarz nicht aufgepasst. Er hat übersehen, dass Dame und Läufer von Weiß das Feld g7 bedrohten. Solche Unaufmerksamkeit rächt sich meist bitter, was wir an diesem Beispiel deutlich sehen können. Der letzte Zug von Weiß war ♕:g7#. Die Dame steht vor dem König und nimmt ihm damit alle Fluchtfelder. Nach hinten kann er nicht entweichen, so dass er kein Feld mehr zur Verfügung hat. Auch schlagen darf er die Dame ja nicht, denn der ♗b2 deckt sie von hinten. Also auch ein schönes Matt, welches nur durch Unachtsamkeit zustande kam. Von dieser Sorte gibt es tausende, vor denen man sich aber nicht fürchten muss, wenn man aufmerksam weiterliest. Nachdem wir nun alles Wissenswerte über das Matt wissen, wollen wir eine wichtige Frage beantworten, die ihr euch vielleicht auch schon gestellt habt. Kann in jeder Stellung einer der beiden Spieler gewinnen?

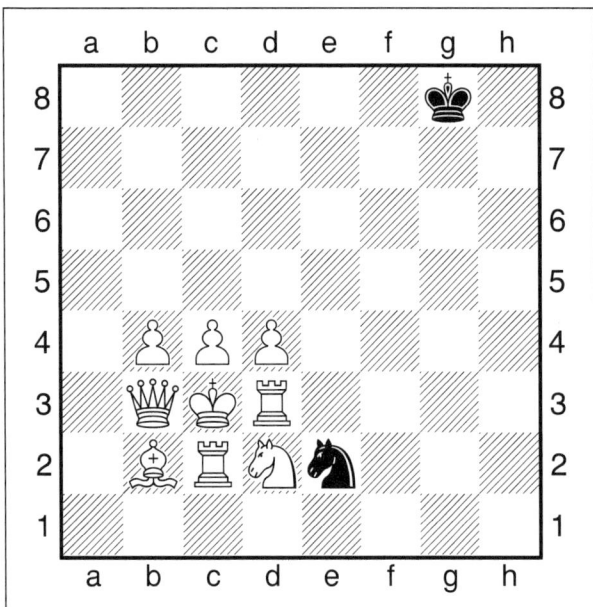

Diagramm 28

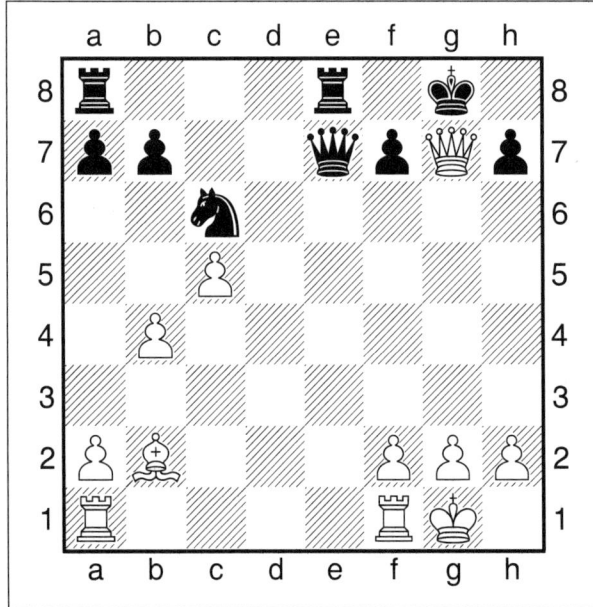

Diagramm 29

2.3

Wenn es nicht zum Sieg reicht – das Remis

Welches Ziel der Schachspieler verfolgt und wie er dieses aus manchen Situationen heraus erreichen kann, das haben wir nun gesehen. Ist dieses Ziel aber immer für einen der zwei Spieler erreichbar oder gibt es auch Stellungen, in denen keiner gewinnen kann? Solche Stellungen gibt es durchaus, die einfachste von ihnen entsteht, wenn beide Spieler alles bis auf die Könige abgetauscht haben, sich also auf dem gesamten Brett nur noch zwei Könige befinden. Was ist da zu tun – sie dürfen sich nicht einmal nebeneinander stellen, wie sollten sie sich da matt setzen können. Die Partie endet unentschieden. Während beim Matt derjenige, der gewonnen hat, einen Punkt bekommt und der Gegner keinen (1:0 oder 0:1), erhalten beim Unentschieden beide Partner je einen halben Punkt (0,5:0,5). Der Schachspieler sagt, die Partie endete **Remis**. Remis heißt unentschieden. Bei den Großmeistern ist Remis sogar der bei weitem häufigste Spielausgang, bei den Anfängern kommt es seltener vor. Remis kann durch die unterschiedlichsten Möglichkeiten entstehen, die ich der Vollständigkeit halber alle hier aufzählen will.

Remis durch zu wenig Material

Wenn beide Partner kein Material mehr haben, um sich gegenseitig mattzusetzen, so ist die Partie automatisch Remis, wenn der Schiedsrichter das sieht oder einer der Spieler zu ihm geht und Remis beantragt. Das geht natürlich nie, wenn noch eine Schwerfigur auf dem Brett ist, da man ja mit dieser mattsetzen könnte, wie wir es schon gelernt haben. Auch wenn noch ein Bauer auf dem Brett ist, kann es ein solches Remis nicht geben, da dieser sich noch in eine Schwerfigur verwandeln könnte. Aber auch mit zwei Läufern kann man leicht matt setzen, wie wir noch sehen werden. Selbst mit Läufer und Springer ist das möglich, wenn auch eine Heidenarbeit, selbst der Weltmeister braucht dafür ungefähr 35 Züge. So etwas muss man aber nicht wissen, weil solche Stellungen ganz selten vorkommen. Laut

Schachregeln sind folgende Stellungen sofort Remis, weil es absolut kein Matt geben kann:
a) König gegen König
b) König gegen König und Springer
c) König gegen König und Läufer
d) König und Läufer gegen König und Läufer, wenn sich beide Läufer auf Feldern gleicher Farbe bewegen. Wer es schafft, eine dieser genannten Figurenzusammenstellungen so aufs Brett zu stellen, dass ein Matt entsteht, dem schicke ich sofort 50 Euro! Es geht nicht! Bei folgenden Stellungen ist ein Matt auch nur theoretisch möglich:
e) ♔ ⇕ ♔, ♘, ♘
f) ♔, ♘ ⇕ ♔, ♘
g) ♔, ♘ ⇕ ♔, ♗
h) ♔, ♗ ⇕ ♔, ♗ – mit Läufern auf Feldern ungleicher Farbe

Auch bei diesen Stellungen wird der Schiedsrichter euch auf Antrag sicher ein Remis geben, oder noch besser, ihr erreicht das Remis auf folgende Art:

Remis durch Einigung der Spieler

Wenn beide Spieler der Meinung sind, die Partie wäre für sie nicht vorteilhaft, wenn beide nach Hause müssen oder aus anderen Gründen mit einem Remis einverstanden sind, dann können sie sich darauf einigen. Das geschieht, indem der am Zug befindliche Spieler, gleich nachdem er seinen Zug ausgeführt hat, dem anderen sagt: „Ich biete Remis!" Der andere kann dann annehmen, wonach die Partie beendet ist oder er lehnt das Angebot ab, dann geht es ganz normal weiter. Entscheiden muss er sich, bevor er seinen Zug ausführt. Man sollte aber nicht denken, dass das ganz wunderbar sei und ab jetzt immer Remis spielen. Wer das tut, kann zwar nicht verlieren, aber auch nie gewinnen; so wird man nie Weltmeister!

Remis durch Zugwiederholung und durch 50-Züge-Regel

Die folgenden zwei Regeln werden euch noch gar nicht interessieren, ich gebe sie nur jetzt schon mit an, damit ihr später hier alles beisammen findet. Ihr könnt sie also wieder vergessen, solange ihr nicht in wichtigen Turnieren mitspielt! Eine Partie ist Remis, wenn sich auf dem Brett dreimal dieselbe Stellung befand. Das muss nicht hintereinander geschehen. Der Schiedsrichter gibt das Remis, wenn ein Spieler, der gerade am Zug ist, es bei ihm beantragt, indem er darauf hinweist, dass er mit seinem Zug zum dritten Mal (oder öfter) die gleiche Stellung herbeiführen kann.

Eine Partie ist Remis, wenn 50 Züge lang keine Figur geschlagen und kein Bauer gezogen wurde. Auch das muss von dem am Zug befindlichen Spieler beantragt und nachgewiesen werden (Nachweis anhand seiner Partiemitschrift).

Von beiden Regeln ist hier höchstens noch die erste von Interesse, wenn es sich nämlich um ein **Dauerschach** handelt. Dieses kommt auch bei Anfängern schon häufig vor. Sehen wir uns dazu Diagramm 30 an! Schwarz verfügt über eine gewaltige Figurenübermacht und möchte Weiß nun bald zur Strecke bringen. Wenn er nicht im Schach stünde, könnte er

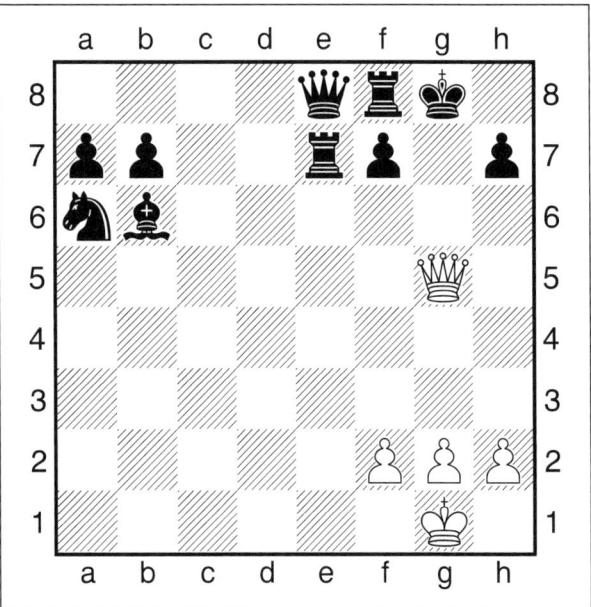

Diagramm 30

sogar mit ♖e1 Grundreihenmatt setzen. Weiß scheint verloren, doch für den, der sich im Schach nicht unterkriegen lässt, gibt es oft noch unverhoffte Rettungen. Die weiße Dame hat Schach geboten, der König muss ziehen: 1...♔h8 2.♕f6+ ♔g8 3.♕g5+ ♔h8 4.♕f6+ ♔g8. Der König hat immer nur ein Fluchtfeld und kann auch nichts dazwischen stellen. Die Partie könnte mit diesem Dauerschach endlos so weitergehen, da Weiß mit der Dame allein auch nicht mattsetzen kann. Außerdem ist Weiß auch nicht so dumm, mit dem Schach aufzuhören, um sich dann selber mattsetzen zu lassen. Deshalb kann Weiß, bevor er seinen 5. Zug ♕g5+ ausführt, ein Remis beantragen, indem er dem Schiedsrichter sagt: „Ich bin am Zug und beabsichtige ♕g5+ zu spielen, wonach auf dem Brett dreimal die gleiche Stellung steht". Vorher aber sollte man das seinem Gegner sagen, woraufhin dieser sicher gleich das Remis annimmt, das ist sportlicher. Solche Dauerschachstellungen kommen häufig vor und sind oft die letzte Rettung, wenn man – wie hier Weiß – auf Verlust steht. Hätte Schwarz dieselbe Chance, würde er natürlich nicht Dauerschach geben, denn er will mit seiner Übermacht nicht Remis, sondern Sieg! Ein Remisantrag hat nur für die schwächere Seite Sinn.

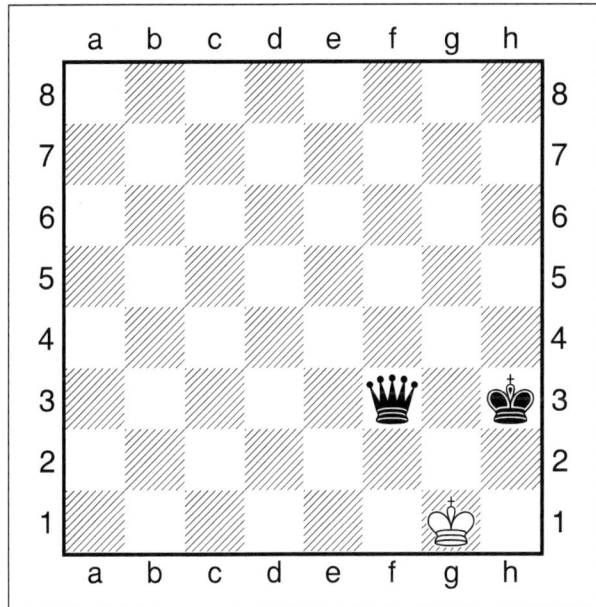
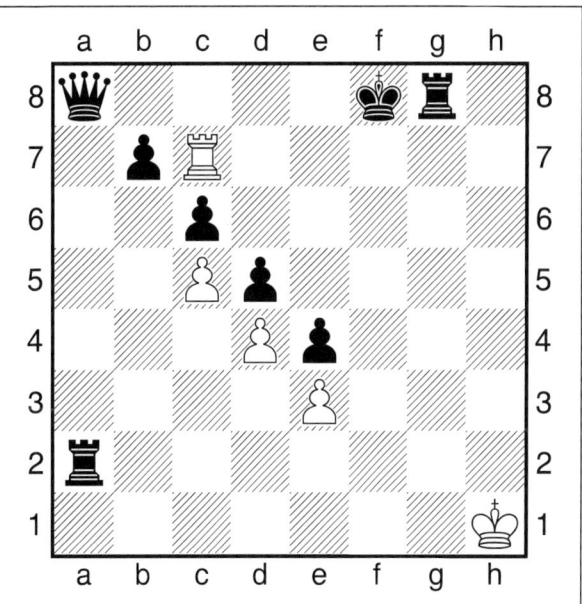

Diagramm 31

Diagramm 32

Die zweite Regel findet z.B. Anwendung, wenn König und Turm gegen König kämpfen, der Turmbesitzer aber im letzten Abschnitt nicht aufgepasst hat und nicht mattsetzen kann. Damit die Partie nicht endlos wird, hat er für das Matt nur 50 Züge Zeit (wenn man es kann, schafft man es in ungefähr 20 Zügen immer). Danach kann die **50-Züge-Regel** angewendet werden, und sein Gegner kann ein Remis beanspruchen. Wenn man also nicht übt, ist schnell ein halber Punkt verschenkt.

Remis durch Patt

Das Patt ist die interessanteste und bei Kindern häufigste Form des Remis. Es kommt aber auch bei denen noch vor, die eigentlich schon zu den Fortgeschrittenen zählen. Man sollte sich sehr davor hüten. Was ist aber nun Patt? Nehmen wir an, Weiß hätte nur noch den König, und dieser König könnte auf kein Feld mehr ziehen, Weiß ist aber am Zug. Matt, werdet ihr sagen, das stimmt aber nur, wenn der König auch im Schach steht. Sehen wir uns Diagramm 31 an, so haben wir aber eine andere Situation. Weiß ist nicht angegriffen, kann also auch nicht matt sein, ziehen kann er aber auch nicht. Das nennt man **Patt. Wenn eine der beiden Seiten am Zug ist und nicht ziehen kann, ihr König aber nicht im Schach steht, so ist sie patt. Das Patt ist eine Form des Remis, die Partie ist unentschieden.** Besonders beim Mattsetzen mit der Dame muss man, wie wir sehen, sehr aufpassen, dass so etwas nicht passieren kann. Man lässt dem Gegner einfach immer ein Fluchtfeld übrig, bis man ihn dann mattsetzen kann. Andere typische Pattstellungen sind z.B.: Weiß: ♔h1 ; Schwarz: ♛f2, König beliebig oder Weiß: ♔h1 ; Schwarz: ♚f3, ♜g2

Aber auch bei mehr Figuren kann es durchaus zu einem Patt kommen. Im Diagramm 32 sehen wir eine solche Stellung. Weiß am Zug steht natürlich kurz vor dem Ende, Schwarz hat einen zu großen Materialvorsprung. Aber Weiß findet eine Rettung. Er nutzt aus, dass alle seine Bauern blockiert sind und der König nicht mehr ziehen kann. Nur der Turm verhindert noch das Patt. 1.♖f7+!! ein ausgezeichneter Zug. Wenn Schwarz jetzt schlägt, ist der Turm beseitigt, Weiß ist am Zug und kann nicht ziehen. Patt. Also hat Schwarz nur die Chance, gar nicht zu schlagen. 1...♚e8 2.♖e7+. Was eben so schön war, ist auch weiterhin möglich, nie darf Schwarz wegnehmen. 2...♚d8 3.♖d7+ ♚c8 4.♖c7+ ♚b8 5.♖:b7+ und entweder nimmt Schwarz oder er geht wieder zurück, der Turm immer hinterher. Remis entweder durch Patt oder durch Dauerschach.

Wir hatten es hier mit einer Pattfalle zu tun. Immer wenn man auf Verlust steht, sollte man prüfen, ob man nicht noch eine solche Falle aufbauen kann. Man rettet sich damit einen halben Punkt und der kann entscheidend sein! Ich gebe euch noch eine Stellung an, überlegt aber erst selber, wie Weiß am Zug ein Patt schaffen kann! Weiß: ♔h1, ♕h4, ♘a1, b3, c2, f2, g3, h2. Schwarz: ♔e8, ♕b8, ♖a8, ♖a6, ♘e2, b4, c3, f3, g4, h3; was würde passieren, wenn Schwarz am Zug wäre? Schwarz würde ♖:a1# spielen, aber Weiß kommt ihm zuvor: ♕e7+!! Der König muss schlagen und Weiß ist patt. Habt deshalb in jeder Stellung ein waches Auge, man hat eine Partie erst gewonnen oder verloren, wenn sie beendet ist und nicht etwa, wenn man eine Dame mehr oder weniger hat!

Das waren alle Möglichkeiten, ein Remis zu erreichen. Prägt sie euch ein, damit ihr im Wettkampf nicht aus Unwissenheit halbe Punkte verschenkt!

2.4

Kontrollfragen

1.
Baut folgende Stellung auf eurem Brett auf! Auf wie viele Arten kann a) Weiß am Zug, b) Schwarz am Zug Schach geben? Wie viele Züge davon sind ein „normales" Schachgebot, wie viele Abzugsschach und wie viele Doppelschach? Welcher Zug ist von allen der beste? Ist Weiß oder Schwarz in der Lage, Dauerschach zu geben? Weiß: ♔c3, ♕a6, ♖e1, ♖f8, ♗f7, ♗b6, ♘h2, e4 Schwarz: ♔f6, ♕a1, ♖h3, ♖c8, ♗h8, ♘b2, ♘e3, c7 Hinweis: Die Gesamtzahl der Schachmöglichkeiten ist für beide gleich und größer als 15.

2.
In den folgenden Stellungen ist jeweils Weiß am Zug und setzt sofort matt. Findet heraus, wie!
a) Weiß: ♔h8, ♕g5, ♖f1, ♖d3 Schwarz: ♔e6
b) Weiß: ♔h8, ♕g7, ♖b1 Schwarz: ♔a6
c) Weiß: ♔h8, ♖a1, ♖g7 Schwarz: ♔c8
d) Weiß: ♔d6, ♖g7 Schwarz: ♔d8
e) Weiß: ♔b6, ♖c1 Schwarz: ♔a8
f) Weiß: ♔g1, ♖e1, f2, g3, h2 Schwarz: ♔g8, ♖a2, f7, g7, h7
g) Weiß: ♔g1, b7 Schwarz: ♔d7, ♕d8, ♖e8, ♖e7, ♗c8, ♘c7, d6, e6

3.
Versucht in den folgenden Stellungen, das Matt in der vorgegebenen Zügezahl zu finden! Beachtet dabei, dass zu einem Zug ein Halbzug von Weiß und einer von Schwarz gehören! Es ist jeweils Weiß am Zug, der auch mattsetzt.
a) W: ♔g1, ♖g3, ♖h5 S: ♔b6 3 Züge
b) W: ♔g1, ♕h1, ♖b1 S: ♔a7 1 Zug
c) W: ♔c6, ♖f3 S: ♔a8 2 Züge
d) W: ♔c7, ♖c6 S: ♔a7 2 Züge
e) W: ♔h8, ♖g4, ♖f3 S: ♔e6 6 Züge
f) W: ♔e6, ♖h7 S: ♔d8 5 Züge
g) W: ♔c4, ♖b5 S: ♔a6 5 Züge

Die Buchstaben **W** und **S** habe ich für Weiß und Schwarz geschrieben, was auch bei folgenden Aufgaben als Abkürzung Verwendung finden kann.

4.
Spielt Übungspartien mit einem König gegen König und einen Turm! Stellt die Figuren beliebig auf, den einzelnen König nahe ans Zentrum. Treibt ihn an den Rand und setzt ihn matt. Zählt dabei die Züge, übt solange, bis ihr weniger als 30 braucht!

5.
Benutzt statt des einzelnen Turmes eine einzelne Dame zum Mattsetzen! Was ist nun anders, worauf müsst ihr achten? Überlegt euch selbst, wie man mit einer Dame günstiger und schneller zum Ziel gelangen könnte. Baut folgende Stellung auf: W: ♔e4, ♕h5 S: ♔d6 Wenn ihr die Dame wie einen Turm gebraucht (was ja durchaus möglich ist), braucht ihr ungefähr 18 Züge bis zum Matt. Es geht aber in 9 Zügen (wenn ihr 12 schafft, seid ihr schon sehr gut). Warum? Seht euch dazu Variante zwei beim Mattsetzen mit einem Turm nochmals an. Kann man die Dame günstig so verwenden? Passt auf, dass ihr nicht patt setzt!

6.
Kann man mit zwei Springern praktisch mattsetzen? Ist eine Stellung König und Läufer gegen König Remis?

7.
Wie kann man ein Remis erreichen – Zählt 5 Möglichkeiten auf!

8.
Was ist ein ersticktes Matt und was ist ein Patt?

9.
Findet eine Aufstellung der Figuren a) König und Springer gegen König und Springer und b) König und Läufer gegen König und Läufer (Läufer auf Feldern unterschiedlicher Farbe) auf dem Brett so, dass einer der Könige matt ist!

10.
Seht euch Diagramm 33 an! Weiß am Zug kann sofort mattsetzen. Wie? Warum geht das Matt nicht auf b7? Wenn Schwarz am Zug ist, kann er das Unglück durch Dauerschach abwenden. Wie?

11.
Im Diagramm 34 kann Schwarz am Zug sofort mattsetzen. Wie? Wenn Weiß am Zug ist, kann er sich in ein Patt retten. Durch welchen Zug?

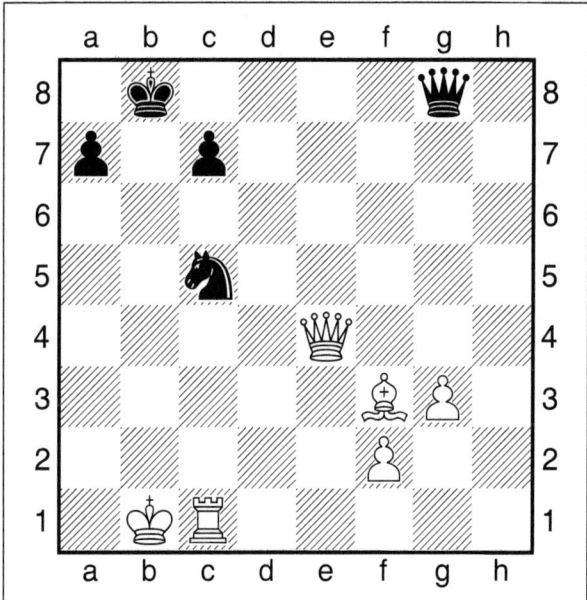

Diagramm 33

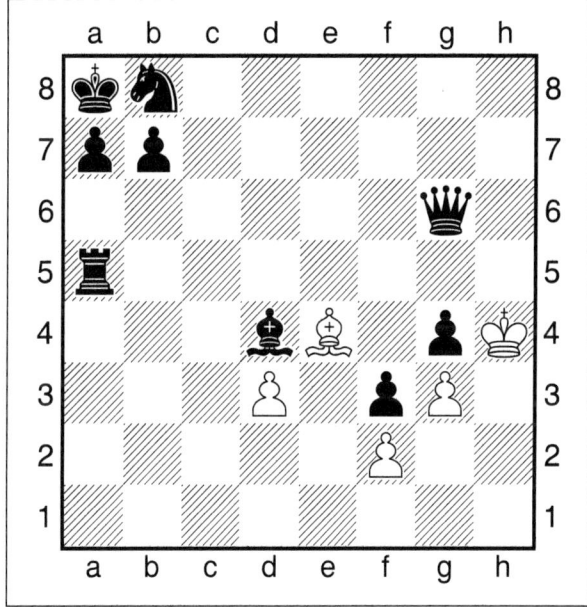

Diagramm 34

12.

Baut folgende Stellungen auf eurem Brett auf!
1) Nehmen wir an, Schwarz ist am Zug. Entscheidet, ob er patt ist oder nicht!
2) Nehmen wir an, Weiß ist am Zug. Wie kann er in einem Zug mattsetzen?
a) W: ♔b3, ♕c2 S: ♚a1
b) W: ♔a1, ♕b6, ♖e7, f5, g5, h3 S: ♚c8, g6, h4
c) W: ♔b6, ♖e7, ♗h2, f6, g5, h3 S: ♚a8, g6, h4
d) W: ♔g6, ♖h1, c2, g7 S: ♚g8, ♗a1, c3

Hinweis: Zweimal ist Schwarz patt und zweimal nicht.

13.

Übertragt folgende Stellungen auf euer Brett! Weiß ist immer am Zug. Beantwortet nacheinander folgende Fragen:
1) Wer steht besser?
2) Kann Weiß sofort matt setzen?
3) Kann Weiß in mehreren Zügen matt setzen, wenn ja, in wie vielen?
4) Kann Weiß ein Remis erzwingen? Wenn ja, dann auf welche Art und Weise? Sollte er das Remis erzwingen oder steht er besser, so dass er auf Sieg spielen kann?
a) W: ♔g6, ♖d7, c2 S: ♚h8, c3
b) W: ♔e6, ♕a1, ♖f7, a3, c2 S: ♚g8, c3
c) W: ♔h1, ♘e8, c2, b3 S: ♚a8, ♖g6, ♗b8, a7, b7, b4, c3
d) W: ♔h1, ♘e8, c2, b3 S: ♚a8, ♖g7, ♗b8, a7, b7, b4, c3

Es gibt durchaus Stellungen, in denen Weiß sowohl mattsetzen, als auch Remis erzwingen kann, und das sogar auf mehrere Arten. Was für Folgen hat der einzige Unterschied zwischen c) und d) für Weiß?

Kapitel 3: Wie spielen wir eine Partie Schach?

3. Kapitel

Wie spielen wir eine Partie Schach?

Nachdem wir uns ausführlich mit den Grundlagen einer Schachpartie beschäftigt haben, kann es nun endlich losgehen. Eine durchschnittlich lange Partie Schach erstreckt sich über ungefähr 30 bis 40 Züge. Wenn man nicht aufpasst, kann man schon nach zwei Zügen verloren haben, es gab aber auch schon viele Spiele, die sich über 100 Züge und mehr erstreckten. Um da den Überblick zu behalten, ist es günstig, innerhalb des Spielverlaufes zwischen verschiedenen Phasen zu unterscheiden!

Wir teilen die Partie in drei Stadien ein, um sie besser analysieren zu können und uns die Einordnung zu erleichtern. Die ersten Züge nennen wir die **Eröffnung,** den Hauptteil das **Mittelspiel** und den Schluss das **Endspiel** der Partie. Was das genauer heißt, was in den einzelnen Stadien zu beachten ist und was sie voneinander unterscheidet, wollen wir in diesem Kapitel untersuchen.

3.1

Wie beginnt man seine Schachpartie?

Sicher habt ihr alle schon eine Partie Schach gespielt. Womit habt ihr begonnen, wie sahen eure ersten Züge aus? Setzen wir uns vor das Schachbrett (Grundstellung), so hat Weiß als Beginnender 20 Züge zur Verfügung. Sind sie alle gleichwertig? Bei weitem nicht. Es gibt im Gegenteil sogar Züge, die regelrechte Verlustzüge sind. Wir wollen lernen, diese von den guten zu unterscheiden und einen vernünftigen und geschickten Spielanfang zu praktizieren.

Ich erinnere mich gut daran, wie ich vor 15 Jahren meine ersten Züge probierte. Ich dachte mir, dass es das Beste sein müsste, eine so starke Figur wie den Turm ins Rennen zu werfen. Also begann ich meine Partie mit 1.h4. Der Turm braucht ja einen Ausgang! Mein Gegner zog daraufhin 1...d5, was ich mit 2.Th3 beantwortete. Schon spielte eine meiner Schwerfiguren mit, worauf ich natürlich mächtig stolz war. Da hatte ich mir doch etwas Feines einfallen lassen! Pustekuchen – mein Gegner zog 2...♗:h3, und mein Turm purzelte vom Brett. Schon hatte ich 2 Punkte eingebüßt (Turm gegen Läufer) und war in Nachteil geraten. So sollte man nicht beginnen, aber dieser Fehler ist ganz typisch für viele Anfänger. Fragt einmal eure Mutter, ob sie mittags beim Einkaufen ihre Kronjuwelen trägt! Natürlich nicht, wertvollen Schmuck lässt man bei solch einem Gewühl sicher zu Hause, um ihn am Abend bei einer Feier anzulegen. Genauso klug sollte auch der Schachspieler sein. Die Schwerfiguren sind viel zu wertvoll, um sie dem Getümmel auszusetzen, welches am Anfang auf dem Brett herrscht. Erst, wenn später Ruhe eingezogen ist, einige Bauern und Leichtfiguren abgetauscht sind und der Pulverdampf der ärgsten Gefechte sich verzogen hat, greifen sie machtvoll in den Kampf ein. So war das Spiel auch von unserem Königssohn geplant. Zuerst kämpfen die Bauern, die

Kavallerie (die Springer) greift ein, die Läufer gesellen sich dazu, während König, Wesir (Dame) und Kampfwagen (Turm) noch in sicherer Deckung bleiben. So ein schwerer Kampfwagen käme auch gar nicht durch das Getümmel der kämpfenden Bauern hindurch. Ganz logisch haben wir uns also schon das erste Eröffnungsprinzip klargemacht, nämlich, dass es besser ist, wenn Leichtfiguren statt Schwerfiguren den Anfang machen.

Wo aber sollte der erste Vorstoß erfolgen? Erinnern wir uns zurück an Kapitel eins. Dort haben wir festgestellt, dass die meisten Figuren im Zentrum wesentlich besser stehen als am Rand. Das ist auch verständlich, denn von dort aus beherrscht man das gesamte Spielfeld, vom Rand aus reichen die Kräfte nicht so weit. Wer das Zentrum besitzt, der hat demnach einen großen Vorteil in der Hand. Und schon haben wir ein zweites Eröffnungsprinzip gefunden – den Kampf um das Zentrum. Dann ist auch klar, dass man nicht mit a3 oder g4 eröffnen sollte, sondern gleich das Zentrum besetzen muss. 1.e4. Dieser Zug hat noch einen Vorteil – er schafft ein Luftloch für Dame und Läufer. Gerade die Läufer will ich mit als Erste entwickeln, ich muss also für sie auch Ausgänge schaffen. Was heißt das – **entwickeln?** So nennt der Schachspieler die Bewegung seiner Figuren von ihrer Ausgangsposition auf ein anderes Feld, wo sie besser stehen und für einen Angriff bereit sind. Die Gesamtphase der **Entwicklung** nennen wir **Eröffnung.** Dazu gehören ungefähr 10 Züge. Die Eröffnung ist der Teil der Schachpartie, der am besten untersucht ist. Es gibt tausende von Büchern, in denen alle Varianten bis hin zum 20. Zug aufgeschrieben sind, doch ist das für uns im Moment noch unwichtig, wir kommen später dazu. Ein drittes Prinzip ist uns nebenbei auch klar geworden, man muss sich so schnell wie möglich entwickeln, da die Figuren dann viel besser stehen als vorher. Wenn der Gegner zuerst fertig ist, kann das böse Überraschungen geben.

Damit ist klar, wie man beginnen sollte. Zuerst Bauern ins Zentrum schieben, sie machen gleichzeitig den Läufern den Weg frei. Springer und Läufer so schnell wie möglich entwickeln, um die Kampfkraft des Heeres durch gute Positionen zu erhöhen. Was Weiß recht ist, ist dabei natürlich Schwarz billig, er hat die gleichen Prinzipien. Deshalb müssen beide Partner auf die Pläne des Anderen Rücksicht nehmen. Man kann sehr schnell verlieren, wenn man so tut, als gäbe es den anderen nicht.

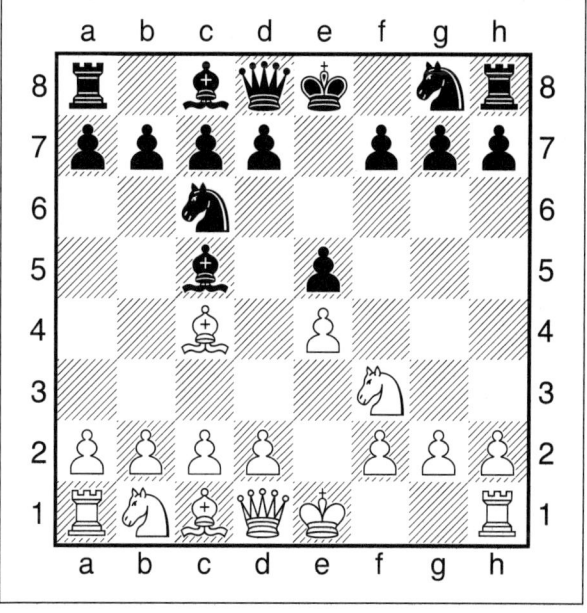

Diagramm 35

In Diagramm 35 habe ich euch eine beliebte und sehr häufig gespielte Eröffnung dargestellt, die man die Italienische Eröffnung nennt. Alle Eröffnungen haben nämlich Namen, die sich entweder von den Ländern oder Städten ableiten, wo sie zum ersten Mal gespielt wurden, oder auch von berühmten Schachmeistern, die sie gefunden haben.

Die Stellung des Diagramms 35 entsteht nach 1.e4 e5 2.♘f3 (Weiß greift den Bauern e5 an und entwickelt gleichzeitig seinen Springer) 2...♘c6 (Schwarz deckt den Bauern e5 und entwickelt ebenfalls einen Springer) 3.♗c4 ♗c5 (beide Spieler entwickeln ihre Läufer) Als nächstes könnte folgen: 4.♘c3 ♘f6 5.d3 d6 (Luftlöcher für die anderen Läufer) 6.♗g5 ♗g4. Dann sind schon fast alle Figuren entwickelt.

Im Diagramm 36 seht ihr eine andere beliebte Eröffnung, Französisch. Es wird von Anfängern allerdings seltener gespielt. Diese Stellung entsteht nach 1.e4 e6 2.d4 d5 (beide Spieler machen sofort auch für den zweiten Läufer einen Ausgang und greifen gleichzeitig im Zentrum an) 3.♘c3 ♗b4. Nun folgt meistens 4.e5. Warum? Der Bauer musste sich in Sicherheit bringen, um nicht mit d:e4 weggenommen zu werden. Aber der Springer auf c3 deckte ihn doch?! Nein, denn dieser Springer kann in unserer Stellung nicht ziehen. Würde er weggehen, wäre der weiße König im Schach. Das geht nicht, also muss er stehen bleiben, bis der Läufer weggeht oder der König sich verdrückt hat. Man nennt das **Fesselung**. Der schwarze Läufer auf b4 fesselt den ♘c3 an seinen König. Man kann auf die gleiche Weise eine Leichtfigur auch an die Dame fesseln, da die Dame zu wertvoll ist, als dass man sie sich schlagen ließe.

Betrachten wir uns diese Eröffnungen, so können wir zwei neue Eröffnungsprinzipien formulieren: Achte auf jeden Zug deines Gegners und lasse keine Figuren oder Bauern ungeschützt stehen! Dieses Prinzip ist eines der allgemeinsten, es gilt für die gesamte Partie. Mache in der Eröffnung keine unnützen Bauernzüge! Eigentlich kommt man mit zwei Bauernzügen vollständig aus, manchmal braucht man auch drei, z.B. wird Weiß den ♗b4 im Diagramm 36 bald mit a3 angreifen und vertreiben, um die lästige Fesselung des Springers aufzuheben. Mehr Bauernzüge aber sollte man in der Eröffnung unterlassen, da das dem Gegner nur Zeit gibt, seine Figuren zu entwickeln und anzugreifen. Außerdem hat ein Bauer den Nachteil, dass er als einzige Figur nicht zurück darf. Wenn ich mit einer anderen Figur einen Fehler mache, kann ich sie zur Not auch wieder zurückbeordern, der Bauer steht, wo er steht.

Ein weiteres Eröffnungsprinzip besagt, dass man nie den Schutz des Königs vergessen darf. Dies ist natürlich wichtiger als alles andere, denn wenn der König matt ist, nutzt mir kein Eröffnungswissen mehr etwas. Wir wollen uns ansehen, was passieren kann, wenn man dieses Prinzip missachtet. Im Diagramm 37 seht ihr das schnellste Matt der Welt, das **Narrenmatt**. Nur zwei Züge hat Weiß durchgehalten, dann war die Partie zu Ende. 1.f4?! e6 2.g4?? ♛h4#. Weiß hat gegen alle uns bekannten Eröffnungsprinzipien

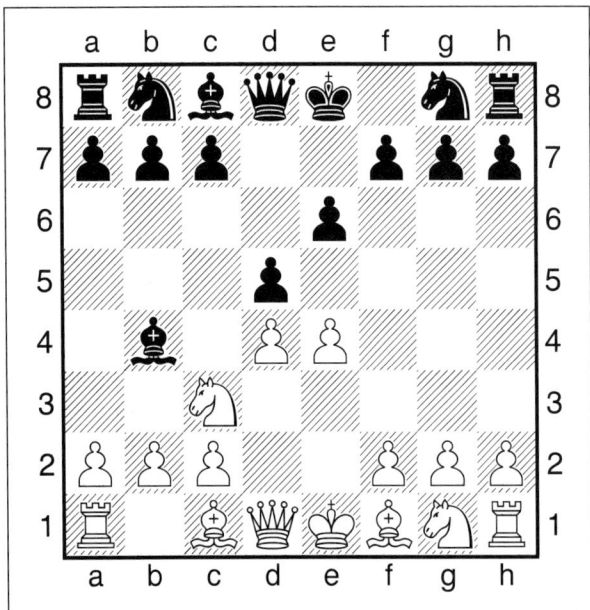

Diagramm 36

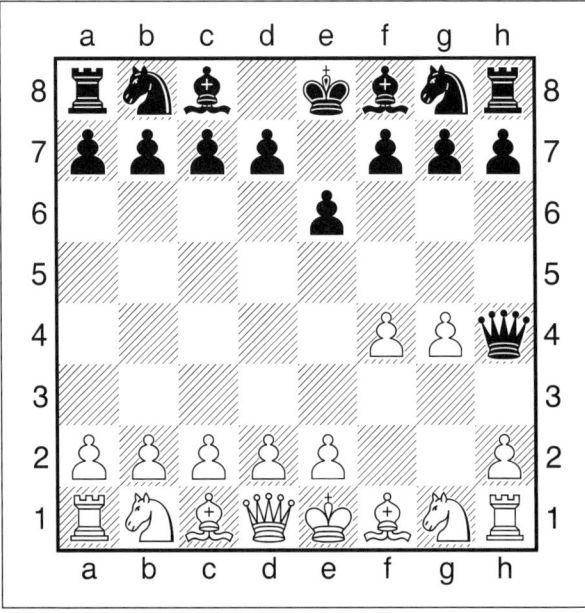

Diagramm 37

46

verstoßen, insbesondere aber hat er seinen König entblößt, was ihm zum Verhängnis geworden ist. So etwas nutzt der Gegner, wenn er schlau ist, gnadenlos aus. Wer sich so mattsetzen lässt, der muss noch viel an sich arbeiten! Aber ich bin mir sicher, dass euch das nicht passieren wird!

Während man schon selbst eine ganze Menge dazu beitragen muss, um sich ein Narrenmatt auf den Hals zu laden (weshalb es so gut wie nie vorkommt), ist das folgende Matt eines der häufigsten bei Anfängern. Es handelt sich also um eine gefährliche Waffe, und wer die nächsten Zeilen nicht aufmerksam liest, wird so manche Partie damit verlieren. Ihr seht das sogenannte **Schäfermatt** im Diagramm 38. Wie ist es dazu gekommen? 1.e4 e5 2.♗c4 ♗c5 (bis hierher völlig in Ordnung, beide Partner treiben ihre Entwicklung voran) 3.♕h5?! Weiß verstößt gegen ein wichtiges Eröffnungsprinzip, er wirft viel zu früh seine Dame ins Rennen. Warum ist das falsch? Weil Schwarz bei richtigem Spiel nichts zu fürchten hat und die Dame später angreifen kann. Schwarz hat hier aber 3...♘c6 gespielt, worauf 4.♕:f7# folgte. Schwarz hat alle Eröffnungsprinzipien beachtet, bis auf eines; er hat seinen König nicht geschützt. Die Felder f2 bzw. f7 sind die schwächsten in der Ausgangsstellung. Auf sie richten sich die Angriffe des Gegners, so dass man ihnen besonderen Schutz zukommen lassen muss. Das Schäfermatt ist eine furchtbare Waffe, wenn man es nicht kennt. Es kann in veränderter Form auch im 5., 6. oder 10. Zug auftreten, so dass man immer auf der Hut sein sollte, solange der König noch auf e1 (e8) steht! Natürlich kann auch Schwarz damit gewinnen, z.B.: 1.e4 e5 2.♘c3 ♗c5 3.♗c4 ♕f6 4.d3? ♕:f2#. Wir merken schon, dass der Königsspringer (der Springer, der auf dem Königsflügel steht) den besten Schutz gegen das Matt bietet. Steht er auf f3, dann kann die Dame des Gegners von f6 aus nicht nach f2 gelangen, nach h4 kann sie aber auch nicht, da sie dort geschlagen würde. Das gilt auch für Schwarz. Natürlich muss der Springer rechtzeitig dorthin gezogen werden, wie das folgende Beispiel zeigt: 1.e4 e5 2.♗c4 ♗c5 3.♕h5 ♘f6?? Zwar steht der Springer nun dort, greift auch die feindliche Dame an, aber Weiß ist ja am Zug und lässt sich 4.♕:f7# nicht nehmen.

Also den Königsspringer entwickeln, bevor die Dame überhaupt gezogen hat! Was aber, wenn es zu spät ist und die Dame auf h5 steht? 1.e4 e5 2.♗c4 ♗c5 3.♕h5. Dann kann Schwarz einfach mit seiner Dame alles abdecken, indem er 3...♕e7 spielt. Damit setzt er die Dame keiner Gefahr aus und deckt doch zuverlässig die Punkte f7 und e5. Er kann natürlich auch 3...♕f6 spielen und damit nun gleichfalls Matt drohen, doch spielt Weiß dann einfach ♘f3 und deckt alles ab. Um das Schäfermatt zu vermeiden, spielt der Weiße meist gleich im 2. Zug ♘f3 (siehe Diagramm 35) und Schwarz spielt ♘f6, sobald der Läufer von Weiß auf c4 steht. Auf dieses Matt müsst ihr höllisch aufpassen! Unter Schachspielern gibt es einen schönen Ausspruch, um zu sagen, dass jemand noch keine Ahnung hat und sehr schlecht spielt: „Der fällt glatt noch auf Schäfermatt herein!" Wollt ihr das von euch sagen lassen?

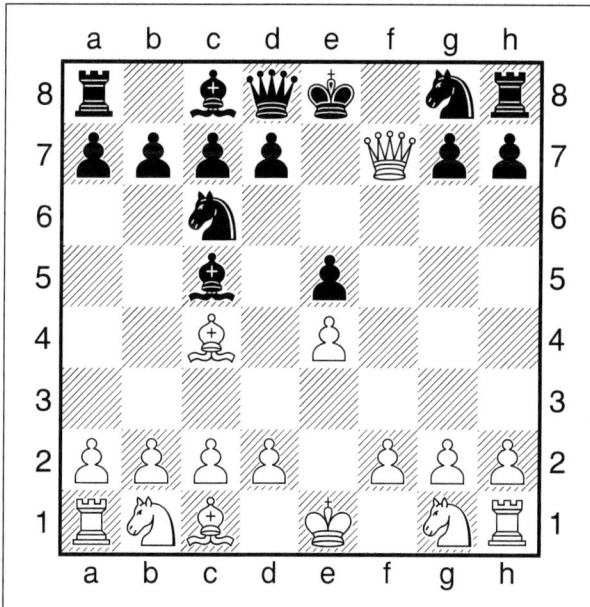

Diagramm 38

Spielt einige Partieanfänge auf eurem Brett durch und achtet dabei auf dieses Matt! Übt euch in der Verteidigung, aber auch im Angriff! Wenn man gegen einen Anfänger spielt, der noch keine Ahnung hat,

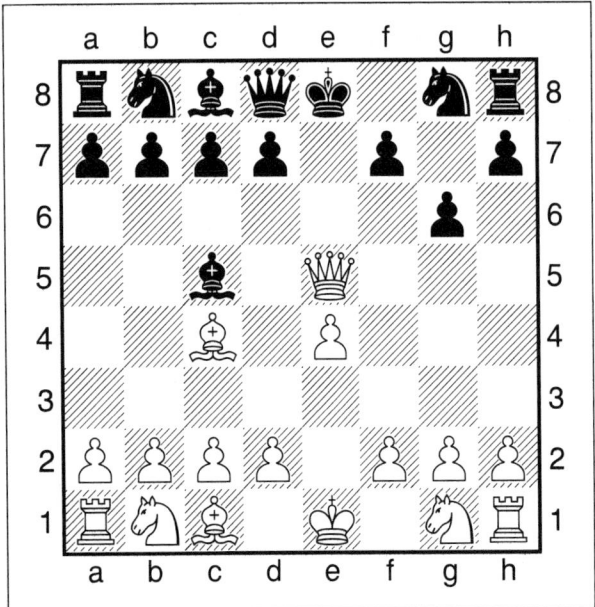

Diagramm 39

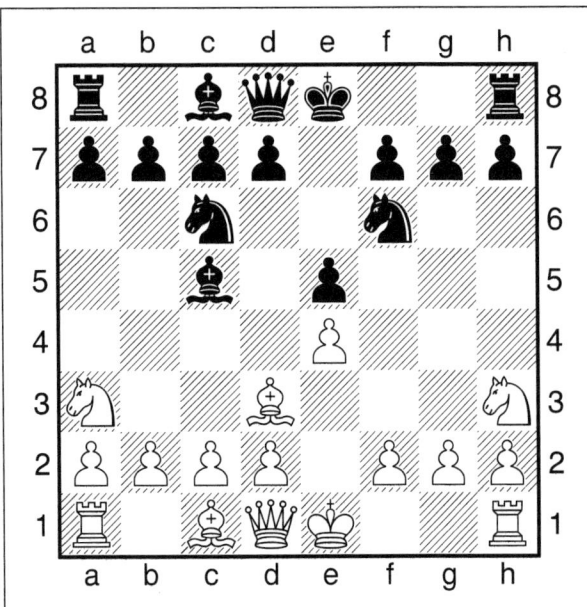

Diagramm 40

sollte man nicht versäumen, sich einen so leicht verdienten Punkt zu holen!

Bei der Verteidigung gegen Schäfermatt machen viele einen Fehler, der nur wenig besser ist als das Matt selber. Sie übersehen aus Angst vor dem Matt, dass nach Dh5 nicht nur f7, sondern auch e5 angegriffen ist. 1.e4 e5 2.♗c4 ♗c5 3.♕h5 g6?? Schwarz meint, damit allem aus dem Wege zu gehen, denn die Dame ist nun angegriffen und der Weg nach f7 ist ihr versperrt. Das stimmt auch, Schäfermatt ist für Weiß nun nicht mehr drin, aber er gewinnt auf andere Art und Weise: 4.♕:e5+ (siehe Diagramm 39). Mit 3...g6 hat Schwarz seinen Turm entblößt. Weiß sagt nun nicht nur Schach, er greift gleichzeitig den Turm an und während Schwarz gezwungen ist, das Schach abzuwehren, verspeist Weiß ganz genüsslich den dicken Herrn in der Ecke: 4...♕e7 5.♕:h8. Auch diese Falle kommt häufig vor und sollte deshalb Beachtung finden. Versucht es selbst einmal, euren Gegner damit oder mit Schäfermatt reinzulegen, vielleicht klappt's!? Sehen wir einmal von Fallen wie dem Schäfermatt ab, die man nur probieren sollte, wenn man der Meinung ist, einen ganz schwachen Gegner vor sich zu haben,

dann ist uns also unser Aufbau klar. Wir entwickeln zuerst die Leichtfiguren, machen wenig Bauernzüge, schützen den König und passen auf unsere Figuren auf. Wenn der Feind uns jetzt nämlich ein kleines Bäuerlein klaut, so scheint das nicht weiter tragisch, im Endspiel aber wird gerade dieser Mehrbauer vielleicht zur Dame, die uns den Gnadenstoß versetzt. Wohin aber entwickelt man nun seine Leichtfiguren? Da gibt es mehrere Möglichkeiten, die auch den Unterschied zwischen den einzelnen Eröffnungen ausmachen. Sehen wir uns dazu Diagramm 40 an. Die Stellung entstand nach 1.e4 e5 2.♘h3 ♗c5 3.♘a3 ♘c6 4.♗d3 ♘f6. Schwarz hat bereits drei Leichtfiguren entwickelt, wird als nächstes d6 oder gar d5! ziehen, im Zentrum angreifen, seinen zweiten Läufer befreien und steht also jetzt schon viel aktiver als Weiß. Dieser nämlich kann seinen Lc1 nicht befreien, weil der Bauer d2 zugestellt ist, die Springer sind viel zu weit vom Zentrum entfernt, um dort eingreifen zu können, es sieht sehr schlecht für ihn aus. Was lernen wir daraus? Die Springer gehören nicht an den Rand! Springer am Rand bringt Kummer und Schand, pflegt der erfahrene Schachspieler zu sagen und er hat Recht damit. Der Läufer gehört niemals vor den d-

Bauern, da dieser im Zentrum gebraucht wird und den zweiten Läufer durchlassen muss. Gleiches gilt natürlich für die Damenläufer und den e-Bauern. Manchmal ist es auch günstig, den Läufer auf die lange Diagonale zu setzen. Man spielt dann wie folgt: 1.e4 e5 2.♘f3 ♘c6 3.b3 g6 4.♗b2 ♗g7. Läufer, die auf diese Weise entwickelt wurden, stehen aktiv und sicher, wenn sie keinen eigenen Bauern in ihrer Diagonalen haben. Der Läufer auf b2 steht also gut, er greift e5 an. Der ♗g7 ist unglücklicher entwickelt, er wird schon nach einem Feld von seinem eigenen Bauern gebremst, den ebenso gut ein Bauer auf d6 verteidigen könnte. Man nennt solche Läufer **fianchettierte Läufer** oder **Fianchettoläufer**.

Nun wissen wir genau, wie wir uns in der Eröffnung zu verhalten haben, worauf wir achten müssen und welches Ziel wir anstreben. Die Eröffnungsprinzipien hier noch einmal alle im Überblick – prägt sie euch gut ein, wer danach spielt, der kann wenig falsch machen! Bedenkt dabei aber immer, dass man nicht stur danach vorgehen darf, sondern alles in seiner Gesamtheit sehen muss. Sonst kommt es vor, dass ihr mit eurer Dame die feindliche Dame schlagen könnt und das nicht tut, weil ein Eröffnungsprinzip sagt, man soll seine Dame nicht zu früh entwickeln!

1. **Entwickle deine Figuren schnell und zielstrebig, ziehe in der Eröffnung nach Möglichkeit mit jeder Figur nur einmal!**
2. **Vermeide unnötige Bauernzüge!**
3. **Kämpfe von Anfang an um das Zentrum, postiere deine Figuren in seiner Nähe!**
4. **Achte auf jeden Zug deines Gegners, frage dich, was er damit erreichen will und richte deine Pläne danach ein!**
5. **Lass dir keine Figuren schlagen, stelle sie so auf, dass sie sich gegenseitig decken!**
6. **Achte immer auf die Sicherheit deines Königs!**
7. **Entwickle zuerst die Leichtfiguren, die Schwerfiguren können warten!**
8. **Lass deinen König nie lange in der Mitte stehen, rochiere so schnell wie möglich nach der Seite, die am sichersten ist!**

Was sagt uns diese letzte Regel? Das wollen wir im nächsten Abschnitt klären, den keiner auslassen sollte, ich habe mir nämlich ein paar kleine Überraschungen aufgehoben.

3.2

Zwei Sonderregeln

Die Rochade

Wie wir gesehen haben, steht der König in der Mitte äußerst ungünstig. Dort ist er allen Angriffen der feindlichen Figuren schutzlos ausgesetzt, weil die ihn beschützende Bauernlinie für den Kampf im Zentrum aufgelöst wird. Außerdem steht der schwerfällige König in der Brettmitte allen anderen Figuren im Wege. Deshalb haben sich die Schachspieler vor einigen hundert Jahren eine Sonderregel einfallen lassen, die diese Schwierigkeiten beseitigen soll. Es ist die **Rochade**. Roch hieß im Orient der Turm. Es muss also ein Zug sein, der mit König und Turm zu tun hat. Sehen wir uns Diagramm 41 an! Alle Figuren außer Königen und Türmen habe ich weggelassen. Wir können sie natürlich beliebig wieder dazustellen, wichtig ist erst einmal, dass zwischen Türmen und Königen keine Figuren stehen. Die Könige sollen an die Flügel, hinter eine schützende Bauernkette gebracht werden. Die Rochade ermöglicht das. Weiß am Zug spielt seinen König von e1 nach g1 und setzt gleichzeitig den Turm von h1 nach f1 über ihn hinweg. Dasselbe könnte Schwarz auf seiner Seite machen, wenn er den h-Turm noch hätte. Es handelt sich also bei der Rochade um einen **Doppelschritt des Königs und einen Doppelzug, da der Turm den König überspringt und gleich neben ihm landet.** Weiß hat soeben die **kurze Rochade** ausgeführt. Kurz heißt sie deshalb, weil der Turm nur ein Feld überspringt (das Feld g1). Schwarz kann nun ebenfalls rochieren, er muss hier aber die **lange Rochade** machen. Das geschieht, indem er seinen König von e8 nach c8 setzt und den Turm wieder überspringen lässt: ♖a8-d8. Hier muss der Turm also zwei Felder überspringen (b8 und c8). Um diesen komplizierten Zug aufschreiben zu können, gibt es ebenfalls ein Sonderzeichen:

0-0   kurze Rochade
0-0-0 lange Rochade

Viele machen die lange Rochade am Anfang falsch, indem sie den König drei Felder, also nach b8 schieben und den Turm darüberheben. Merken wir uns also gleich fest und sicher: **Beide Rochaden werden ausgeführt, indem der König ein Feld überspringt und der Turm neben ihm abgesetzt wird.** Die Standpunkte beider Figuren sind also:

	Weiß	Schwarz
kurze Rochade:	♔g1 , ♖f1	♚g8 , ♜f8
lange Rochade:	♔c1 , ♖d1	♚c8 , ♜d8

Nun soll aber die Rochade kein Zug sein, den man jederzeit, wenn's gerade mal brenzlig wird, ausführen kann, sondern eine Belohnung für gutes Spiel. Es gibt deshalb Regeln, die besagen, wann es verboten ist zu rochieren:

Es ist verboten zu rochieren, wenn:
1. **Der König im Schach steht – dem Schach darf man sich nicht durch die Rochade entziehen.**
2. **Der König oder der Turm schon einmal gezogen haben, auch wenn sie wieder an ihren alten Platz zurückgekehrt sind.**
3. **Das Feld, auf dem der König landen will, oder das Feld, welches er überspringen will, von einer feindlichen Figur bedroht ist.**

Wohlgemerkt, nur die Felder, über die der König springt, dürfen nicht bedroht sein, der Turm kann bei der langen Rochade durchaus über das bedrohte Feld b1 oder b8 springen. Sehen wir uns zur Erläuterung folgende Partie an: 1.e4 e5 2.♘f3 d6 3.♗b5+ ♘c6 4.♘c3 ♗d7 5.b3 ♖b8 6.♗:c6 ♗:c6 7.♘d5 ♖a8 9.♗b2 ♗e7 10.d3 ♗b5 11.d4 ♘f6 12.♕d2 c5 13.♕e3 ♕a5+ (siehe Diagramm 42) Unsere beiden Spieler haben jetzt zwar nicht die besten Züge gefunden, aber so schlecht war die Partie auch nicht. Ihr könnt ja mal überlegen, was man hätte besser machen können! Uns ging es aber um die Demonstration der Rochade: Weiß am Zug steht im Schach. Er darf also im 13. Zug nicht rochieren, sondern muss sich etwas anderes einfallen lassen. Flieht er jetzt mit dem König aus dem Schach, kann er nie mehr rochieren, also wird er sich wohl für 13.♕d2 entscheiden. 13...♕:d2+ 14.♘:d2. Schwarz musste den Abtausch einschieben, da seine Dame ungeschützt war. Nun aber kann er endlich rochieren. Aber wohin? Die lange Rochade darf er nicht machen, denn sein Turm auf a8 hat bereits einmal gezogen. Bleibt also nur die kurze, hier steht kein Hindernis im Wege: 14...0-0. Weiß möchte jetzt auch rochieren. Er aber darf keine kurze Rochade machen, denn das Feld f1 nimmt der schwarze Läufer auf b5 aufs Korn. Dafür kann er ohne Schwierigkeiten lang rochieren, 15. 0-0-0.

Soviel also zur Rochade. Man sollte mit ihr nicht gar zu lange warten, weil es sonst schnell zu spät sein kann. Hinter der Bauernfront am Königs- oder Damenflügel steht der König sicher und geborgen. Voraussetzung ist natürlich, dass wir die Bauern, hinter die wir rochiert haben, dann auch stehen lassen, damit der König nicht wieder nackt und bloß auf dem Spielfeld herumsteht. Normalerweise wird die Rochade zwischen dem 4. und 10. Zug gemacht. Wer nicht rochiert, kommt meistens in Nachteil, deshalb sollte man alle Züge vermeiden, die einem diese Königssicherung unmöglich machen! Die Rochade ist der einzige Zug, bei dem es erlaubt ist, mit zwei Figuren gleichzeitig zu ziehen oder mit dem König einen Doppelschritt zu machen.

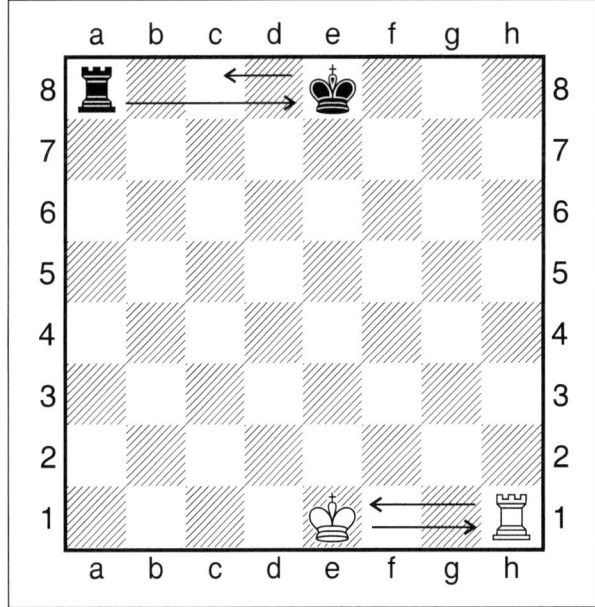

Diagramm 41

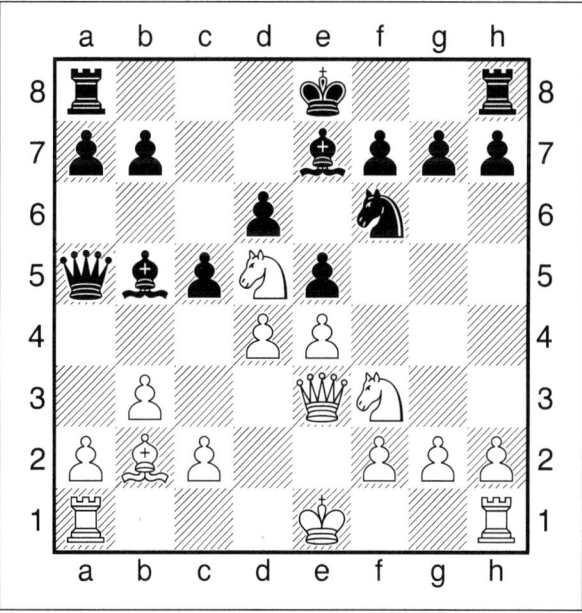

Diagramm 42

Das Schlagen im Vorübergehen

Wir wollen uns an dieser Stelle gleich noch eine zweite Sonderregel ansehen, wonach wir endgültig behaupten dürfen, alles zu wissen, was man über das Brett und seine Figuren als Grundausstattung wissen muss. Es handelt sich um das **Schlagen im Vorübergehen,** abgekürzt **i.V.** und auf französisch (wie es allgemein bezeichnet wird) **Schlagen en passant** (gesprochen: angpassang), abgekürzt **e.p.** Diese Regel gilt für Bauern. Befindet sich ein Bauer noch in seiner Ausgangsposition, so kann er bekanntlich einen Doppelschritt wagen. Ein feindlicher Bauer könnte so stehen, dass er das Feld, über welches der Bauer hinwegzieht, bedroht. Wir sehen uns dazu Diagramm 43 an: Weiß kann seinen Bauern von a2 nach a3 ziehen, wonach Schwarz ganz normal schlagen könnte: b4:a3. Wenn Weiß aber sein Recht auf Doppelschritt ausnutzt, so hätte Schwarz gar keine Möglichkeit, den Bauern, der an ihm vorbeizieht, zu schlagen. Um das zu verhindern, gibt es die Regel vom Schlagen im Vorübergehen. Zieht Weiß 1.a4, so darf Schwarz so tun, als hätte nie ein Doppelschritt stattgefunden und 1...b4:a3 spielen. Das geschieht, indem Schwarz seinen Bauern auf a3 setzt und den weißen auf a4 herausnimmt. Danach steht also nur noch auf a3 ein schwarzer Bauer. Ist Schwarz am Zug, so könnte er ebenfalls einen Doppelschritt mit e7 machen: 1...e5. Daraufhin hat Weiß das Recht, diesen Bauern zu schlagen: 2.d5:e6, indem sich der weiße Bauer auf e6 stellt und den schwarzen auf e5 entfernt. Man schreibt auch oft d:e6 e.p. oder d:e6 i.V.

Das Schlagen im Vorübergehen ist möglich, wenn ein Bauer aus seiner Ausgangsposition einen Doppelschritt über ein von einem anderen Bauern bedrohtes Feld macht. Dieser kann ihn dann schlagen, indem er sich auf das übersprungene Feld setzt und den ersten Bauern vom Brett entfernt. En passant darf nur sofort nach dem Doppelschritt geschlagen werden, nicht in einem späteren Zug!

Das sollten wir uns einprägen. Manchmal kommt es nämlich vor, dass jemand erst noch schnell ein Schach sagen will, um dann im darauffolgenden Zug en passant zu schlagen. Das ist nicht möglich. Wenn der flotte Bauer nicht gleich abgefangen wird, bleibt er eben stehen. Auch folgender Trugschluss ist weit verbreitet: Im Diagramm 43 kann Schwarz 1...h4 ziehen. Dieser Bauer hat zwar ein von einem feindlichen Bauern bedrohtes Feld verlassen, aber keinen Doppelschritt gemacht. Er darf nicht en passant geschlagen werden. Das geht nur bei Doppelschritt über ein bedrohtes Feld hinweg! Die Bauern müssen also vorher wie die Felder eines Springerzuges zueinander stehen (siehe Diagramm 43:a2 und b4; e7 und d5), hinterher nebeneinander. Auch muss man sich merken, dass der schlagende Bauer nicht auf das vom anderen Bauern besetzte Feld, sondern auf das übersprungene gestellt wird. Übt das gründlich!

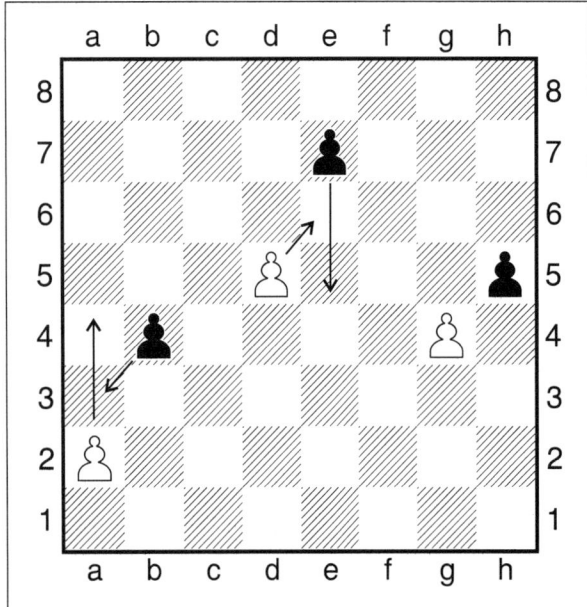

Diagramm 43

3.3

Das Mittelspiel

Nachdem wir nun wissen, wie man seine Streitkräfte für den Kampf in Positur bringen sollte und was der günstigste Weg dazu ist, dürfen wir uns guten Gewissens der Hauptphase der Schachpartie zuwenden, dem Mittelspiel. Im Gegensatz zu Eröffnung und Endspiel kann die Schachtheorie hier nur sehr wenig direkte Hinweise geben, da es Millionen von möglichen Stellungen gibt. Dafür gibt es umso mehr Grundregeln, Schliche und Kniffe, die zum Handwerkszeug eines guten Schachspielers gehören und mit denen wir uns hier beschäftigen wollen. In diesem Abschnitt lernt ihr die Grundlagen dafür kennen.

Haben wir die Eröffnung abgeschlossen, so stellt sich uns als Erstes und Wichtigstes die Frage nach der Stellung. Wer steht besser, welche Schwachstellen hat der Gegner, worauf muss ich bei meiner Stellung besonders achten, wo könnte ich angreifen...? Viele Fragen, von deren richtiger Beantwortung der weitere Verlauf der Partie abhängt. Wir wollen uns jetzt mit den Grundlagen der Stellungseinschätzung befassen, weiterführend beschäftigen wir uns mit dem Mittelspiel noch in Kapitel 5.

Die Bauernstruktur

ist eines der wichtigsten Merkmale einer Schachstellung. Wir müssen uns hier mit dem Gedanken vertraut machen, dass nicht jeder Bauer gleichviel wert ist, sondern sein Wert von seinem Standpunkt und seiner Umgebung abhängt. Betrachten wir Diagramm 44, wo nur die Bauernstruktur einer Stellung dargestellt ist. Weiß verfügt über eine feste, sichere Bauernstruktur. Die Bauernkette am Damenflügel hängt zusammen, ebenso die zwei Bauern am Königsflügel. Die Bauern decken sich teilweise gegenseitig und werden ankommenden Feinden ein erhebliches Hindernis in den Weg stellen. Da sie alle auf weißen Feldern stehen, hat Weiß Löcher auf den schwarzen Feldern, durch sie könnten der schwarzfeldrige Läufer oder die Dame des Gegners leicht eindringen.

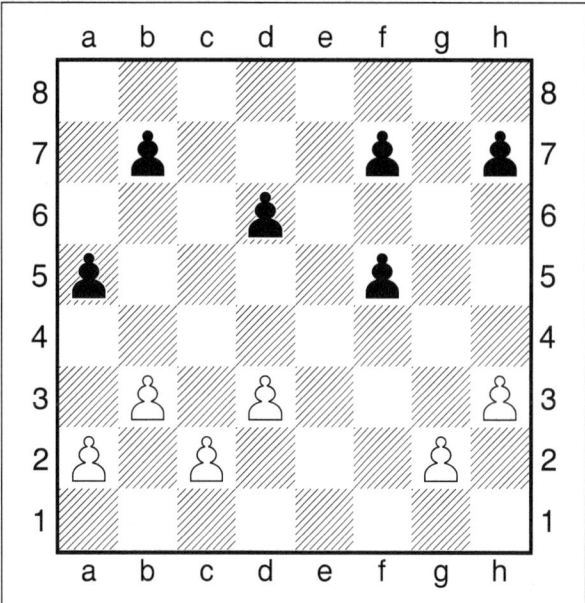

Diagramm 44

Die Bauernstruktur von Schwarz hingegen weist mehr als einen Mangel auf. Die Kette ist unterbrochen, so dass sich die Bauern größtenteils nicht gegenseitig schützen können. Bauern, die weder rechts noch links über einen Kameraden verfügen, der sie schützen könnte, sind **isolierte Bauern**. Man nennt einen solchen Bauern auch **Isolani**. Die schwarzen Bauern d6 und h7 sind isolierte Bauern, der Bauer a5 dagegen ist nicht isoliert, da er auf der Nachbarreihe einen Kollegen stehen hat. Isolierte Bauern sind meist ein Schwachpunkt, da sie aufwendig durch Figuren geschützt werden müssen und jedem Angriff schutzlos preisgegeben sind.

Durch Schlagen ist der Bauer f5 von der g oder e-Linie auf die f-Linie gelangt und bildet nun mit f7 einen **Doppelbauern**. In diesem Falle handelt es sich sogar um einen isolierten Doppelbauern. Doppelbauern sind meist ein besonderer Schwachpunkt, da zwei Bauern auf einer Linie auch nicht mehr nutzen als einer. Es ist also fast so, als hätte Schwarz einen Bauern weniger. Besonders gefährdet sind dabei natürlich isolierte Doppelbauern, so dass sie beide keinen Pfifferling wert sind, ungeschützt und für jeden Feind appetitlich zurechtgestellt. Aber auch hier gibt es noch Unterschiede. Ein Doppelbauer im Zentrum kann oft ganz nützlich sein, da hier im Kampf schnell ein Bauer abgetauscht werden kann. Am Rand hingegen ist alles verloren, das Schlimmste, was man sich vorstellen kann, ist ein isolierter Randdoppelbauer. Im Allgemeinen vermeidet man es, sich vom Gegner Doppelbauern bescheren zu lassen, doch gibt es Schlimmeres, und wegen eines Doppelbauern hat in eurem Leistungsbereich noch keiner eine Partie verloren. Unangenehm ist er trotzdem.

Durch die Bauernstruktur werden auch die Linien gekennzeichnet. Wir unterscheiden zwischen **offenen Linien, halboffenen Linien und geschlossenen Linien.** Eine offene Linie ist eine solche, auf der kein Bauer steht. Sie sind besonders für Dame und Türme wichtig, da die Schwerfiguren auf offenen Linien ins Lager des Feindes einbrechen können. Deshalb sollte man versuchen, offene Linien so schnell wie möglich mit seinen Figuren zu besetzen, um sie nicht dem Gegner zu überlassen! Halboffene Linien sind Linien, auf denen nur Bauern einer Farbe stehen. Derjenige, der keine Bauern auf einer solchen Linie hat, kann sie natürlich ausgezeichnet zu einem Angriff auf die Bauern des Gegners nutzen. Dazu besetzt er sie ebenfalls mit seinen Schwerfiguren. Im Diagramm 44 ist die e-Linie eine offene Linie, die c-, f- und g-Linien sind halboffen. Alle anderen Linien sind geschlossen, da sich auf ihnen Bauern beider Farben befinden.

Im Diagramm 45 hat Schwarz sogar einen **Tripel-Bauern.** Ein solcher ist natürlich noch viel schlechter als ein Doppelbauer. Außerdem befinden sich auf dem Brett **Freibauern.** Freibauern sind Bauern, die auf ihrem Weg zur gegnerischen Grundreihe von keinem feindlichen Bauern rechts oder links mehr aufgehalten werden können. Sie sind also für den Gegner besonders gefährlich, wenn er nicht aufpasst, verwandeln sie sich. Der Bauer b6 ist ein **gedeckter Freibauer,** da er von einem Kameraden geschützt wird, was besonders günstig ist. Noch besser sind verbundene Freibauern wie hier f5 und g6. Bei ihrem Vormarsch unterstützen sie sich gegenseitig. Aber auch ein **isolierter Freibauer** wie

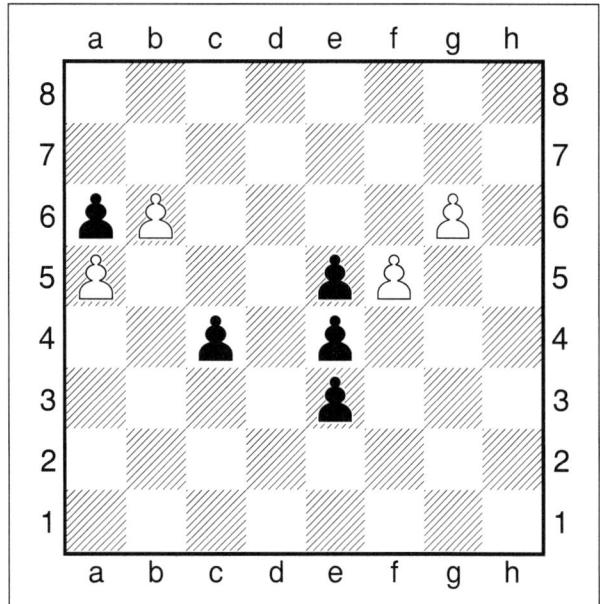

Diagramm 45

c4 ist gefährlich. Die hier gebrauchten Begriffe müsst ihr euch nicht merken, wichtiger ist, dass ihr jetzt wisst, wie man seine Bauern aufstellen sollte und wie nicht! Die Erfahrung wird euch da im Laufe der Jahre noch viel weiterhelfen, doch sollte man auch bei seinen ersten Partien schon die Wichtigkeit der Bauern und ihrer Aufstellung beachten und sich nicht nur um Dame und Türme kümmern!

Die Aufstellung der Figuren
ist damit auch fast klar. Die Leichtfiguren gehören ins Zentrum oder in dessen Nähe. Sie gehen einem Angriff voran und bahnen den anderen den Weg. Läufer sollte man dabei nicht so aufstellen, dass sie zwischen Bauern eingekeilt sind, sie brauchen freie Diagonalen. Die Türme möchten offene Linien haben, da sich ihre Kampfkraft dann vervielfacht. Besonders stark sind sie, wenn sie verbunden stehen. Das heißt, sie decken sich gegenseitig und besetzen also gemeinsam eine Linie oder Reihe. Die Dame schließlich sollte erst dann zum Kampf herangezogen werden, wenn sie gebraucht wird, der König muss sicher und ruhig hinter einer Bauernkette in seiner Rochadestellung stehen.

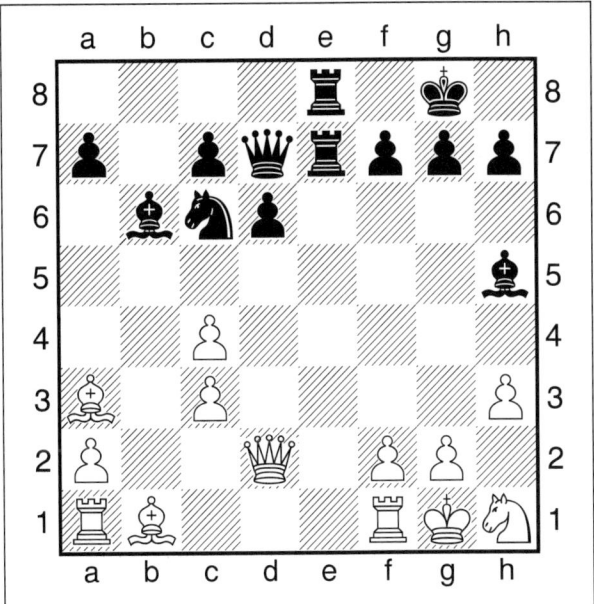

Diagramm 46

Sehen wir uns Diagramm 46 an! Beide Seiten haben ihre Entwicklung abgeschlossen, die kurze Rochade gemacht und bisher nur einiges abgetauscht, niemand hat Materialvorteil. Und doch sind die Stellungen sehr unterschiedlich! Sehen wir uns die Nachteile der weißen Stellung an: Alle Leichtfiguren stehen am Rand. Sie haben keinerlei gute Felder, spielen nicht zusammen und können sich nicht am Angriff beteiligen. Die weiße Bauernstruktur ist schlecht, Weiß besitzt einen isolierten Doppelbauern. Die Türme decken sich nicht gegenseitig, sind also nicht verbunden, auch haben sie keine offene Linie besetzt. Die weiße Position ist schlecht!

Ganz anders Schwarz. Er hat alle Hinweise zur Aufstellung seiner Figuren genutzt und steht sehr gut da. Seine Türme sind nicht nur verbunden, sondern haben auch die offene e-Linie besetzt, die Leichtfiguren greifen aktiv das Zentrum und die gegnerische Stellung an. Die Bauernkette ist noch gut erhalten, Schwarz wird, wenn er die Vorteile seiner Stellung ausnutzt, bald auch materiell auf Sieg stehen (also Figuren mehr haben). Sehen wir uns das an: 1.♕c2 (Weiß will mit der Dame auf h7 schlagen, was sehr gefährlich für Schwarz wäre.) 1...♗g6! 2.♕b3 ♘a5

(Schwarz lässt der Dame keine Ruhe, seine Figuren stehen für einen gemeinsamen Angriff bereit.) 3.♕b4 c5! 4.♕b2 (das letzte Feld, was ihr geblieben ist. Bekommt heraus, warum sie kein anderes Feld betreten darf!) 4...♘:c4! (Bauerngewinn und schon wieder Angriff) 5.♕c1 ♕a4 (jetzt wird der ♗a3 angegriffen.) 6.♗b2 ♕b5 7.♗a3 (der angegriffene Läufer hat kein anderes Feld.) 7...♘:a3 (Schwarz hält den Zeitpunkt zum Handeln für gekommen.) 8.♕:a3 ♕:f1!+ Ist Schwarz denn dumm, er gibt seine Dame für einen lumpigen Turm?! Manchmal kann es schon vorteilhaft sein, einen scheinbar schlechten Tausch zu machen: 9.♔:f1 ♖e1#. Schwarz hat Weiß hereingelegt, seine Falle ist zugeschnappt. Man nennt einen Zug, bei dem man freiwillig Material opfert, ein **Opfer**. Schwarz hat die Dame geopfert, um den Gegner mattzusetzen, ein guter Tausch, oder? So schnell kann es gehen, wenn man sich falsch aufbaut. Lasst euch das eine Lehre sein!

Nach welchen Gesichtspunkten sollten wir nun also eine entstandene Stellung einschätzen? Ich führe sie hier noch einmal übersichtlich für euch auf:

1. **Königsstellung: Steht mein König sicher, ist er gut durch eigene Figuren und Bauern geschützt oder ist er einem gegnerischen Angriff schutzlos preisgegeben? Wie sieht es bei meinem Gegner damit aus?**
2. **Figurenstellung: Hat einer von beiden bereits Materialvorteil? Ist die Entwicklung bei beiden abgeschlossen? Sind die Figuren aktiv in der Mitte des Brettes aufgebaut, arbeiten sie gut zusammen?**
3. **Bauernstruktur: Sind die Bauern gut postiert oder gibt es isolierte oder gar Doppelbauern? Sind offene Linien vorhanden, wenn ja – wer hat sie besetzt?**

Diese Fragen sollten wir uns während einer Partie immer wieder durch den Kopf gehen lassen. Von ihrer Beantwortung hängt entscheidend der Plan ab, nach dem wir weiterspielen wollen. Droht z.B. unserem König eine Gefahr, so darf man natürlich nicht seelenruhig Bauernzüge machen, sondern muss schnellstens für genügenden Schutz sorgen. Steht aber der König sicher und alle Figuren sind gut entwickelt, so kann man in Ruhe den Gegner angreifen, eine offene Linie besetzen oder versuchen, sich eine neue Dame zu holen, indem man einen Bauern in Marsch setzt.

Sehen wir uns als Beispiel Diagramm 47 an. Die Entwicklung haben beide Seiten ungefähr abgeschlossen; versucht zuerst selbst, die Stellung einzuschätzen! Weiß hat seinen König mit der Rochade gesichert, er steht gut. Schwarz dagegen hat ihn offen in der Mitte stehen. Er muss sich also sofort um eine Sicherung (wahrscheinlich 0-0-0) kümmern, während Weiß planen wird, den schwarzen König anzugreifen. Die weißen Figuren sind recht gut aufgestellt, die schwarzen dagegen können kaum zusammenwirken. Besonders schwach ist der ♘a6. Ihn muss der Schwarze unbedingt besser stellen. Dafür hat Schwarz eine gute Bauernstruktur, Weiß muss sich mit einem Isolani und einem Doppelbauern plagen. Schwarz kann deshalb im Endspiel auf bessere Chancen hoffen, da die Bauern dann sehr wichtig werden. Jetzt sollte er die d-Linie mit seinen Türmen besetzen, um den schwachen d-Bauern anzugreifen, während Weiß sich um die c- und e-Linie kümmern wird.

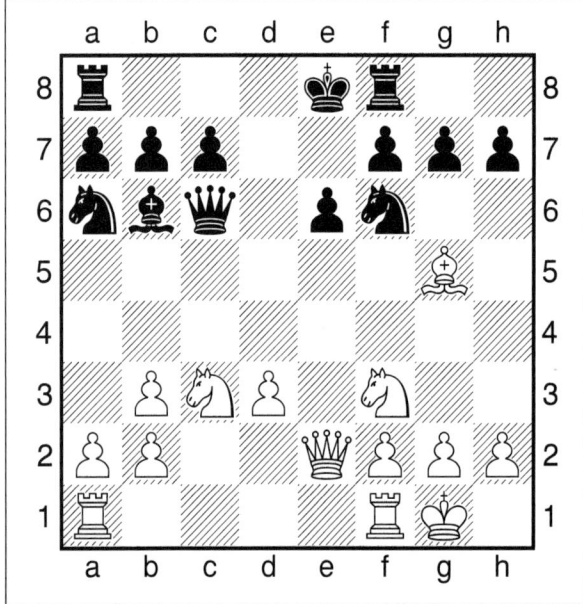

Diagramm 47

Von der genauen Stellungseinschätzung hängt sehr viel ab; wer sie beherrscht, findet auch fast immer den besten Zug! Achtet deshalb immer darauf, ob euer König sicher steht und ob keine Figur angegriffen ist! Wollt ihr Figuren abtauschen, dann rechnet vorher zusammen, ob ihr auch kein Verlustgeschäft machen würdet, z.B. eine Dame und einen Turm gegen zwei Türme und einen Bauern tauschen! Wenn ihr aber nichts zu befürchten habt, dann greift mutig den Gegner – speziell seinen König – an, denn nur so gewinnt man eine Partie!

Das Kampfziel und seine Verwirklichung
Unser Ziel im Mittelspiel ist natürlich, den König matt zu setzen. Oft aber ist das erst im Endspiel möglich, so dass wir uns vorerst auch mit kleineren Zielen zufrieden geben müssen. Können wir nicht durch eine geschickte Kombination matt setzen, so wollen wir wenigstens in Materialvorteil kommen oder dem Gegner Schwächen zufügen (z.B. einen Doppelbauern). Diese können wir dann im Endspiel verwerten. Wenn es uns z.B. gelungen ist, einen Turm zu gewinnen, so tauschen wir einfach alle anderen Figuren ab (natürlich nur gleichwertige gegeneinander). Im Endspiel haben wir dann logischerweise einen Turm, unser Gegner aber hat nichts mehr. Wir können ihn auf altbekannte Art mattsetzen. Wir können uns also gleich merken: **Der Spieler mit Materialvorteil sollte versuchen, alle anderen Figuren abzutauschen, der mit weniger Material sollte lieber alle Figuren auf dem Brett zu behalten suchen!** Solche Vorteile erreichen wir natürlich nur, wenn wir geschickt mit unseren Figuren manövrieren. Klar ist, dass wir eine Figur, die unser Gegner einfach stehen lässt (die er also nicht wegzieht, wenn sie angegriffen ist oder die er freiwillig auf ein bedrohtes Feld setzt) auch wegnehmen; schon sind wir in Vorteil. Was aber, wenn er sich keine groben Fehler zu Schulden kommen lässt? Dann müssen wir ihn zwingen, uns etwas abzugeben. Das erreichen wir auf verschiedene Art und Weise. Die schwierigste davon ist der direkte Königsangriff, mit dem wir uns deshalb erst im Kapitel 5 beschäftigen wollen, da er uns dann auch schon sehr leicht fallen wird. Wir wollen uns jetzt drei einfache, aber sehr wirkungsvolle Methoden ansehen, um dem Gegner Figuren zu stehlen.

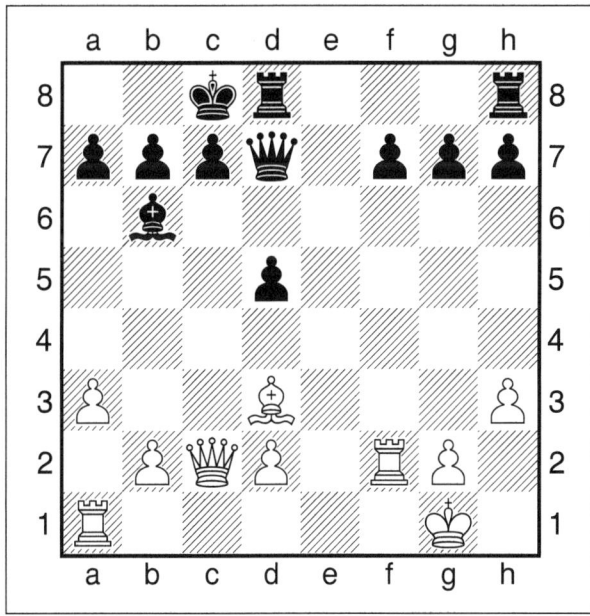

Diagramm 48

Die Fesselung

Diese Methode haben wir bereits kennen gelernt. Mit einem Läufer, einem Turm oder einer Dame kann man feindliche Figuren an ihren König oder auch an die Dame fesseln. Sie können dann nicht abziehen, weil sonst ihr König im Schach stehen würde oder die Dame angegriffen wäre. Spielt man geschickt, kann man das zum Figurengewinn ausnutzen. Sehen wir uns dazu Diagramm 48 an. Schwarz hat gerade ♗b6 gespielt und freut sich sehr: sein Läufer fesselt den Turm an den König. Weiß kann ihn nicht wegziehen, obwohl der Turm natürlich mehr wert ist als der Läufer. Schwarz hofft also auf Materialgewinn. Was diese Fesselung betrifft, ist das völlig richtig, doch hat Schwarz etwas sehr Wichtiges übersehen. Wenn Weiß nämlich nicht verzweifelt, sondern gut überlegt, ob es nicht noch Rettungsmöglichkeiten gibt, dann findet er gewiss den starken Gegenzug ♗f5!! Der Läufer fesselt die schwarze Dame an ihren Mann und lässt sie somit verloren gehen. Schwarz kann seine Lady nicht retten. Es wird folgen ♗:f2+ ♔:f2 ♔b8 und ♗:d7 ♖:d7, wonach Weiß besser steht.

Im Diagramm 49 ist die Stellung ungefähr ausgeglichen. Beide Spieler haben noch ihre Chancen, wobei Weiß auf seinen offen stehenden König achten sollte. Dieser kann ihm zum Verhängnis werden, wenn er, wie wir sehen werden, nicht aufpasst.

Weiß zieht in dieser Stellung ♕g3? Mit der Idee, den ♘e5 zu fesseln. Da dieser Springer durch einen Turm gedeckt ist, könnte Weiß sowieso nicht schlagen, obendrein aber hat Schwarz eine gute Erwiderung: ♖g8!! In diesem Falle ist es egal, welcher Turm gezogen wird. Die weiße Dame ist gefangen und geht im nächsten Zug verloren. Also Vorsicht, Fesselungen drohen sehr oft und wer sie übersieht, hat oft nichts mehr zu lachen!

Kann man nun gar nichts mehr tun, wenn man in eine Fesselung hineingeraten ist? Das wäre zu viel gesagt. Manchmal z.B. lässt man sich durch eine Drohung erschrecken, die eigentlich gar keine ist.

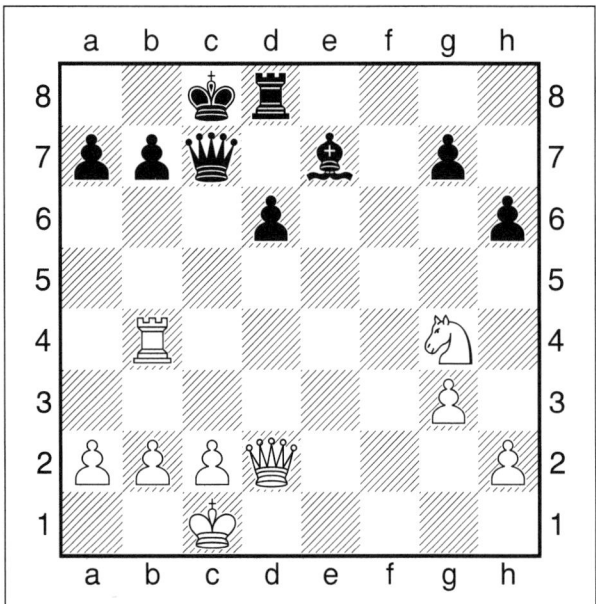

Diagramm 50

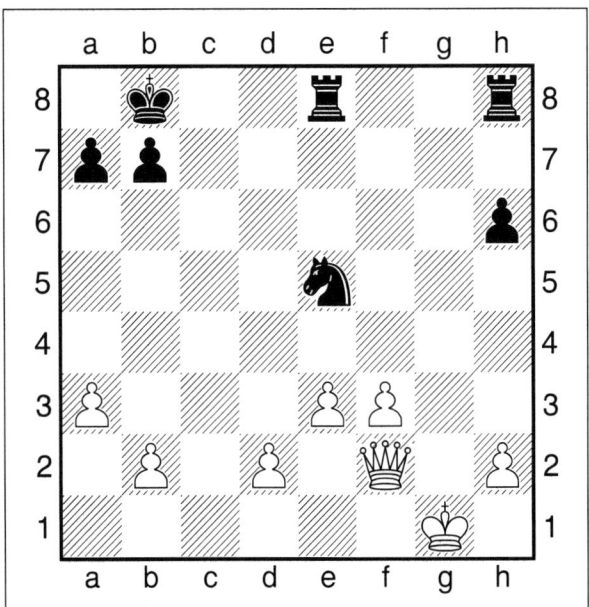

Diagramm 49

Sehen wir uns dazu Diagramm 50 an. Wenn Weiß am Zug in dieser Stellung ♖c4? setzt, dann hat er auf jeden Fall die schwarze Dame gefesselt. Das stört aber Schwarz gar nicht, denn er kann einfach ♕:c4! spielen. Der Turm war nicht gedeckt, konnte also

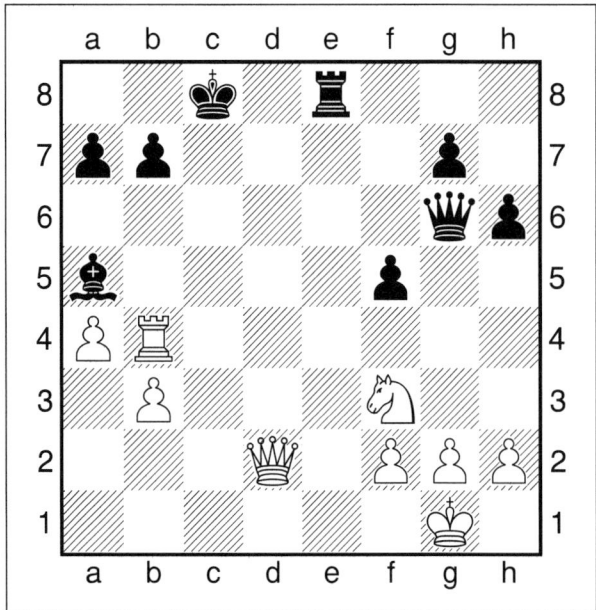

Diagramm 51

einfach geschlagen werden. Eine solche Fesselung nutzt natürlich nichts. Ist jedoch Schwarz am Zug, so kann er stärker ♗g5 spielen und die weiße Dame fesseln. Dieser Läufer ist gedeckt, Weiß darf also nicht ♕:g5? spielen.

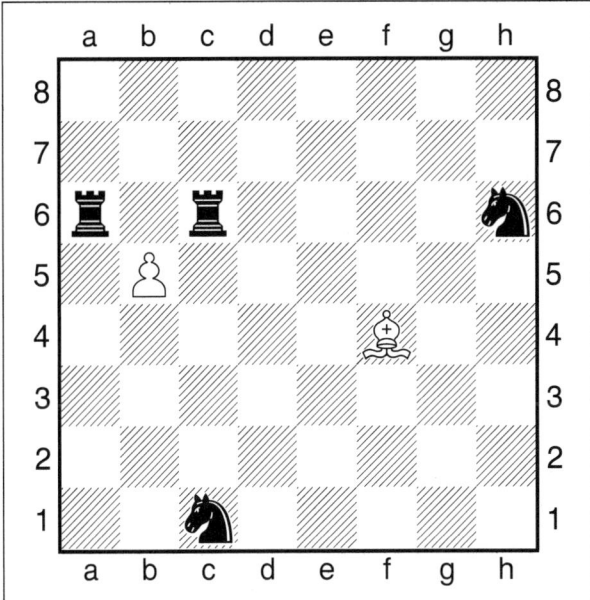

Diagramm 52

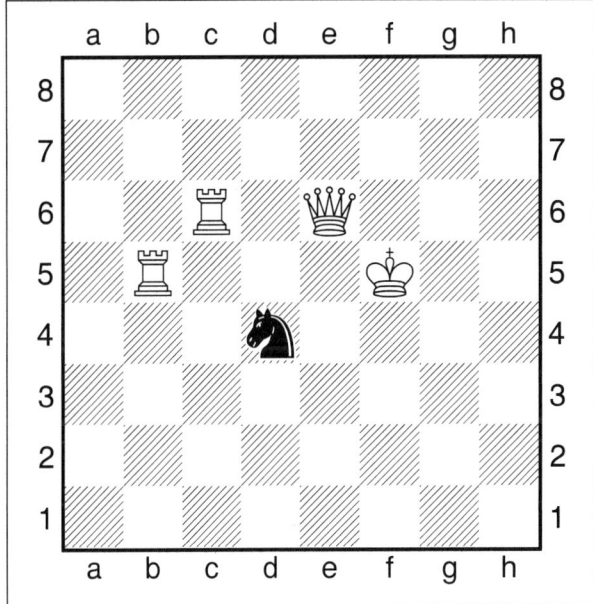

Diagramm 53

Trotzdem ist er noch nicht verloren, denn es gibt Figuren, die Weiß zwischen den feindlichen Läufer und seine geliebte Dame stellen kann. Mit ♖f4 würde Weiß einen Turm gegen einen Läufer verlieren, was zwar besser ist als die Dame, aber immer noch einen

Verlust bedeutet. Aber ♘e3! deckt alles ab. **Das einzige Mittel, eine an den eigenen König gefesselte Figur zu retten, ist eine andere Figur, die weniger wertvoll ist, dazwischenzustellen.** Nach ♗:e3 ♕:e3 hat Weiß keinen Verlust zu beklagen.

Ist eine Figur an die Dame gefesselt wie im Diagramm 51 der ♖b4, geht sie meist genauso verloren wie in den vorhergehenden Beispielen. Da aber eine Dame kein König ist, bietet sich hier manchmal auch eine gute Rettungschance. Weiß am Zug muss seinen Turm noch nicht verloren geben, da er ja nicht an den König gefesselt ist, also ziehen darf. Natürlich kann er nicht einfach ♖d4 oder ähnliches setzen, da Schwarz sonst mit ♗:d2 die Dame gewinnt. Aber hier hat der Turm die Möglichkeit, Schach zu bieten. Nach ♖c4+! muss Schwarz den König ziehen, kann also nicht die weiße Dame schlagen und wenn er das noch so gerne tun möchte. Weiß kann also beruhigt aufatmen, die Gefahr wurde gebannt. Das sollten wir uns gut merken!

Die Gabel

Kommen wir nun zu einer weiteren Möglichkeit, Material zu gewinnen. Die Gabel ist dazu vielleicht sogar das geeignetste Mittel. Was aber ist das eigentlich? **Gabel nennt der Schachspieler einen Doppelangriff auf mehrere feindliche Figuren durch eine eigene Figur.** Alle Figuren können Gabeln spielen, besonders geeignet dafür ist allerdings der Springer. Durch Springergabeln verlieren manchmal sogar Meister im Schach noch Figuren, weil sie diese übersehen haben. Also jetzt gut aufgepasst!

Im Diagramm 52 sehen wir zwei Gabeln. Mit seinem Bauern hat Weiß beide schwarze Türme bedroht. Da nur einer von beiden wegziehen kann, geht der andere verloren. Genauso sieht es bei den schwarzen Springern aus, sie sind beide vom ♗f4 angegriffen. Rettung ist nur für einen möglich.

Im Diagramm 53 haben wir dagegen eine der gefährlichen Springergabeln. Der ♘d4 sagt Schach und greift gleichzeitig alle drei weißen Schwerfiguren an. Weiß muss den König wegziehen und verliert im nächsten Zug seine Dame. Solche Springergabeln sind schwer zu erkennen, da der Springer so unberechenbar über das Feld hoppelt. Aber erinnert euch an die Springerblume – alle Felder, die ein Springer von einem Standort aus betreten kann, haben dieselbe Farbe. Also kann er auch nur Figuren in einer Gabel angreifen, die dicht nebeneinander auf Feldern gleicher Farbe stehen. Deshalb ist es immer günstig, seine wertvollsten Figuren auf Felder verschiedener Farbe zu stellen, wenn sie nah beisammen sind und sich feindliche Springer in der Nähe zeigen.

Da mit Gabeln meist nicht zu spaßen ist, sollte man seine Aufmerksamkeit von Anfang an darauf verwenden, sie nicht zuzulassen. Man muss eben bei jedem Zug gut überlegen, ob der Gegner nicht mit einer Gabel droht. Seht euch Diagramm 54 genau an und überlegt euch, wer wo eine Gabel zu spielen droht! Denkt gut nach und lest erst weiter, wenn ihr für jeden eine Gabeldrohung gefunden habt!

Schwarz droht eine Springergabel auf c7 zu spielen und sich einen Turm zu mausen. Weiß dagegen könnte ♕f3+! spielen und würde mit dieser Gabel auf König und Turm den Turm gewinnen. Einer solchen Drohung wirkt man am besten entgegen, wenn man mit einer der Figuren rechtzeitig ein anderes Feld aufsucht oder aber das Gabelfeld zuverlässig sichert. Ist Weiß am Zug, so könnte er z.B. ♕g7 spielen, wonach das Feld c7 abgedeckt ist und Schwarz nicht ♘c7 spielen kann. Noch besser wäre hier aber ♕c6+!, wonach nicht nur c7 gedeckt ist, sondern Weiß auch durch eine Gabel den Springer gewinnt, da dieser mit dem König angegriffen ist. Vor Gabeln muss man sich also fast immer hüten. Wenn man aber nun doch einmal unaufmerksam war und in eine solche hineingelaufen ist? Muss man dann alles verloren geben? Natürlich lohnt es sich auch hier, nach Rettungsmöglichkeiten zu suchen, wie uns Diagramm 55 zeigen wird.

Hier haben beide Spieler den anderen mit einer Gabel beglückt. Doch beide Gabeln sind auch abwehrbar. Ist Schwarz am Zug und will die Gabel des ♘e6 abwehren, so kann er sich eines altbekannten Mittels bedienen; er fesselt den Springer. ♖de8 oder ♖fe8 und schon ist das Pferdchen gelähmt und macht demnächst keine Sprünge mehr. Auch Weiß braucht

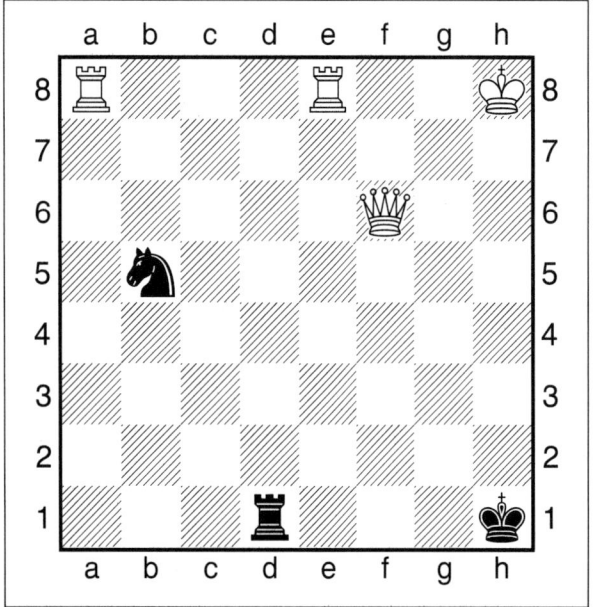

Diagramm 54

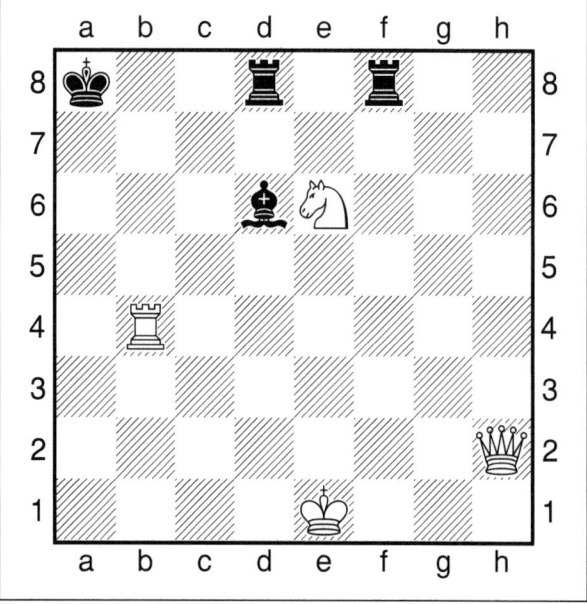

Diagramm 55

sich vor der Gabel des ♗d6 nicht zu fürchten. Zwar sind Dame und Turm angegriffen, doch können beide ja Schach sagen. Damit ändern sie mit Tempogewinn ihre Stellung, die Gabel verliert ihre Wirksamkeit; z.B. kann Weiß nach ♖a4+ ♔b8 die Dame in Ruhe wegziehen und hat so beide Figuren gerettet. Noch besser wäre ♕a2, was nicht nur die Gabel beseitigt, sondern zugleich Schwarz mattsetzt! **Kann eine der beiden durch eine Gabel angegriffenen Figuren Schach sagen, so verliert die Gabel ihre Wirksamkeit.** Ganz machtlos ist man also oft nicht, aber am besten ist es doch, wenn man aufpasst, um gar nicht erst in eine so gefährliche Situation zu kommen.

Übt auf eurem Brett allein oder zu zweit, indem ihr verschiedene Figuren beider Farben (auf jeden Fall sollten alle vier Springer dabei sein) auf euer Brett stellt und versucht, Gabeln zu erkämpfen oder zu vermeiden!

Eine dritte Art, auf die man sehr schnell Figuren gewinnen oder verlieren kann, ist das **Abzugsschach**. Wem es gelingt, eine Abzugsschachfalle aufzubauen, der kann meistens des Erfolges sicher sein. Wir haben das Abzugsschach bereits kennen gelernt, wie aber lassen sich damit Figuren fangen?

Sehen wir uns Diagramm 56 an! Beide Partner haben gleich viel Material übrig behalten, das Endspiel sieht sehr nach Remis aus. Nicht so jedoch, wenn Weiß am Zuge ist: Durch einen Abzug des Läufers kann die weiße Dame dem Schwarzen Schach bieten. Das ist nicht weiter schlimm, doch hat der Läufer hier die Möglichkeit, im Abziehen die feindliche Dame anzugreifen: ♗f4+!! oder auch ♗g7+!! Schwarz muss sich dem Schach durch Flucht entziehen, seine Dame aber kann er nicht auch noch mitnehmen – sie geht verloren. Stünde auf e5 statt des Läufers ein Springer, wäre dasselbe möglich – wie!?

Wir sehen, dass es sehr gefährlich werden kann, wenn der eigene König durch ein solches Schach bedroht ist. Deshalb steht er auch in seiner Rochadestellung hinter einer schützenden Bauernkette so sicher. Sie verhindert Abzugsschach, Gabeln und Fesselungen. Auf keinen Fall aber darf man den König in einer solchen Stellung wie im Diagramm 56 stehen lassen! Wäre Schwarz am Zuge, müsste er unverzüglich den König von der e-Linie entfernen, um der Gefahr zu entgehen.

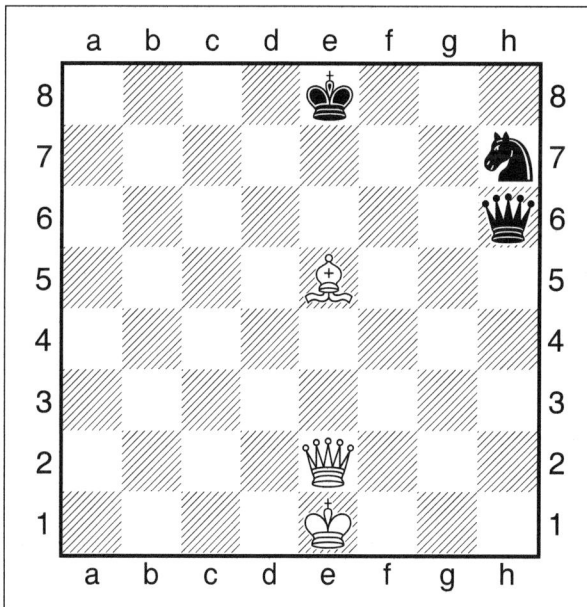

Diagramm 56

Wir haben nun kennen gelernt, wie man eine Stellung einschätzen muss, wie man Materialverlust vermeiden kann und wie man den Gegner in Fallen lockt. Das alles war doch gar nicht so schwierig, oder!? Man muss nur aufmerksam aufs Brett schauen und in schwierigen Stellungen schon einmal ein paar Minuten überlegen, will man nicht furchtbar auf die Nase fallen. Damit ihr aber seht, dass es auch im Mittelspiel oft schon um Leben und Tod geht, will ich euch noch einen typischen Königsangriff zeigen. Eine Stellung wie die im Diagramm 57 kommt so oder ähnlich sehr häufig in Partien vor. Weiß hat als letztes ♗h6! gezogen, Schwarz grübelt. Warum ein Ausrufezeichen hinter ♗h6 ? Schwarz könnte doch einfach schlagen! Wer von euch aber aufmerksam die letzten Seiten durchgelesen hat, wird sofort erkennen, dass der Bauer g7 gefesselt ist. Nach g:h6 wäre der schwarze König angegriffen, also kann Schwarz so nicht ziehen. Warum auch, denkt sich

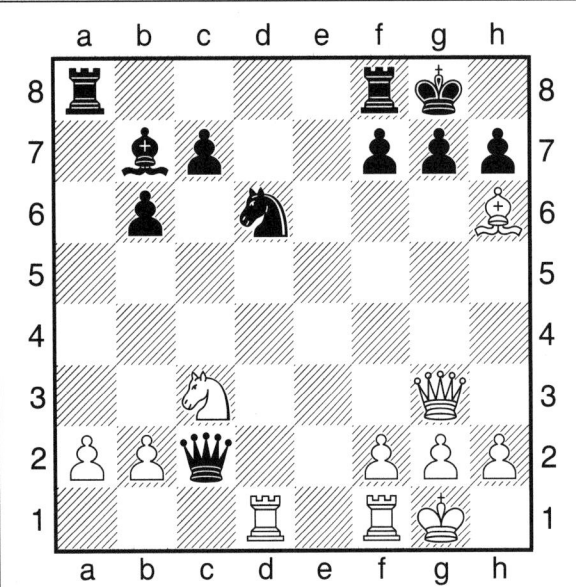

Diagramm 57

Schwarz, nehme ich eben mit der Dame den Bauern b2 und greife dadurch gleich noch den Springer auf c3 an. ♛:b2? Schwarz gewinnt einen Bauern und Weiß die Partie: ♛:g7#!! Das hatte Schwarz übersehen. Nur wegen dieser Mattdrohung war der weiße Läufer ja überhaupt nach h6 gegangen. Schwarz hätte sich sofort um den Schutz des angegriffenen Feldes g7 kümmern müssen, z.B. ♞f5 oder ♛g6. Wenn man nicht aufpasst, nutzt also die beste Bauernmauer nichts! Ein kurzer Augenblick Unaufmerksamkeit kann die Arbeit von Stunden zerstören. Dabei hätte ♞f5 nicht nur g7 gedeckt, sondern auch eine Gabel auf Dame und Läufer ergeben. Wer sich solche Gelegenheiten entgehen lässt und sich statt dessen lieber mattsetzen lässt, ist selber schuld!

Nun habt ihr schon alle wichtigen Grundlagen des Mittelspieles kennen gelernt und könnt bereits eine ganze Menge. Genauer werden wir noch im Kapitel fünf darauf eingehen, welche Tricks und Kniffe es alles im Mittelteil der Partie gibt. Jetzt aber wollen wir uns der letzten Phase der Partie zuwenden – dem Endspiel. Dann könnt ihr endlich schon fast fehlerfreie Partien spielen und euch in der Schule oder dem örtlichen Klub zum ersten kleinen Wettkampf anmelden.

3.4

Das Endspiel

Mit dieser letzten Partiephase haben wir uns ganz zu Anfang unseres Buches schon einmal kurz beschäftigt, nämlich als wir gelernt haben, mit verschiedenen Figuren mattzusetzen. Wann das Mittelspiel aufhört und das Endspiel anfängt, ist meistens schwer zu sagen. Am Anfang befinden sich 32 Figuren auf dem Brett. Wenn nur noch die Hälfte davon übrig geblieben ist, dann können wir jedenfalls beruhigt von einem Endspiel sprechen. Viele glauben nun, dieser Teil der Partie sei nicht so wichtig, da er erstens nicht immer erreicht wird und zweitens nicht schwer sei, da man mit 8 oder 10 Figuren auch ohne Übung zurechtkommt. Wer so denkt, der sollte sich einen Schachspieler suchen und gegen ihn ein anfangs gleichstehendes Endspiel austragen; er wird immer verlieren! Das Endspiel ist im Gegenteil zu solchen Meinungen sogar der schwerste Teil der Partie. Wenn man hier nur einen kleinen Fehler macht, ist man meistens schon verloren. Alles muss genau durchdacht sein. Sieht man sich aber heute Wettkämpfe an, so kann man sogar bei deutschen Meisterschaften der 14-jährigen noch oft Fehler gerade im Endspiel finden, während Eröffnung und Mittelspiel schon wunderbar beherrscht werden. Das liegt an solchen falschen Meinungen über die Schwierigkeit dieses Abschnittes. Deshalb ist der gut beraten, der sich in seinen Studien von Anfang an auf das Endspiel konzentriert. Dabei darf man natürlich Eröffnung und Mittelspiel nicht vergessen, es ist aber einfacher, alles abzutauschen und den Gegner dann mit seiner antrainierten Endspielerfahrung totzuspielen, als ihm im Mittelspiel schon den entscheidenden Schlag zu versetzen. Das geht so natürlich erst nach langer Übung und viel praktischer Erfahrung. Ihr solltet deshalb unbedingt viele Endspiele üben, das kann man sehr gut auch allein tun, günstig mit Hilfe eines Buches oder eines Compu-

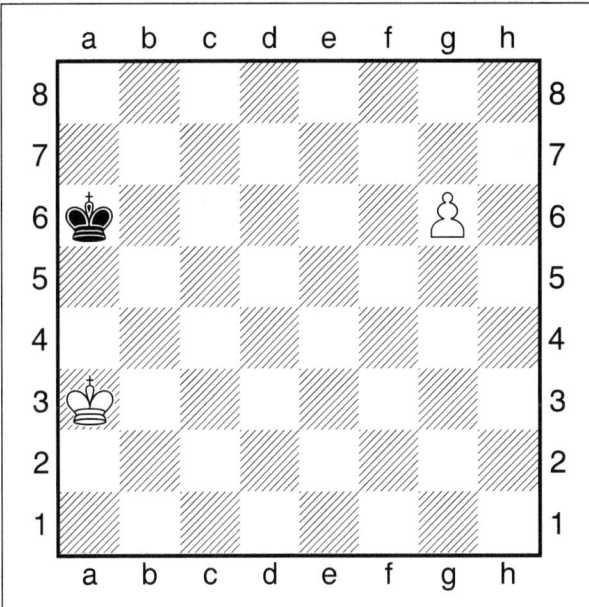

Diagramm 58

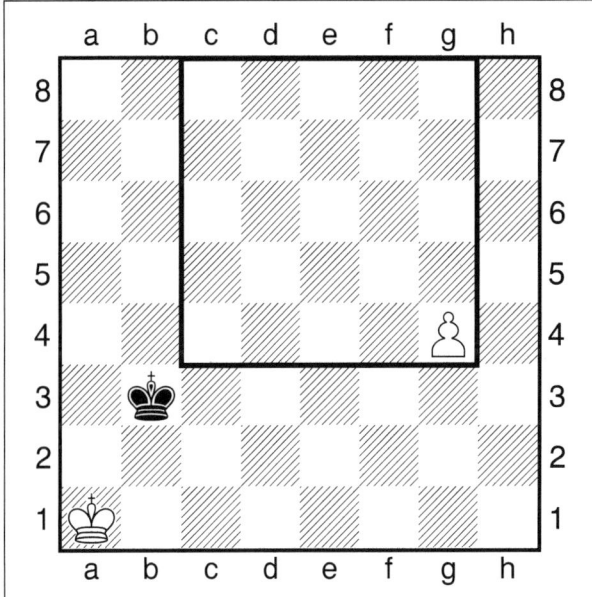

Diagramm 59

Partie erreicht. Wie wir mit einer Materialmehrheit (z.B. einem Turm) mattsetzen, wissen wir schon – übt das nochmals, bevor ihr weiterlest! Was machen wir nun, wenn außer dem Turm oder der Dame, die wir mehr haben, noch anderes Material auf dem Brett steht? Dann versuchen wir, dieses abzutauschen. Hat Weiß z.B. noch Turm und drei Bauern gegen drei Bauern, so tauscht er die Bauern ab und setzt wie gelernt mit Turm und König matt. Was aber, wenn überhaupt keine Schwerfiguren mehr auf dem Brett sind? Dann beginnt sich plötzlich alles um bisher sehr vernachlässigte Figürchen zu kümmern. Die Bauern werden wichtig, da man nur durch sie zu einer neuen Dame kommen kann. Zwar ist es auch möglich, mit zwei Läufern oder mit Läufer und Springer matt zu setzen (mit zwei Springern geht es nicht), doch ist das sehr kompliziert und wird fast nie gebraucht. Deshalb sollte man sich als Anfänger die Mühe sparen, es zu lernen.

Was tun, wenn sich z.B. ein Endspiel Springer und fünf Bauern gegen Läufer und vier Bauern ergeben hat? Nun, dann wird Schwarz versuchen, einen Bauern zurückzugewinnen, den Rest abzutauschen und damit Remis zu halten. Weiß hingegen wird sich vornehmen, alles abzutauschen und so zum Schluss einen Bauern übrig zu behalten, den er in eine Dame verwandelt und mit ihr matt setzt. Wie man günstig einen solchen Abtausch schafft, werden wir uns später ansehen. Jetzt wollen wir lernen, einen Bauern sicher zur Dame zu qualifizieren. Gehen wir also davon aus, dass nur noch ein Bauer und die beiden Könige auf dem Brett stehen. Dann kann der einzelne König nur noch versuchen, durch Gewinn des Bauern ein Remis zu schaffen, der andere will gewiss gewinnen. Sehen wir uns als erstes Diagramm 58 an. Weiß ist am Zug – er wird natürlich schnellstens seinen Bauern nach g8 ziehen. Schwarz hat keine Chance, diesen mit dem König noch zu erreichen, er ist verloren. Wenn der Bauer das Feld g8 erreicht, nimmt Weiß den Bauern vom Brett und setzt eine Dame an seine Stelle. Mit ihr wird er in wenigen Zügen den schwarzen König an den Rand gedrängt haben und dann matt setzen. Probiert, ob ihr es in 15 Zügen schafft, wer gut ist, braucht dazu nur sieben!

ters. Wir wollen uns in diesem Abschnitt die Grundlagen dazu erarbeiten, das nächste Kapitel beschäftigt sich dann nochmals speziell und weiterführend mit schwierigeren Endspieltypen.

Nehmen wir also an, wir hätten die Schlussphase der

So einfach liegen die Dinge natürlich nicht immer. Sehen wir auf Diagramm 59, so werdet ihr im ersten Moment sagen, dass hier alles genauso funktioniert wie im vorhergehenden Beispiel. Das stimmt aber nur teilweise. Weiß hat also das Ziel, den Bauern zur Dame zu führen, Schwarz will ihn abfangen. Was passiert, wenn Weiß am Zuge ist? Das müsste schon jeder selber wissen: 1.g5 ♔c4 2.g6 ♔d5 3.g7 ♔e6 4.g8-♕. Weiß holt nun noch seinen abseits stehenden König zu Hilfe und gemeinsam macht das traute Paar dem Gegner den Garaus.

Was aber, wenn Schwarz am Zug ist? Macht das denn einen großen Unterschied? Nun, ich hatte behauptet, dass es im Endspiel auf jedes Tempo ankommt, sehen wir uns das an: 1...♔c4 2.g5 ♔d5 3.g6 ♔e6 4.g7 ♔f7 5.g8-♕+ ♔:g8 Remis! Der schwarze König war schnell genug und hat das Bäuerlein eingeholt. Ein Tempo hat entschieden.

Wie kann man so etwas nun schnell und sicher erkennen? Dazu gibt es zwei Möglichkeiten. Entweder, man sieht sich die Stellung an und rechnet einfach durch, wer zuerst da ist. Wer es so halten will, muss sich nichts einprägen, hat aber viel zu rechnen, wenn es einmal soweit gekommen ist. Oder man merkt sich die folgende Regel. Das macht zwar jetzt etwas Mühe, aber am Brett kann man dann sofort bestimmen, ob eine Partie Remis ist oder nicht:

Die Quadratregel: Kann der feindliche König es schaffen, in das Quadrat zu kommen, welches der Bauer mit jeweils zwei Betträndern bildet, so schafft er es, ihn aufzuhalten, sonst nicht.

(Diese Regel gilt nur, wenn der eigene König weit weg ist und den Bauern nicht gegen den Feind unterstützen kann.)

Deshalb also habe ich ein Quadrat auf das Diagramm gezeichnet. Ein Quadrat ist ein Viereck, bei dem alle Seiten gleich lang sind. Man bildet es, indem man abzählt, wie viele Felder der Bauer bis zum Umwandlungsfeld noch gehen muss, und ebenso viele Felder nach rechts oder nach links abzählt. (Es gibt also ein Quadrat nach links und eines nach rechts! Der feindliche König kann von beiden Seiten aus hineinkommen. Man betrachtet immer nur das Quadrat auf der Seite, von der der König kommt!)

In unserem Beispiel konnte der König mit 1...♔c4 das Quadrat erreichen. Ist jedoch Weiß am Zug, so zieht zuerst der Bauer, sein Quadrat wird kleiner (Es hat dann die Ecken g5, g8, d5 und d8 und der König erreicht es nie.)

Stellt euch einen König (weiß oder schwarz) und einen Bauern der anderen Farbe irgendwie aufs Brett und überprüft, ob der König im Quadrat steht oder nicht. Spielt dann weiter und erkennt so, ob ihr Recht hattet! Beachtet dabei, dass bei einem schwarzen Bauern das Quadrat natürlich in die andere Richtung zeigt, da er auch in diese Richtung läuft! Im Diagramm 60 habe ich euch nochmals Bauern und ihre Quadrate dargestellt.

War das schon alles, was wir zum Thema Bauernumwandlung wissen müssen? Wer von euch sehr gut mitdenkt und bisher gut aufgepasst hat, der weiß sofort die Antwort: Bestimmt nicht! Denn bisher haben wir so getan, als müsste der König, dem der Bauer

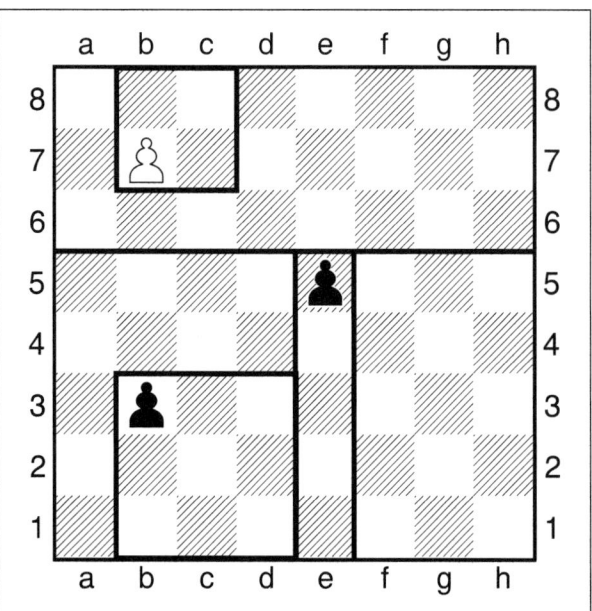

Diagramm 60

gehört, immer ganz weit weg stehen. Wenn er aber in der Nähe ist, so kann er seinen Bauern schließlich unterstützen und muss nicht tatenlos zusehen, wie ihn der feindliche König auffrisst. Ist wiederum der andere König weit, so läuft der Bauer ganz einfach zur Dame, wie es jeder weiß und kann. Interessant sind also solche Stellungen, in denen beide Könige in der Nähe stehen. Wie müssen sie sich dann verhalten? Sehen wir uns dazu Diagramm 61 an!

Weiß am Zug wird 1.♔b3 spielen, er will den Bauern ja abfangen. Wie sollte Schwarz antworten? Probieren wir es mit 1...d3. Der Weiße möchte nach c2, dieses Feld versperrt ihm aber der Bauer. Und hier ist es für Weiß wichtig, einen guten Gedanken zu fassen. ♔c3 nutzt wenig, da der Bauer sowieso durch den eigenen König gedeckt ist. Besser ist es also für Weiß, wenn er das Umwandlungsfeld des Bauern besetzen kann. Dann bekommt dieser Schwierigkeiten. Also 2.♔b2 d2 3.♔c2 der Weiße steht gut, Schwarz kann nicht einziehen, weil die neue Dame sonst geschlagen wird. Also 3...♔e3, das deckt wenigstens den wertvollen Bauern. 4.♔d1 ♔d3 der Schwarze muss seinen König auf d3 stellen, da der Bauer sonst keine Deckung mehr hat. Nun hofft er, dass noch alles zu retten ist, doch da ruft der Weiße vergnügt aus: „Patt!!" Seht euch die Stellung im Diagramm 62 so gut an, dass ihr sie sofort aus dem Kopf aufs Brett stellen könnt! Vor diesem Patt muss man sich hüten oder wenn man keinen Bauern mehr hat, muss man es herbeizuführen suchen.

Was also hat der Schwarze falsch gemacht? Versuchen wir, anders zu spielen. Vielleicht, so denkt sich der Schwarze, muss ich verhindern, dass der weiße König auf das Umwandlungsfeld meines Bauern kommt?! Dann müsste ich zuerst meinen König in Marsch setzen. 1.♔b3 ♔d3. Wieder kann Weiß nicht auf das Feld c2. 2.♔b2 ♔e2. Der schwarze König hat dem Bauern den Weg freigemacht, aber sein Einzugsfeld d1 zuverlässig unter Kontrolle genommen. Der Bauer hat freie Bahn bis zur Dame. Alle Felder, über die er noch gehen muss, sind vom König geschützt.

Weiß ist machtlos. 3.♔b3 d3 4.♔b2 d2 5.♔b3 d1-♕+, und Schwarz gewinnt. Seht euch deshalb auch Diagramm 63 sehr gut an, damit ihr wisst, welche

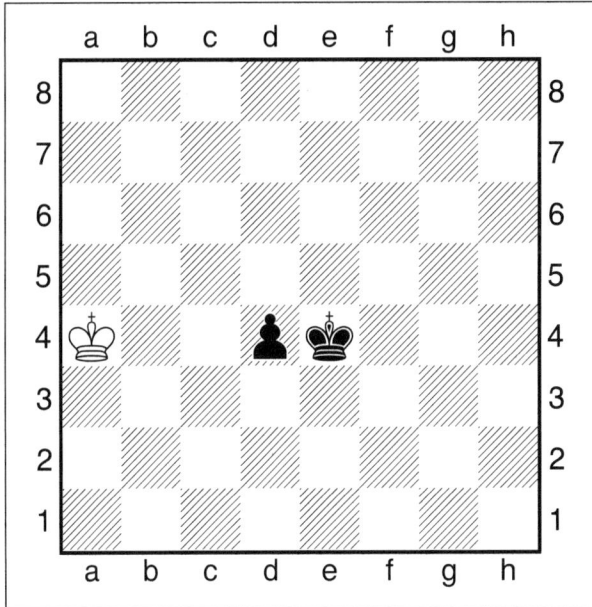

Diagramm 61

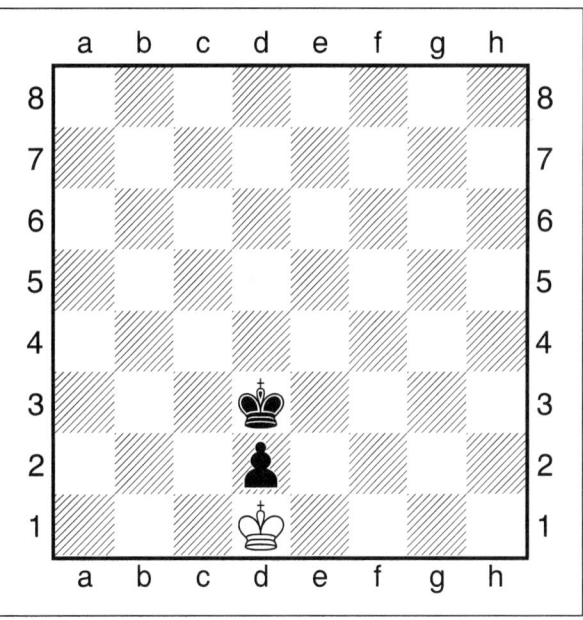

Diagramm 62

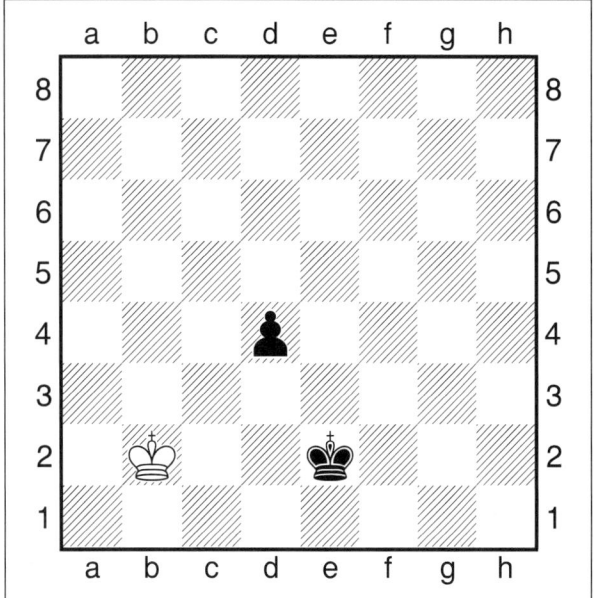

Diagramm 63

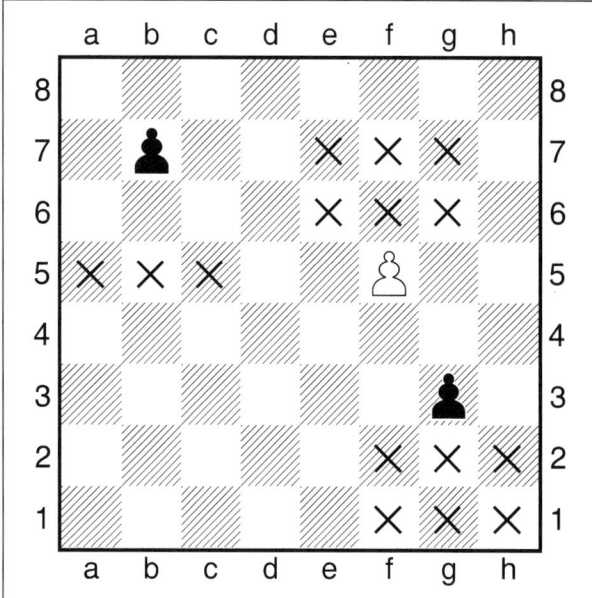

Diagramm 64

Stellung ihr erreichen müsst, wenn ihr gewinnen wollt! Prägt euch das gute und das schlechte Beispiel sicher ein!

Was können wir daraus lernen?
Bei einem Endspiel Bauer und König gegen König müssen beide Könige versuchen, vor den Bauern zu kommen. Gelingt es dem eigenen König, vor seinem Bauern zu stehen, so kann er dessen Weg zur Dame decken. Schafft es der feindliche König, als Erster vor dem Bauern zu sein, so kann er verhindern, dass der eigene König diese wichtigen Felder abdeckt, und nach hartem Kampf entsteht meistens eine Pattstellung wie im Diagramm 62.

Jetzt wisst ihr eigentlich schon alles was man braucht, um erfolgreich einen Bauern umwandeln zu können oder gar dieses zu verhindern. Damit ihr aber nicht immer stundenlang grübeln müsst, wie genau ihr euch in einer bestimmten Stellung verhalten sollt, gibt es auch hier eine Regel, die ich euch sehr empfehlen würde. Wer sie einmal gelernt und verstanden hat, der hat im ganzen Leben bei solchen Endspielen nie wieder Probleme!

Die Schlüsselfeldregel:
Gelingt es dem König, der den Bauern besitzt, sich auf eines der Schlüsselfelder zu setzen, so gewinnt er die Partie, kann der andere das verhindern, so endet sie Remis.

Was ist das nun, ein Schlüsselfeld? Hinter diesem recht exotisch anmutenden Begriff verbirgt sich eine einfache Tatsache. Die Schlüsselfelder eines Bauern befinden sich immer zwei Reihen vor ihm, jeder Bauer hat genau drei Schlüsselfelder. Ausnahmen sind hier die Randbauern, mit denen wir uns später noch beschäftigen. Wenn aber der Bauer die Brettmitte überschritten hat, so besitzt er sechs Schlüsselfelder, nämlich die sechs vor ihm liegenden Felder. Im Diagramm 64 habe ich die Schlüsselfelder der Bauern mit Kreuzen markiert. Wenn also der König im Bereich dieser Schlüsselfelder steht, gelingt ihm der Sieg, wenn nicht, ist die Partie Remis, vorausgesetzt, der Gegner macht die richtigen Züge. Es reicht also aus, wenn der König vor seinem Bauern steht, sobald dieser die Brettmitte überschritten hat, aber umso früher ist eben umso besser. Sehen wir uns nun ein Beispiel an:

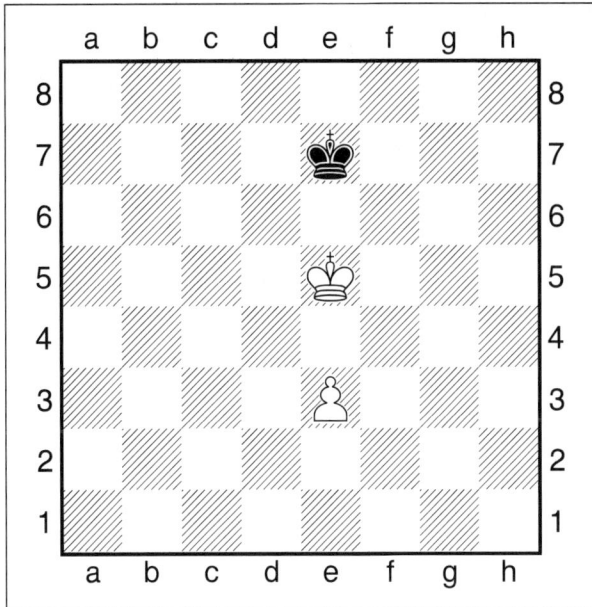

Diagramm 65

Im Diagramm 65 möchte Weiß sich eine Dame holen. Der schwarze König hat das Umwandlungsfeld besetzt, der weiße Bauer die Brettmitte noch nicht überschritten. Er hat also nur drei Schlüsselfelder, die sich zwei Reihen vor ihm befinden. Es sind hier d5, e5 und f5. Auf einem von ihnen steht der weiße Herrscher, also müsste nach unserer Regel Weiß gewinnen, wenn er richtig spielt. Weiß sei am Zuge. Was soll er ziehen? Diese Frage wäre sehr schwer, hätten wir nicht unsere Schlüsselfeldtheorie. Sie sagt uns, was zu tun und was zu lassen ist.

Würde Weiß z.B. ♔e4 oder ♔d4 spielen, hätte er die Schlüsselfelder freiwillig verlassen. Auch ♔f5 oder ♔d5 nutzt nichts, da Schwarz dann mit seinem König mitgeht und die beiden ewig spielen können: 1.♔f5 ♔f7 2.♔e5 ♔e7 3.♔d5 ♔d7 4.♔e5 ♔e7..... und wenn sie nicht gestorben sind, so spielen sie noch heute. Also muss 1.e4 weiterführen. Eben haben wir gesehen, dass Schwarz seinen König immer gegenüber dem anderen König aufstellte; der Schachspieler sagt, die Könige stehen in **Opposition**. Das half ihm, den anderen nicht vorbeizulassen. Jetzt aber ist Schwarz am Zuge und muss die Opposition verlassen. 1...♔d7 Weiß kann daraufhin mit dem König sofort wieder ein Schlüsselfeld in Besitz nehmen: 2.♔f6 (Schlüsselfelder jetzt: d6, e6, f6). 2...♔e8 3.♔e6. Indem Weiß sich in die Opposition hineinstellt, zwingt er Schwarz, sie zu verlassen. 3...♔f8 (Ich wähle jeweils einen der möglichen Züge, natürlich geht auch ♔d8.) 4.♔d7. Wir haben eine bekannte Stellung erreicht, der König kontrolliert alles. 4...♔f7 5.e5 ♔f8 6.e6 ♔g7 7.e7 ♔f7 8.e8-♕ und Sieg in wenigen Zügen. Wir sehen, dass die Schlüsselfeldregel uns oft geholfen hat, in schwierigen Situationen richtig zu entscheiden. Und wir haben nebenbei kennen gelernt, wie der feindliche König versuchen kann, ein Remis zu retten: **Stehen beide Könige vor dem Bauern, so kann der schwache König dem starken das Betreten der Schlüsselfelder verwehren, wenn er sich immer genau ihm gegenüber, also in Opposition aufstellt.**

Spielen beide Partner richtig, so hat der bauernlose Spieler damit natürlich nur Erfolg, wenn der andere nicht schon ein Schlüsselfeld besetzt hat. Ändern wir im letzten Diagramm nur die Stellung des Bauern um ein Feld ab und stellen ihn statt nach e3 auf e4. Wieder sei Weiß am Zug (Baut diese Stellung auf eurem Brett auf!). Steht der weiße König auch jetzt auf den Schlüsselfeldern seines Bauern? Offensichtlich nicht, da diese jetzt nicht d5, e5 und f5 heißen (wie jetzt?). Nach unserer Regel müsste Schwarz also Remis halten. Sehen wir es uns an: 1.♔d5 ♔d7. Schwarz bleibt in Opposition. Wenn Weiß jetzt ♔e5 spielt, endet die Partie bald Remis durch Zugwiederholung, wie wir eben schon gesehen haben. Mit dem König zurückzugehen wäre auch sinnlos, denn er muss schließlich vor den Bauern. Also bleibt nur 2.e5 ♔e7. Der schwarze König geht sehr geschickt auf ein Feld, bei welchem sich sein Gegenspieler nicht gegenüberstellen kann, denn dort befindet sich sein eigener Bauer. Würde er nach d8 gehen, käme sofort 3.♔d6 ♔e8 4.♔e6 und Weiß hätte doch noch gewonnen. Aber nach 2...♔e7!! geht das nicht. 3.e6. Was soll Weiß sonst spielen? 3...♔e8! 4.♔d6 ♔d8 5.e7+ ♔e8 6.♔e6 und patt, wie wir es vorhergesehen haben. Für Schwarz ist es also wichtig, genau zu wissen, auf welches Feld er zurückgehen muss. Hätte er im 2. Zug nur ein anderes Feld gewählt, wäre aus seinem halben Punkt eine Null in der Turniertabelle geworden. Was ist schon ein halber Punkt? Nun, wenn man bedenkt, dass oft bei Großmeisterturnieren der Erste z.B. 9,5 (neun und einen halben) Punkte hat, der Zweite aber nur 9, so hat dieser halbe Punkt schon über Sieger und Zweiten entschieden. Wenn man noch dazurechnet, dass der Sieger als Preis 20000 EURO bekommt, der Zweite aber nur 5000, so hat ein einziger Zug über 15000 EURO entschieden und das nur, weil jemand die Regeln nicht lernen wollte! Ist das nicht sehr ärgerlich?!

Damit ihr auch wirklich sicher werdet, bedarf es noch vieler Übung. Stellt deshalb ähnliche Stellungen auf euer Brett, entscheidet, ob sie Remis oder gewonnen sind und spielt sie dann durch. Schreibt euch die Anfangsstellung vorher auf, damit ihr sie mehrmals aufstellen könnt, falls ihr noch Fehler macht. Denkt immer daran:
Der starke König muss auf den Schlüsselfeldern des Bauern stehen, der schwache muss das zu verhindern suchen, indem er sich immer in Opposition stellt und beim Zurückgehen ein Feld wählt, welches kein Oppositionsfeld hat (weil der Bauer auf diesem Oppositionsfeld steht).

Damit ihr noch eine Hilfe habt, hier zwei Stellungen zum Üben: Weiß: ♔b3 Schwarz: ♚a5, ♟b5; Weiß am Zug. Nach Schlüsselfeldregel endet die Partie mit Remis. 1.♔a3 b4+ 2.♔b2 ♚a4 3.♔a2 b3+ 4.♔b1 ♚a3 5.♔a1 b2+ 6.♔b1 ♚b3 patt.

Weiß: ♔e1 Schwarz: ♚f5, ♟f7; Weiß am Zug. Nach der Schlüsselfeldregel gewinnt Schwarz, weil sein König auf einem Schlüsselfeld des Bauern f7 steht. 1.♔f2 ♚f4 der König geht natürlich so weit wie möglich vor. 2.♔g2 ♚e3 3.♔g3. Nun darf Schwarz nicht den Fehler machen und etwa noch weiter vorstürmen. Es kann nur schlecht sein, wenn sich König und Bauer zu sehr voneinander entfernen. Nach 3...♚e2?? käme 4.♔f4!! und Weiß hält die schon verlorene Partie doch noch Remis. Also richtig 3...f5, und wieder steht der schwarze König auf dem Schlüsselfeld. 4.♔g2 f4 (auch 4...♚e2 5.♔g3 bringt Schwarz nichts) 5.♔f1 ♚f3 6.♔e1 ♚g2, und wie bekannt läuft der Bauer durch. Aber die Schlüsselfeldregel hilft uns in noch schwierigeren Stellungen. Schwarz ist im Diagramm 66 am Zug. Er scheint verloren, denn 1...♚e7 2.♔d4 kann den schwarzen Bauern nicht retten, Weiß wird ihn schlagen und damit seinen König gleich noch auf das Schlüsselfeld seines eigenen Bauern d2 bringen. Die Lage scheint aussichtslos, der Bauer ist nicht zu halten, das Schlüsselfeld scheint schon besetzt; Schwarz möchte aufgeben.

Wenn die Partie völlig verloren scheint, kann man sie mit den Worten: „Ich gebe auf!" beenden, um Zeit zu sparen.

Zu dieser Regel sollten Anfänger aber niemals Zuflucht nehmen, weil sie oft noch verborgene Möglichkeiten übersehen und auch der Gegner noch Fehler machen kann. Das wird sich auch hier zeigen. Würde Schwarz die Schlüsselfeldregel kennen, so fiele ihm die Rettung ein. 1...c3!!! Ein hervorragender Zug. Der Bauer war sowieso verloren, so aber zwingt er den Bauern auf d2, seinen Platz zu verlassen. Damit verschieben sich auch dessen Schlüsselfelder. Konnte Weiß c4, d4 und e4 mühelos erreichen, so wird ihm das bei b5, c5 oder d5 unmöglich: 2.d:c3 ♚e7 3.♔d4 ♚d6, und Schwarz beherrscht alle Schlüsselfelder. Hättet ihr ohne unsere Regel jemals

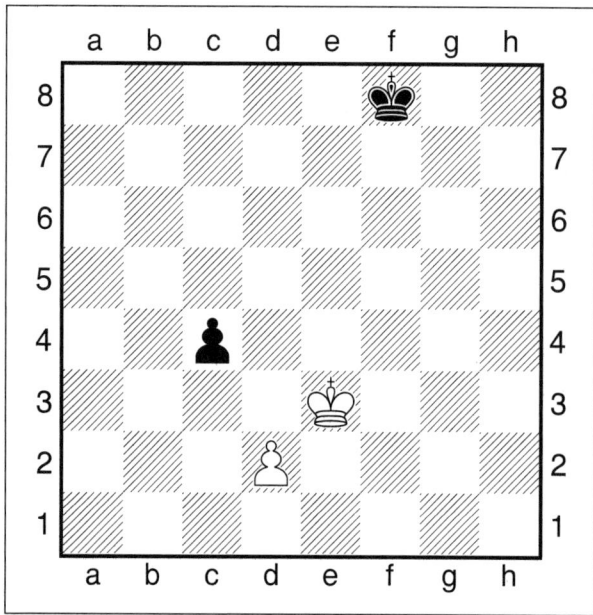

Diagramm 66

diesen Zug gefunden? Zeigt die Stellung ruhig euren Eltern oder euren Geschwistern, mal sehen, ob sie die Lösung aufstöbern können, ich glaube fast nicht daran.

Die Randbauern

Wir hatten bei unseren Betrachtungen zu den Schlüsselfeldern Randbauern ausgeschlossen und wollen uns nun noch kurz mit ihnen beschäftigen. Ihr sollt hier selbst überlegen, warum folgende Regel gilt!

Gelingt es beim Kampf König und Randbauer gegen König dem schwächeren König, die Ecke zu erreichen, in der sich der Bauer umwandeln muss, so ist die Partie Remis.

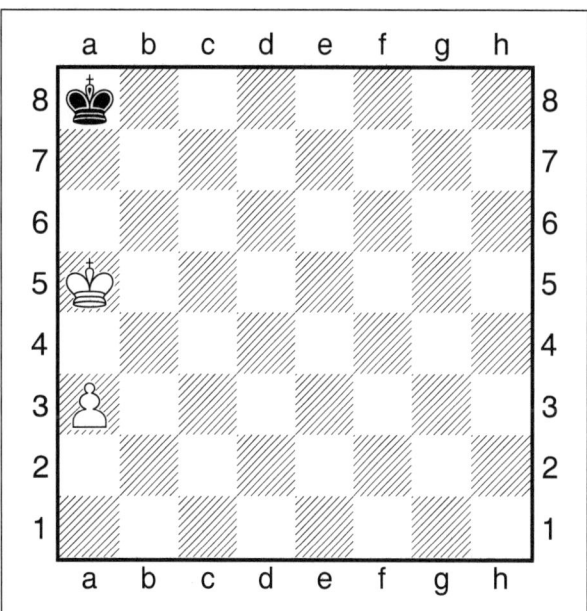

Diagramm 67

Sehen wir uns das im Diagramm 67 an! Weiß am Zug kann nicht gewinnen, obwohl sein König vor dem Bauern steht, denn Schwarz verlässt einfach die Ecke nicht: 1.♔a6 ♔b8 2.♔b6 ♔a8 3.a4 ♔b8 4.a5 ♔a8 5.a6 ♔b8 6.a7+ ♔a8 7.♔a6 patt.

Ein König, der eine Ecke einmal erreicht hat, kann von König und Randbauer nicht mehr aus ihr vertrieben werden. Deshalb muss der König ohne Bauer hier auch so schnell wie möglich in die Ecke zu kommen suchen.

Aber auch, wenn ihm das nicht gelingt, muss er nicht alle Hoffnung begraben. Vielleicht gelingt es ihm ja noch, den starken König einzusperren. Dazu sehen wir uns Diagramm 68 an!

Schwarz hat keine Chance, in die Ecke a8 zu gelangen, trotzdem kann er Remis halten: 1.♔c6 ♔e5 2.♔b6 ♔d6. Weiß muss den Bauern a6 schlagen, will er gewinnen. Schwarz dagegen will sich seitlich in Opposition zum weißen König stellen und ihn so am Rand einsperren, was ihm hier auch gelingt. 3.♔:a6 ♔c6 4.♔a7 ♔c7 5.a6. Weiß konnte nicht anders spielen. 5...♔c8! Nach 5...♔c6? könnte Weiß aufatmen: 6.♔b8 mit Dame. Nun aber kommt Weiß nicht weiter.
Auf 6.♔b6 käme ♔b8 und Schwarz säße doch noch in der Ecke. Bleibt nur 6.♔a8 ♔c7 7.a7 ♔c8 Patt!

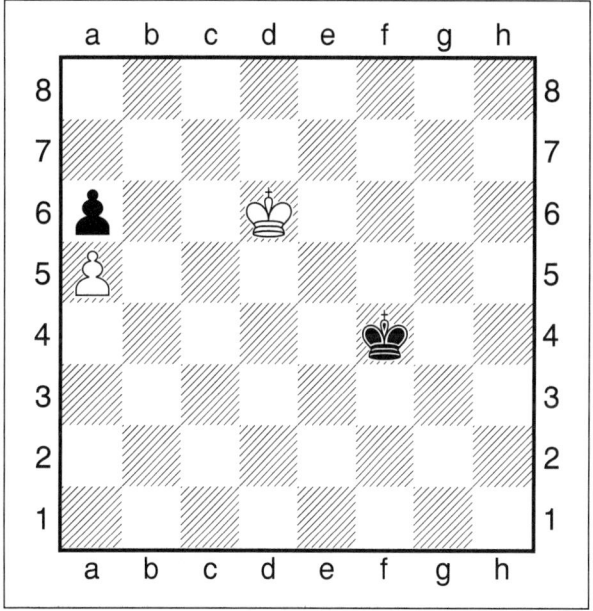

Diagramm 68

Ein Wunder – Schwarz hat Weiß patt gesetzt; sein eigener Bauer nimmt ihm das einzige Fluchtfeld. Wir sehen also, dass es sehr leicht ist, im Kampf gegen einen Randbauern ein Remis herauszuschlagen. Nur wenn der schwache König zu weit entfernt, also außerhalb des Quadrates, steht, erreicht dieser sein Ziel; es sei denn, der eigene König hat die Ecke schon sicher unter Verschluss genommen. Im Kampf gegen einen Randbauern gibt es also generell zwei

Möglichkeiten: **Entweder die Einzugsecke besetzen oder aber den König durch seitliche Opposition am Rand einsperren.** Übt auch diesen Kampf, indem ihr euch Stellungen ausdenkt und weiterspielt!

Jetzt haben wir so gut wie alles Wichtige zum Thema Endspiele kennen gelernt. Ihr könnt nun so richtig loslegen und braucht euch vor keiner Phase der Partie mehr zu fürchten. Fassen wir unseren Endspielplan noch einmal zusammen:

1. **Die stärkere Seite muss versuchen, alles abzutauschen, damit nur noch ihre eigenen Mehrfiguren auf dem Brett bleiben, die schwächere Seite muss versuchen, das zu verhindern.**
2. **Wir wissen, wie man mit Schwerfiguren mattsetzt.**

3. **Wir wissen, wie man einen Bauern zur Dame führt oder aber, wie man das verhindern kann.**

Warum ist es für die stärkere Seite so wichtig, alles abzutauschen? Sehen wir uns dazu Diagramm 69 an! Weiß hat einen soliden Mehrbauern, außerdem verfügt jeder noch über einen Läufer. Wir sprechen in diesem Falle von **ungleichfarbigen Läufern,** da sie auf Feldern unterschiedlicher Farbe stehen. Diese Partie kann Weiß nicht gewinnen, auch dann nicht,

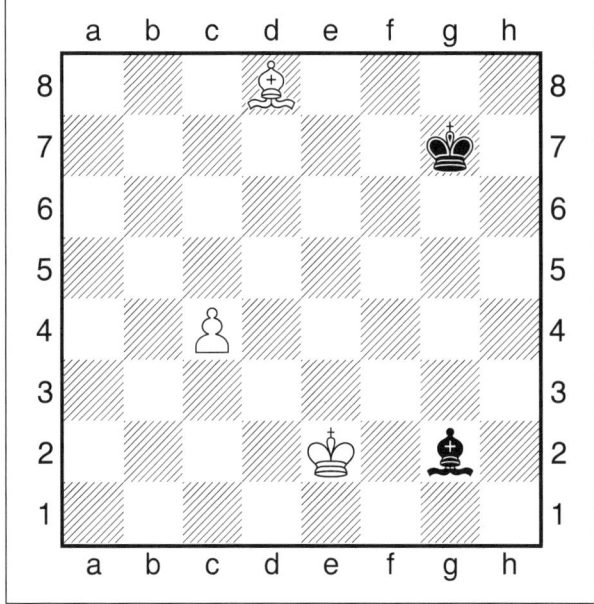

Diagramm 69

wenn er es schafft, mit seinem König Schlüsselfelder zu besetzen. Der schwarze Läufer verlässt nämlich einfach die Diagonale h1-a8 nicht und sobald der Bauer auf c6 steht, wird er vom Läufer geschlagen. Das tut Schwarz auch dann, wenn er dabei seinen Läufer verliert, denn mit einem einzigen Läufer kann Weiß nicht mattsetzen, die Partie ist Remis. Im Endspiel muss ein Bauer eben nicht nur mit einem Wertpunkt bedacht werden, sondern oft schon als viel wertvoller gelten. Schließlich könnte er in Kürze eine neun Punkte werte Dame sein.

Ebenso wie im Diagramm 69 lägen die Verhältnisse, wenn jeder noch einen Springer hätte, nur dass der Kampf für Schwarz dann schwieriger wäre, weil man den Springer nicht so einfach gegen einen Bauern abtauschen kann. Er überwindet nicht so große Strecken wie ein Läufer.

Wollen wir uns zum Schluss unseres Kapitels noch einige Beispiele ansehen, die uns schon komplizierte Endspiele zeigen. Im Diagramm 70 hat Weiß klar gewonnen. Wie aber setzt man den Gegner am schnellsten matt? Weiß könnte den König zu Hilfe holen, wie wir es gelernt haben, es geht aber auch schneller. Weiß kann einfach den Bauern zur Dame

Zug sollte sich nun nicht von der Vielzahl stören lassen, sondern sich voll auf seinen Mehrbauern konzentrieren. Wie wir es gelernt haben, spielt er 1...♔g2!, besetzt damit ein Schlüsselfeld des Bauern und führt diesen in drei Zügen zur Dame. Der Rest erledigt sich wie immer. Also keine Angst, wenn die Stellung noch etwas komplizierter ist!

Damit will ich dieses Kapitel beenden. Mehr über Endspiele erfahrt ihr in Kapitel 4. Jetzt aber solltet ihr

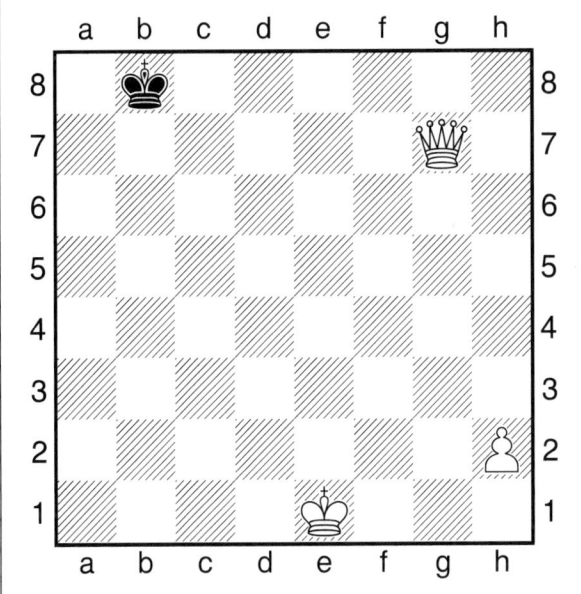

Diagramm 70

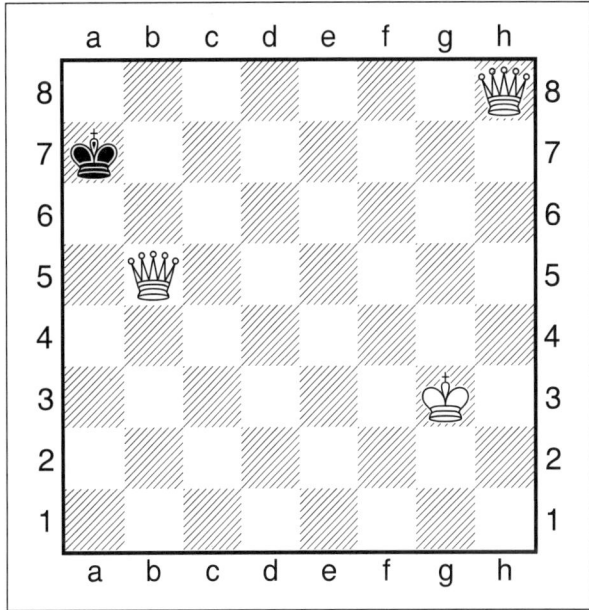

Diagramm 71

führen. 1.h4 ♔c8 2.h5 ♔d8 3.h6 ♔e8 4.h7 ♔d8 5.h8-♕#. Die zweite Dame setzte matt. Ein Turm hätte natürlich auch ausgereicht. Aber da wir uns theoretisch neun Damen holen können (eine haben wir von Anfang an und dazu acht Bauern), dürfen wir auch Gebrauch davon machen.

Vorsicht ist dabei jedoch geboten. Eine neue Dame auf dem Brett schneidet dem König viele neue Felder ab, so dass man sich vor jedem Zug überzeugen sollte, ob auch kein Patt entsteht. Im Diagramm 71 hat Weiß gerade h7-h8-♕ gezogen und ist nun sehr stolz auf seine zwei Herrscherinnen. Schwarz aber hat er damit patt gesetzt. Sein letzter Zug war also ein grober Fehler.

Im Diagramm 72 sehen wir ein Endspiel, in dem noch viele Bauern auf dem Brett sind. Schwarz am

euch sehr aufmerksam mit den Kontrollfragen beschäftigen, um euer Wissen zu überprüfen und zu erkennen, wo ihr nochmals nachschlagen müsst! Wenn ihr alles richtig beantwortet habt, könnt ihr mit gutem Recht behaupten, schon tief in die Geheimnisse des Spiels der Könige und Weisen eingedrungen zu sein; ihr seid dann echte Schachspieler! Dazu gratuliere ich euch herzlich. Sicher werdet ihr dann auch schon manchen Sieg und manches Remis erfochten haben, vorausgesetzt, ihr überlegt am Brett genauso ordentlich wie beim Lesen dieses Buches. Denn Wissen ist das eine, das Wissen auch richtig und klug anzuwenden das andere. Denkt deshalb immer daran: Nur wer am Schachbrett mit viel Ruhe alles überdenkt, sich für jeden Zug genügend Zeit nimmt, wird einmal Meister werden!

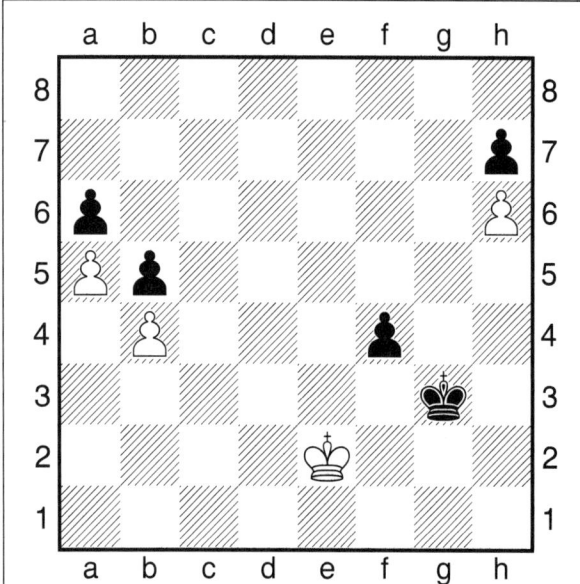

Diagramm 72

3.5.

Kontrollfragen

1.

Was bedeutet der Begriff **Rochade?** Wann kann eine Rochade ausgeführt werden und wann nicht? Wie schreibt man das?

2.

Was bedeutet e.p.? Wann kann man einen Bauern so schlagen?

3.

Seht auf Diagramm 73! Wir wollen annehmen, dass weder einer der vier Türme noch die zwei Könige schon gezogen haben. Kann Weiß am Zug rochieren? Angenommen, Weiß setzt 1.♕e2. Kann nun Schwarz am Zug rochieren? Wenn ja – nach welcher Seite? Schwarz spielt 1...h6. Darf Weiß die Rochade machen? Wenn ja – welche? Wenn Weiß jetzt ♖b1 und im nächsten Zug ♖a1 spielt, darf er danach noch lang rochieren?

4.

Schaut euch Diagramm 74 an! Weiß am Zug spielt 1.h5. Darf Schwarz g5:h4 e.p. spielen? Schwarz erwidert 1...b5. Darf Weiß 2.a5:b6 e.p. spielen? Weiß entscheidet sich für 2.c4. Darf Schwarz d4:c3 e.p.+ ziehen? Schwarz setzt 2...g4. Kann Weiß nun f4:g5 e.p. spielen?

5.

Wiederholt alle Eröffnungsprinzipien! Wie sollte man eine Partie beginnen (erster Zug)?

6.

1.f3 e5 2.g4?? ♛h4#. Wie nennt man dieses Matt?

7.

Was ist ein Schäfermatt? Spielt ein solches auf eurem Brett nach und wiederholt alle Verteidigungsmöglichkeiten!

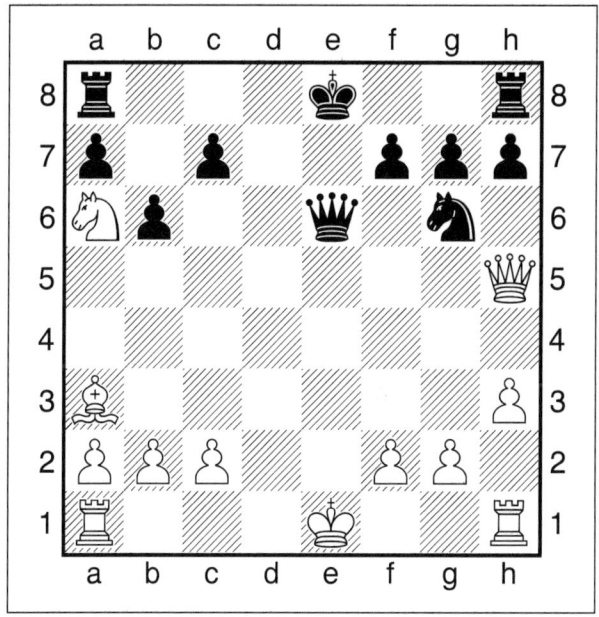

Diagramm 73

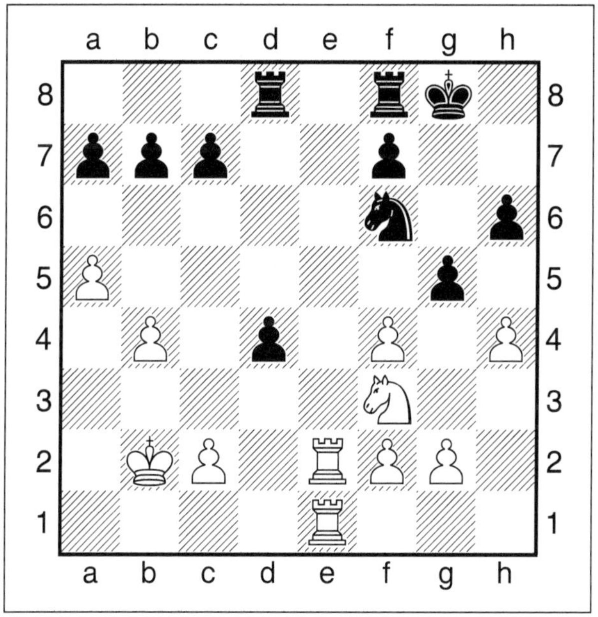

Diagramm 75

Diagramm 74

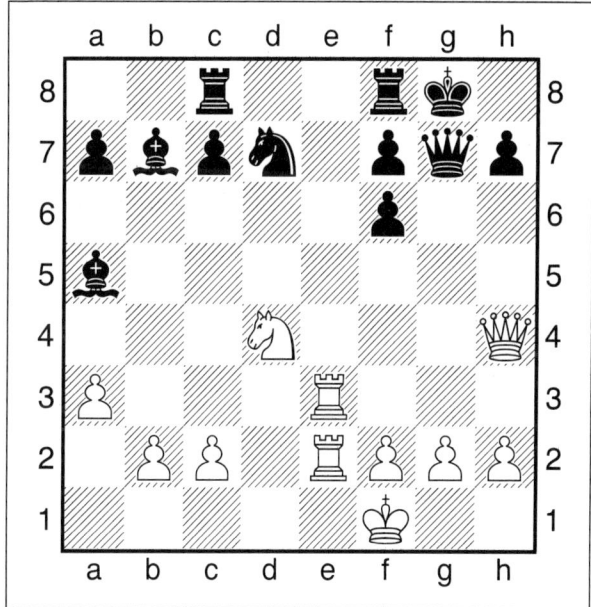

Diagramm 76

8.
Welches Feld ist bei Weiß und welches bei Schwarz in der Eröffnung am schwächsten?

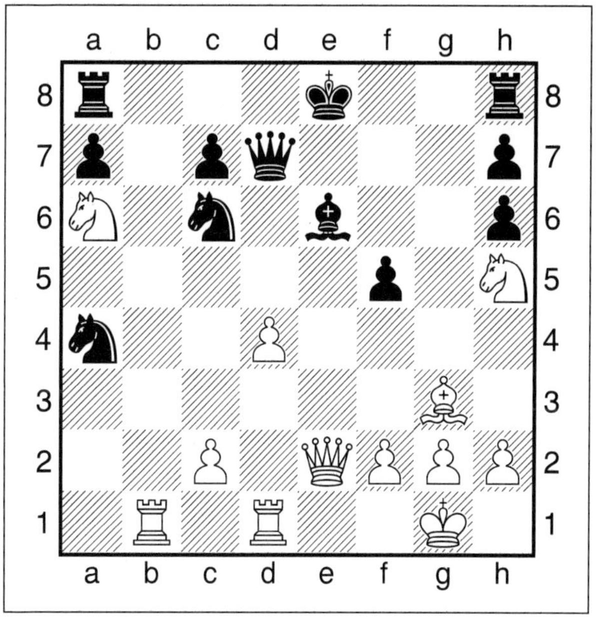

9.
Um welche Felder muss man in der Eröffnung besonders kämpfen?

10.
Nach welchen Gesichtspunkten sollte man eine Stellung einschätzen?

11.
Schätzt folgende Stellungen ein! Wer steht besser, warum? Welchen Plan würdet ihr jeweils als Weißer und als Schwarzer fassen?
a) Weiß: ♔c1, ♕g3, ♖e1, ♖e2, ♗c4, ♘h4, ♘c3, ♙a2, b2, c2, d3, f2, g2, h2
   Schwarz: ♔g8, ♕b6, ♖d8, ♖f8, ♗a7, ♘d7, ♘f6, ♙a6, b7, c7, d6, f7, g7, h6
b) Weiß: ♔g1, ♕d1, ♖a1, ♖f2, ♗d2, ♘b1, ♘h3, ♙a2, b2, c2, f4, g4, h2
   Schwarz: ♔g8, ♕c6, ♖e8, ♖e7, ♗b6, ♘h4, ♙a6, b7, c5, d6, f7, g7, h7

12.
Erklärt die Begriffe Gabel, Fesselung und Abzugsschach! Wie kann man auf solche Art Figuren gewinnen, wie kann man sich dagegen schützen?

13.
Im Diagramm 75 haben beide Spieler die Chance, Gabeln zu spielen. Insgesamt drohen vier verschiedene Gabeln. Findet heraus, wo! Für welche würdet ihr euch als Weißer oder aber als Schwarzer entscheiden?

14.
Im Diagramm 76 können beide Partner dem anderen Figuren fesseln. Insgesamt besteht diese Möglichkeit viermal. Findet heraus, wo! Welche Fesselungen davon sind auch bei guter Abwehr mit Figurenverlust verbunden?

15.
Seht euch die Stellung aus Diagramm 77 gut an! Weiß ist am Zug. In zwölf Zügen kann er durch Abzugsschach alle sechs gegnerischen Figuren gewinnen. Findet diese Zugfolge heraus! Gebt nicht gleich auf, wenn es nicht sofort klappen sollte, die Lösung ist dafür umso schöner! (Hinweis: Weiß sagt in jedem der neun Züge Schach.)

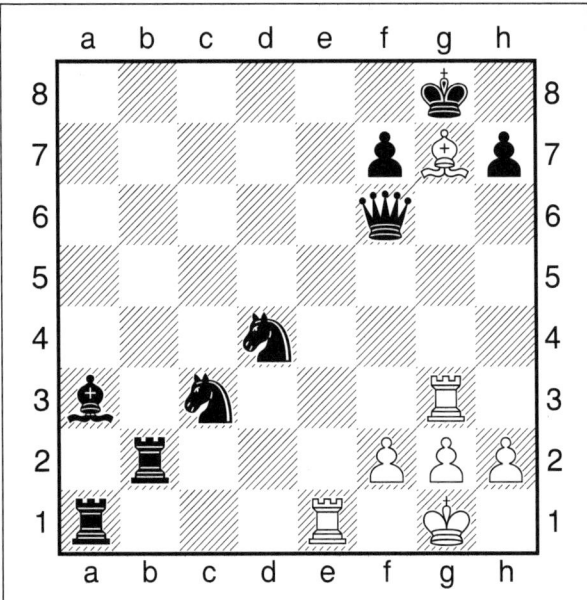

Diagramm 77

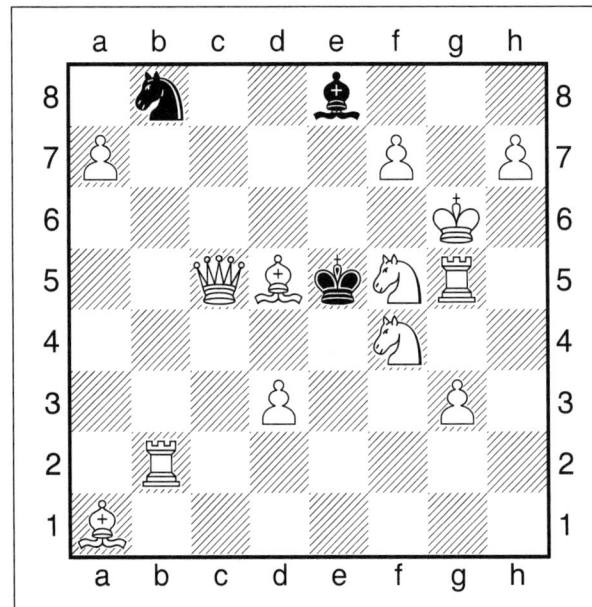

Diagramm 78

16.
Im Diagramm 78 seht ihr eine Superstellung für Weiß. Er ist am Zug und kann auf 45 (fünfundvierzig!) verschiedene Arten matt sagen. Findet sie alle heraus!

17.
Was bedeutet der Begriff Aufgabe?

18.
Stellt euch nacheinander einen weißen Bauern auf e2, d3, f5, g6 und einen schwarzen auf b7, c4, e6, f2! Welches sind jeweils die Schlüsselfelder des Bauern?

19.
Was bedeutete der Begriff Schlüsselfeld? Wie lautet unsere Schlüsselfeldregel?

20.
Entscheidet mit der Quadratregel, ob Schwarz am Zug verliert oder die Stellung Remis ist. Der weiße König steht immer auf a1.

	a)	b)	c)	d)	e)
Schwarzer König auf:	c3	f4	d6	h5	a4
Weißer Bauer auf:	h4	a5	g4	d5	h3

21.
Baut euch folgende Stellungen auf eurem Brett auf und entscheidet jeweils anhand der Schlüsselfeldregel, ob die Stellung Remis ist oder für Schwarz gewonnen. Weiß sei jeweils am Zug. Spielt die Stellung nach eurer Entscheidung zu Ende und überprüft so die Entscheidung und euer Können!

	a)	b)	c)	d)	e)
Weißer König auf:	c2	g3	e4	f1	b3
Schwarzer König auf:	d4	g5	c2	e3	c5
Schwarzer Bauer auf:	c4	g7	d3	f3	c6

22.
Entscheidet, ob Schwarz in folgenden Stellungen mit einem weißen Randbauern Remis halten kann, oder ob er verliert! Wie muss Schwarz spielen? Schwarz ist jeweils am Zug.

	a)	b)	c)	d)	e)
Weißer König auf:	b3	c5	g7	h6	a5
Weißer Bauer auf:	a4	a6	h4	h5	a4
Schwarzer König auf:	e7	e8	e8	e7	c6

23.
Setzt in folgender Stellung (Weiß am Zug) in drei Zügen matt! Weiß: ♔c6, ♖b2, ♗a6; Schwarz: ♚f8

24.
Wie viele Türme können theoretisch während einer Partie maximal auf dem Schachbrett stehen (weiße und schwarze zusammen)?

Kapitel 4: Endspiele

4.1.

Technische Endspiele – Matt mit zwei Läufern

Im Kapitel 2 haben wir gelernt, wie man mit seinen Schwerfiguren einen einzelnen König im Endspiel matt setzen kann. Das müsst ihr jetzt beherrschen. Wir erinnern uns: Wer mit einem Turm matt setzen kann, kann auch mit einer Dame oder mit mehreren Schwerfiguren matt setzen. Übt also nochmals! Setzt Weiß in folgender Stellung bei bester Gegenwehr (der König geht nie freiwillig eine Reihe zurück) in 30 Zügen matt! Weiß: ♔d4; Schwarz: ♚h1, ♜a1; Schwarz am Zug.

Wir wollen hier unsere Kenntnisse noch kurz erweitern und annehmen, dass uns statt einer Schwerfigur zwei Läufer geblieben sind. In diesem auch sehr einfachen Fall setzen wir matt, indem die Läufer immer zusammenarbeiten, sich nebeneinander bewegen und der König wieder wie beim Matt mit einem Turm eventuelle Fluchtfelder versperrt.

Baut folgende Stellung auf eurem Brett auf! Weiß: ♔g5, ♗c8, ♗e5; Schwarz: ♚d2
Weiß am Zug muss den schwarzen König als erstes einengen und an den Rand treiben. 1.♗f5! Stehen die beiden Läufer nebeneinander, kann der feindliche König nicht mehr ausbrechen. Ihm stehen nur noch 12 Felder zur Verfügung. Der Rest ist denkbar leicht: 1...♚e3 2.♔g4 ♚e2 3.♗f4! ♚d1 4.♗e4. Dem Schwarzen sind nur noch 6 Felder geblieben. 4...♚e2 5.♔g3 ♚d1 6.♗d3. Weiß macht sich bereit, den König in eine Ecke zu treiben. 6...♚e1 7.♗e3 ♚d1 8.♔f3 ♚e1 9.♗c2! ♚f1 10.♗d2 ♚g1 11.♔g3 ♚f1 12.♗d3+ ♚g1 13.♗e3+ ♚h1 14.♗e4#. So einfach geht das! Seht euch die Stellung im Diagramm 79 gut an – so sehen alle Mattbilder mit zwei Läufern aus. Also:

**1.
Läufer arbeiten nebeneinander, drängen den Feind so mit Hilfe des Königs an einen Rand.**

**2.
Läufer treiben den Feind in eine Ecke, während der eigene König ihm die Fluchtfelder nach vorn nimmt.**

**3.
Matt wie im Diagramm 79.**

Während man mit zwei Springern nur matt setzen kann, wenn der gegnerische König freiwillig in die Ecke geht, gibt es mit Läufer und Springer ein Gewinnverfahren. Ich halte es aber für zu schwer und für recht sinnlos, dieses zu erlernen. Es funktioniert genau wie eben: An den Rand treiben, in die Ecke treiben, matt setzen. Wir wollen unsere Kraft auf Stellungen verwenden, die viel häufiger auftreten. Solche Endspiele findet ihr so gut wie nie!

Im Kapitel 3 haben wir uns angesehen, wie man einen Bauern sicher zur Dame führt, bzw. wie man das verhindern kann. Wir haben dazu die Quadratregel kennen gelernt und uns über den Begriff „Schlüsselfelder" Klarheit verschafft. Das alles wisst ihr bereits und könnt es hoffentlich auch schon richtig anwenden. Wiederholt noch einmal:

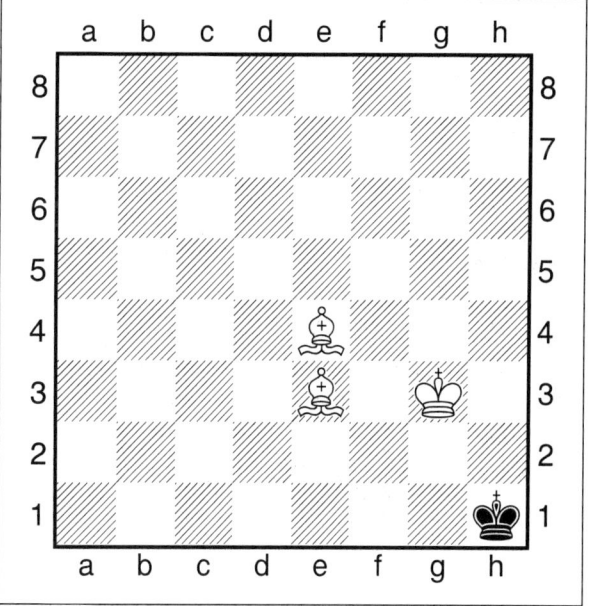

Diagramm 79

1.
Weiß: ♔h1, ♗d4 Schwarz: ♚a3. Steht der König im Quadrat? Was soll Weiß am Zug setzen?

2.
Weiß: ♔f4, ♗f3 Schwarz: ♚f6. Ist Weiß am Zug, schafft es Schwarz, ihm die Schlüsselfelder zu verwehren, die Stellung ist Remis. Schwarz am Zug muss Weiß auf ein Schlüsselfeld lassen, dieser gewinnt. Übt beides!

4.2

Kampf einer Figur gegen einen Bauern

Bisher haben wir die Könige mit den Bauern allein gelassen, nun wollen wir uns anschauen, was passiert, wenn die Gegenseite noch über eine Figur verfügt. Dann hat es der Bauer natürlich wesentlich schwerer.

4.2.1

Läufer gegen Bauer

Ein Läufer kann allein sowieso nicht gewinnen, sein Ziel wird es also sein, sich gegen den Bauern abzutauschen und so Remis zu halten. Das schafft er meistens ohne Mühe. Ein Blick auf Diagramm 80 macht das nochmals klar. Weiß kann sich noch so sehr anstrengen, der Läufer verlässt einfach die Diagonale b8-h2 nicht und wartet, bis der Bauer auf c7 geht. Dort muss er auf seinem Weg zur Dame unbedingt vorbei, wird aber dann kurz vor dem ersehnten Ziel noch verschlungen. Geht der Läufer dabei verloren, interessiert das Schwarz gar nicht, er hätte auch mit ihm nicht mattsetzen können. Eine andere Variante kann Schwarz wählen, wenn er mit dem König ein Feld vor dem Bauern besetzt. Dieses verlässt er einfach nie wieder, zieht nur mit dem Läufer und lässt so den Bauern nie vorbei. Weiß hat keine Chance. Nur wenn der Bauer schon kurz vor der Umwandlung steht, der feindliche König fern ist und der Läufer nicht das Umwandlungsfeld betreten kann, hat das Bäuerlein seinen großen Auftritt.

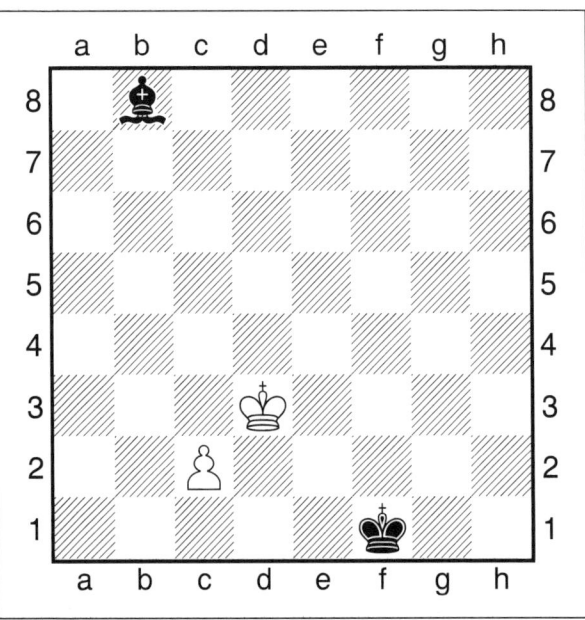

Diagramm 80

Sehen wir uns Diagramm 81 an! Schwarz am Zug kann sich noch so sehr bemühen, er kann nicht verhindern, dass im nächsten Zug Weiß um eine Dame reicher wird. Hier sehen wir, wie wichtig es ist, dass man sofort etwas gegen den Bauern unternimmt, es könnte sonst zu spät sein!

4.2.2

Springer gegen Bauer

Mit dem Springer kämpft es sich etwas schwerer, weil er nicht so weite Strecken überwinden kann wie der Läufer. Am besten ist es, wenn es der König wieder schafft, ein Feld auf dem Wege des Bauern zu besetzen und sich von dort nicht mehr wegrührt. Im Diagramm 82 seht ihr eine solche Stellung. Zwar steht Schwarz auf einem Schlüsselfeld seines Bauern, doch nutzt ihm das gar nichts, weil Weiß ja nicht mit seinem König ziehen muss. Er macht Springerzüge, z.B. immer ♘h8-g6-h8-g6..., und wenn der schwarze König den Springer schlagen will, schlägt Weiß eben dessen Bauern.

Aber auch allein kann der Springer sich erfolgreich wehren, bis ihm sein König zu Hilfe eilt. Dazu nutzen wir seine Eigenschaften, Gabeln zu drohen und im Zick-Zack zu springen. Sehen wir uns Diagramm 83 an! Weiß am Zug bemüht sich, seinen König ins Spielgeschehen zu werfen: 1.♔b7 ♔d3 Schwarz will

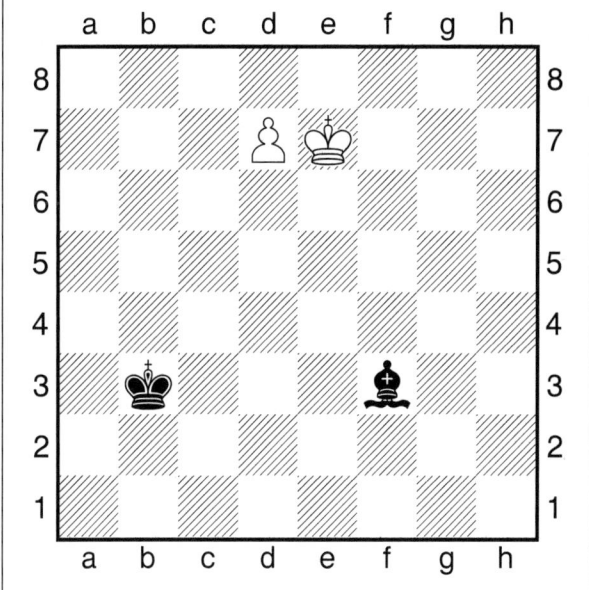

Diagramm 81

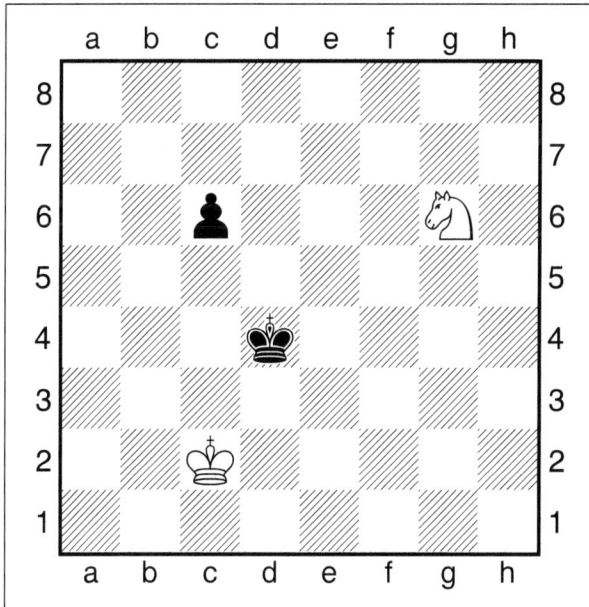

Diagramm 82

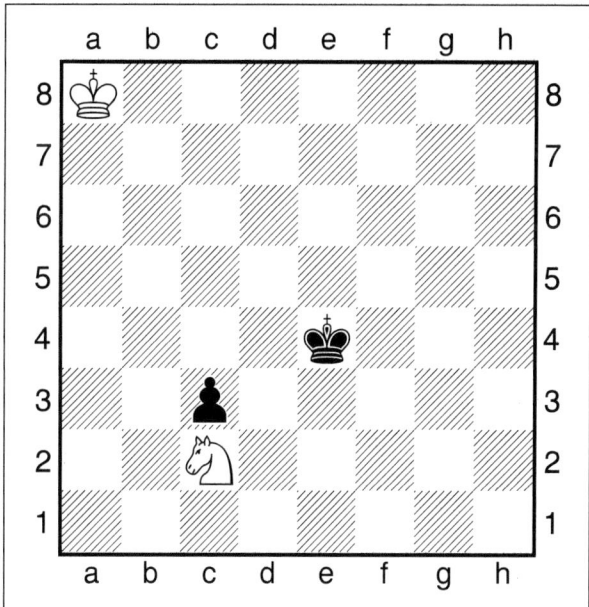

Diagramm 83

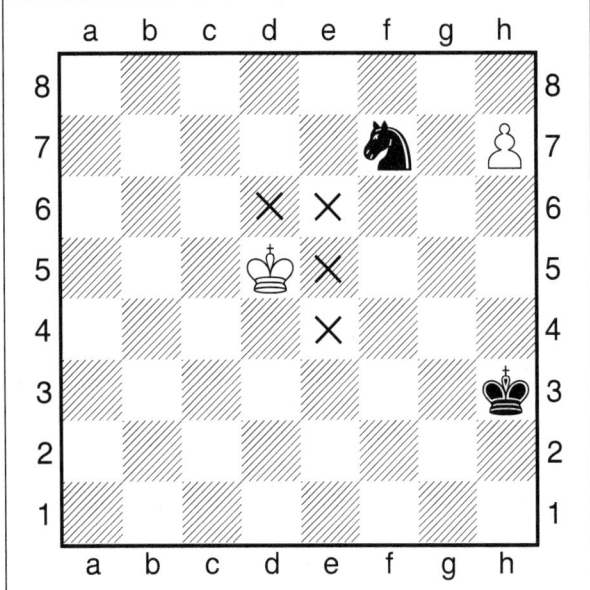

Diagramm 84

den Springer vertreiben. 2.♘b4+! ♔c4. Würde der König auf ein anderes Feld gehen, hätte Weiß Gelegenheit, seinen König zu holen. 3.♘c2! ♔b3 4.♘d4+! So geht es weiter. Der Springer pendelt zwischen d4, c2 und b4 und kann nicht vertrieben werden. Remis durch Zugwiederholung oder weil Weiß seinen König heranbekommt und mit vereinten Kräften ist ein Bauer für Springer und König kein Problem!

Wir können daraus folgende Regel ableiten: **Ein Springer hält einen Bauern ohne Hilfe seines Königs auf, wenn er das Feld vor ihm besetzen kann!** Das gilt allerdings nicht bei Randbauern, da er aus der Ecke nicht mehr heraus käme. Hier kommt seine Gabelmöglichkeit in Anwendung. Mit ihrer Hilfe kann er gegen den feindlichen König sogenannte **Barrieren** errichten. Sehen wir uns das im Diagramm 84 an! Der weiße König kann den Springer nicht direkt angreifen, weil er kein Feld der Barriere betreten darf. Ich habe sie für euch mit Kreuzen gekennzeichnet. Auf den Feldern d6 und e5 stünde er im Schach, geht er aber nach e6 oder e4, so spielt Schwarz einfach ♘g5+!! mit Gabel. Im nächsten Zug kann er dann den Bauern abtauschen und so Remis

halten. Wie also soll Weiß spielen? 1.♔c6 ♔h4 2.♔d7 ♔h5 3.♔e7 ♔h6 4.♔:f7 ♔:h7. Das Remis ist perfekt.

Auch in folgender Stellung hat der Springer eine Barrikade errichtet. Findet heraus, wo sie sich befindet und warum auch diese Stellung Remis ist!

Weiß: ♔e6, ♘b3 Schwarz: ♔e3, ♙a2 wir sehen, dass es mit ein bisschen Übung auch kein Problem ist, den Bauern mit einem Springer aufzuhalten. Fassen wir zusammen:

1.

Die Partei ohne Bauern hält immer Remis, wenn es dem König gelingt, ein Feld vor dem Bauern zu besetzen, welches er nicht wieder verlässt.

2.

Der Springer hält den Bauern allein auf, wenn er das Feld vor ihm besetzen kann.

3.

Handelt es sich um einen Randbauern, muss der Springer seine Fähigkeit ausnutzen, Barrieren gegen den feindlichen König zu errichten.

Und schon wisst ihr genau, wie man mit einer Leichtfigur gegen einen Bauern kämpft. Solche Endspiele treten des Öfteren auf, übt das also ein wenig! Wie sieht es nun bei dem Kampf Schwerfigur gegen Bauer aus? Ist das nicht noch viel leichter?

4.2.3

Turm gegen Bauer

Ist der einen Partei ein Turm, der anderen aber nur ein Bauer geblieben, wird es im Gegenteil eher schwerer, denn mit einem Turm möchte man natürlich gewinnen und ist nicht mit einem Remis zufrieden. Nur wenn der eigene König sehr weit entfernt ist und der Bauer schon kurz vor dem Umwandlungsfeld steht, wobei er noch von seinem eigenen König unterstützt wird, bleibt dem Turm nichts anderes übrig, als sich zu opfern. Im Diagramm 85 habe ich eine solche Stellung für euch dargestellt.

Weiß am Zug kann nicht verhindern, dass der Bauer sich zur Dame qualifiziert: 1.♖e8+ ♔f1 2.♔b6 f2 3.♔c5 ♔g1 4.♖g8+ ♔h2! 5.♖h8+ ♔g1 6.♖g8+... So endet die Partie im Remis durch Stellungswiederholung. Greift Weiß den Bauern aber direkt mit ♖f8 an, so holt Schwarz sich eine Dame. Nach dem Abtausch ist dann alles friedlich entschieden. In solchen schwierigen Stellungen sollte man deshalb mit dem Remis zufrieden sein und den Turm nicht von der Linie entfernen, auf der der Bauer steht. Manchmal kommt es nämlich noch härter – dann kann der Bauer sogar über den Turm triumphieren.

Sehen wir uns Diagramm 86 an! Weiß zieht 1.d7 und es ist nicht zu sehen, wie Schwarz verhindern will, dass sich der Weiße eine Dame holt. Der schwarze König steht seinem Turm im Wege und ist schuld, dass dieser nicht auf die wichtige Grundreihe gelangt. Weiß gewinnt! Also Vorsicht auch in solchen Endspielen – die Partie ist erst gewonnen, wenn der Punkt in der Tabelle steht!

Im Allgemeinen gewinnt ein Turm aber gegen einen Bauern. Sicher ist der Sieg, wenn es der König schafft, sich dem feindlichen Bauern in dessen Weg zur Dame zu stellen. Dann kann er sich in Ruhe ganz an diesen heranpirschen, den Turm zu Hilfe holen und den Bauern einkassieren. Das funktioniert immer, wie Diagramm 87 uns zeigt. Weiß hat nur eine Chance – vorwärts zu gehen. Also 1.♔c6 ♖h6+. Schwarz kann alles in Ruhe vorbereiten; solange sein König auf d8 steht, kann ihm nichts passieren. 2.d6 ♖g6! Wieder lässt er sich Zeit und bringt Weiß damit in Zugzwang. 3.♔c5. Der König musste zurückweichen. 3...♔d7. Endlich steht der König da, wo er schon immer hinwollte – direkt vor dem Bauern. 4.♔d5 ♖:d6+ 5.♔e5. Den Rest könnt ihr selbst erledigen. Das ist also keine Schwierigkeit.
In den meisten Stellungen wird der König sich dem Bauern zuerst nähern müssen, wie das im Diagramm 88 der Fall ist. Das schafft er jedoch meistens, sehen wir es uns an: 1.♔g6 b4 2.♔f5 b3 3.♔e4 ♔a3. Nach 3...b2? hätte der Turm den Bauern geschlagen.

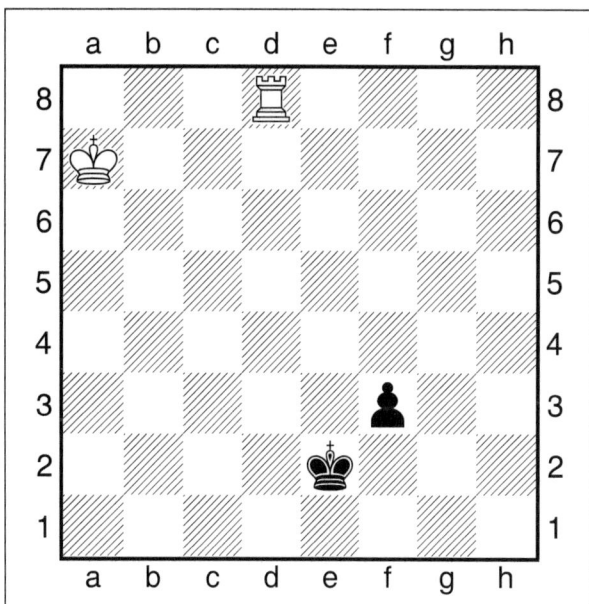

Diagramm 85

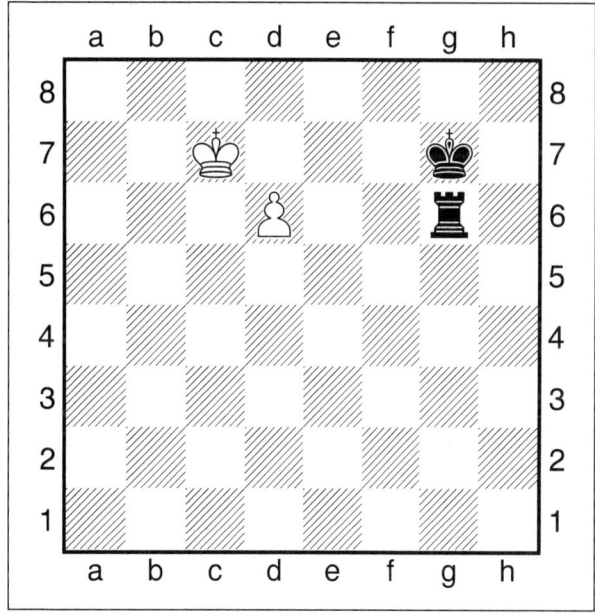

Diagramm 86

4.♔d3 b2 5.♔c2 ♔a2 6.♖:b2+ und Sieg für Weiß. Es kommt hier also nur darauf an, dass der König ohne Zeitverluste seinem Turm im Kampf gegen den Bauern zu Hilfe eilt. Für den Turm selbst ist es das

Beste, sich vor oder hinter dem Bauern aufzustellen. Ungünstig ist es meist, ihn von der Seite aus anzugreifen.

Das war schon alles, was zum Kampf eines Turmes gegen einen Bauern zu sagen ist. Nehmt euch Zeit, um solche Stellungen genau einzuschätzen, dann wisst ihr auch, was ihr zu tun habt! Wenn der König rechtzeitig an den feindlichen Bauern oder sogar vor ihn kommen kann, ist der Kampf zu seinen Gunsten entschieden, denn dem Turm macht es nichts aus, sich das Bäuerlein dann zu holen.

4.2.4

Dame gegen Bauer

Kämpft eine Dame gegen einen Bauern, sollte ihr der Sieg nicht schwer fallen. Der Besitzer der Lady kann zumindest nicht mehr verlieren, denn selbst wenn der andere seinen Bauern in eine Dame verwandeln kann, ist die Partie ja Remis (Es sei denn, ein Spieler stellt seine Dame sinnlos ein.). Wie wir es schon bei den anderen Endspieltypen mit Kampf gegen einen Bauern gesehen haben, reicht es hier, wenn der König oder die Dame es schaffen, sich auf ein Feld zu stellen, das der Bauer auf seinem Weg zur Umwandlung überschreiten muss. Dann kann dieser in Ruhe beseitigt werden. Das geschieht ebenso, wie wir es eben bei Turm und König gegen Bauer kennen gelernt haben. Also merken wir uns:

Dame oder König vor dem Bauern garantiert den Sieg!

Von Interesse für uns sind also nur solche Endspiele, in denen der Bauer direkt vor dem Umwandlungsfeld steht. Ist er noch weiter davon entfernt, kann man das Verfahren, welches wir jetzt kennen lernen wollen, zwar auch anwenden, aber meist geht es dann wesentlich einfacher, den Bauern zu beseitigen. Der Dame sollte es nicht schwer fallen, ein Feld vor dem Bauern zu besetzen, wenn dieser noch viele vor sich hat. Wie gehen wir aber vor, wenn der Bauer vor der Umwandlung steht und unser König noch weit ist?

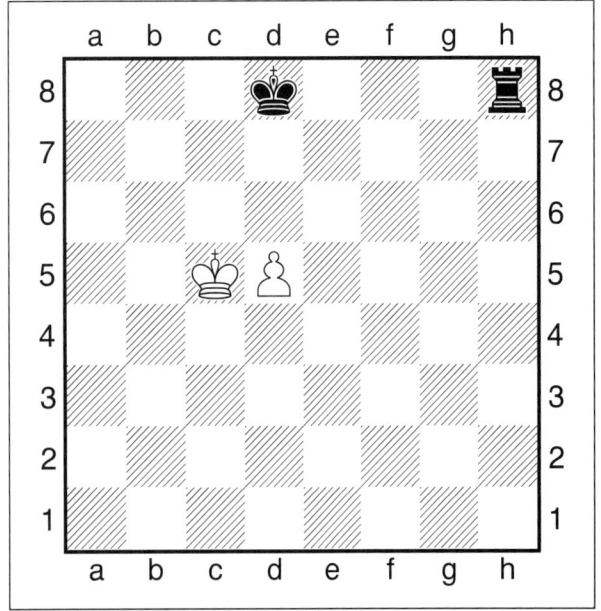

Diagramm 87

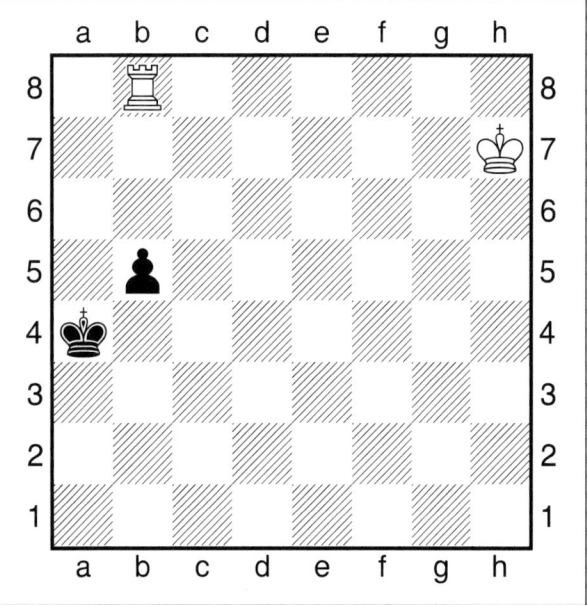

Diagramm 88

Sehen wir uns dazu Diagramm 89 an!

Weiß droht, sich im nächsten Moment eine Dame zu holen. Schwarz am Zug kann das nicht mit De1 oder Dh8 verhindern, da das Einzugsfeld vom weißen König geschützt wird. Es bleibt also nur ein Schachgebot. Wie aber dabei vorgehen, um nicht nach wenigen Zügen Dauerschach fabriziert zu haben? Es gibt nur einen erfolgversprechenden Plan, den wir in solchen Endspielen immer anwenden:

Die Dame muss durch Schachgebote den feindlichen König auf das Umwandlungsfeld seines eigenen Bauern treiben, dann ist dessen Einzug für einen Zug verhindert. Dieses Tempo nutzt der König, um sich dem feindlichen Bauern einen Schritt zu nähern.

Sehen wir uns an, wie man das macht: 1...♛h7+ 2.♔f8 ♛f5+ 3.♔g8 ♛e6+ 4.♔f8 ♛f6+ 5.♔e8 ♚b2. Wie wir sehen, ein langwieriges Verfahren, aber anders geht es nicht. Der weiße König geht natürlich nicht freiwillig auf das magische Feld e8, wir müssen ihn schon dazu zwingen. Das geht nur, wenn die Dame ihm direkt gegenübersteht, Schach sagt und

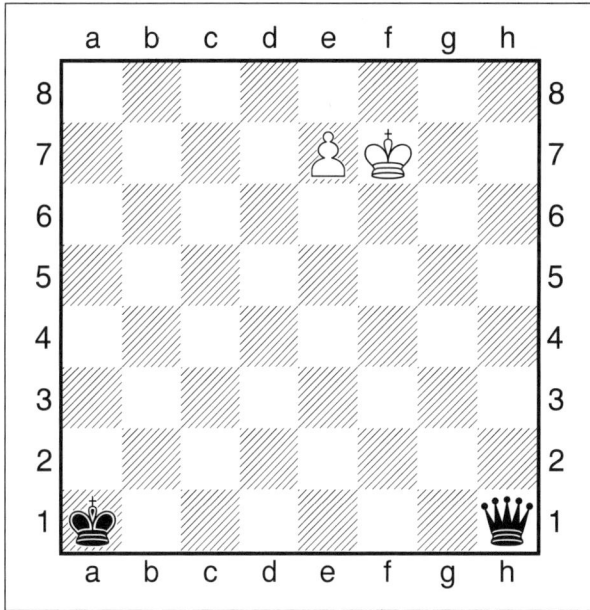

Diagramm 89

dabei gleichzeitig den Bauern bedroht. So geschah es im 4. Zug. Würde der König zur Seite gehen, könnte ich seinen Bauern schlagen. Genauso spielen wir nun weiter, bis unser König direkt neben dem Bauern steht:

6.♔d7 ♛d4+ 7.♔e6 ♛e4+ 8.♔d7 (nach ♔d6 oder ♔f6 kann Schwarz beruhigt ♚c3 spielen, weil Weiß im nächsten Zug nicht einziehen kann.) 8...♛d5+ 9.♔c7 ♛e6! Ein wichtiger Zug. Der Bauer ist angegriffen, indem sich die Dame direkt hinter ihn stellt, der König kann ihn nur noch mit ♔d8 decken. Dann aber kommt wie vorhin: 10.♔d8 ♛d6+ 11.♔e8 ♚c3 12.♔f8? Mit ♔f7 hätte Weiß uns den Kampf erschwert, so aber geht es sofort weiter: 12...♛f6+ 13.♔e8 ♚d4 14.♔d7 ♛f7. Die Dame kann auf d4 nicht Schach sagen, deshalb fesselt sie den Bauern an und zwingt damit den weißen König, seine Stellung zu wechseln. 15.♔d8 (sonst spielt Schwarz ♛e8 und alles ist klar.) 15...♛d5+ 16.♔c8 ♛e6+ 17.♔d8 ♛d6+ 18.♔e8 ♛e5 19.♔f7 ♛f6+ 20.♔e8 ♚d6 21.♔d8 ♛:e7+ 22.♔c8 ♛c7#. Ihr seht, dass man hier ganz schön ins Schwitzen kommen kann. Die Arbeit lohnt sich aber, denn ein solches Endspiel tritt sehr häufig auf, weil oftmals jeder noch einen Bauern übrig behält, der eine aber früher zur Umwandlung kommt als der andere. Dann hat er eine Dame, mit der er gegen den feindlichen Bauern kämpfen muss, der kurz vor der Umwandlung steht. Ich habe euch in einigen Diagrammen nochmals die kritischen Positionen deutlich gemacht:

1.
Die Dame nähert sich dem feindlichen König durch Schachgebote an, siehe auch Diagramm 89.

2.
Steht der König nicht neben seinem Bauern, deckt also das Umwandlungsfeld nicht, so stellt sich die Dame direkt hinter den Bauern und zwingt damit den König, diesen von unten zu decken. Siehe dazu Diagramm 90!

3.
Steht der König schräg vor seinem Bauern (wozu wir ihn mit 2. zwingen), sagt die Dame ihm Schach,

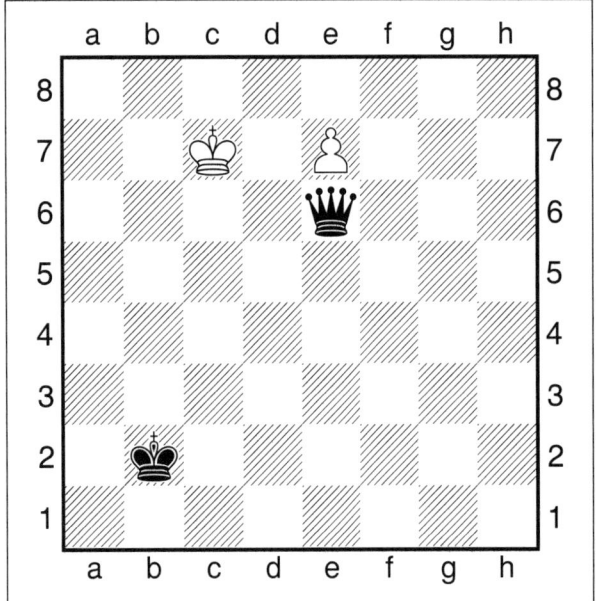

Diagramm 90

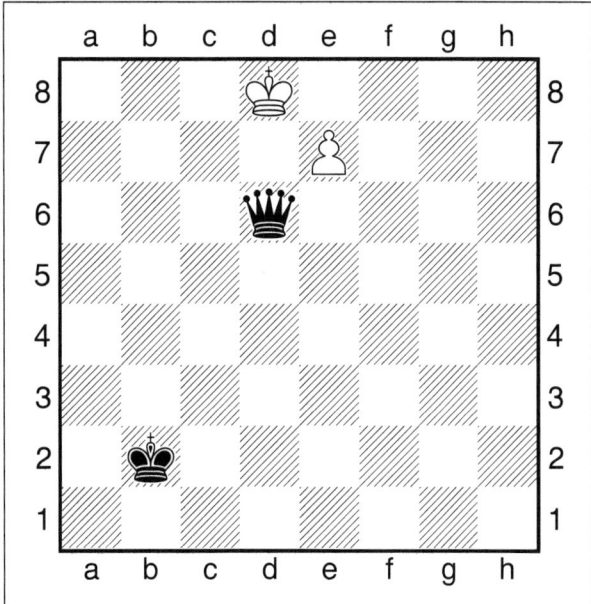

Diagramm 91

indem sie sich zwei Felder vor ihm postiert und somit gleichzeitig den Bauern angreift. Das zwingt den König auf das Umwandlungsfeld. Siehe Diagramm 91!

4.
Steht der feindliche König vor seinem Bauern, kann dieser im nächsten Zug nicht ziehen, der eigene König nähert sich also an.

Nach diesem Schema werden alle solche Endspiele gespielt, also übt das gründlich, indem ihr euch eine beliebige Stellung aufbaut mit Dame und entfernt stehendem König gegen Bauer vor der Umwandlung und unterstützt vom König! Ich gebe euch hier noch ein Beispiel an, damit ihr sicherer werdet:

Weiß: ♔d8, ♕c7 ; Schwarz: ♚f2, ♟g2; Weiß am Zug
1.♕f4+ ♚e2 2.♕g3! ♚f1 3.♕f3+ ♚g1 4.♔e7 ♚h2 5.♕f2 ♚h1 6.♕h4+ ♚g1 7.♔f6 ♚f1 8.♕f4+ ♚e1 9.♕g3+ ♚f1 10.♕f3+ ♚g1 11.♔g5 ♚h1 12.♔g4 (der schwarze Bauer ist gefesselt.) 12...♚h2 13.♕f2 ♚h1 14.♕h4+ ♚g1 15.♔f3 ♚f1 16.♕f2#. Anstatt hier mit 16.♕h3 den Bauern noch einmal zu fesseln und dann wegzunehmen, hat er lieber gleich mattgesetzt.

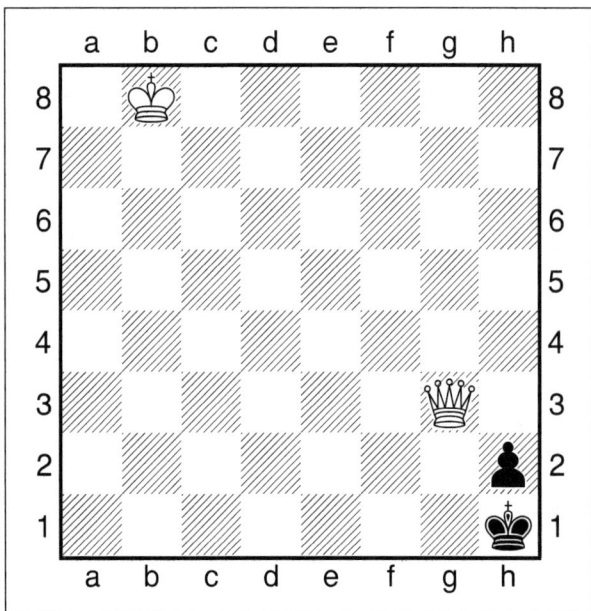

Diagramm 92

Wie ihr hier nochmals gesehen habt, muss auch die Fesselung des Bauern als Kampfmittel oft beachtet werden.

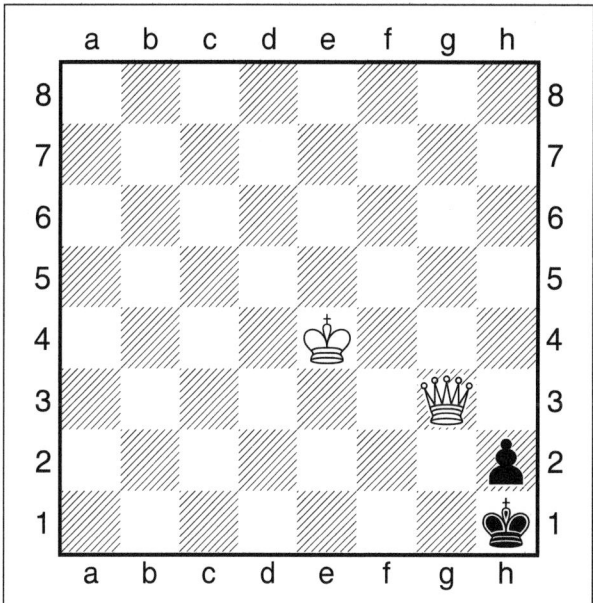

Diagramm 93

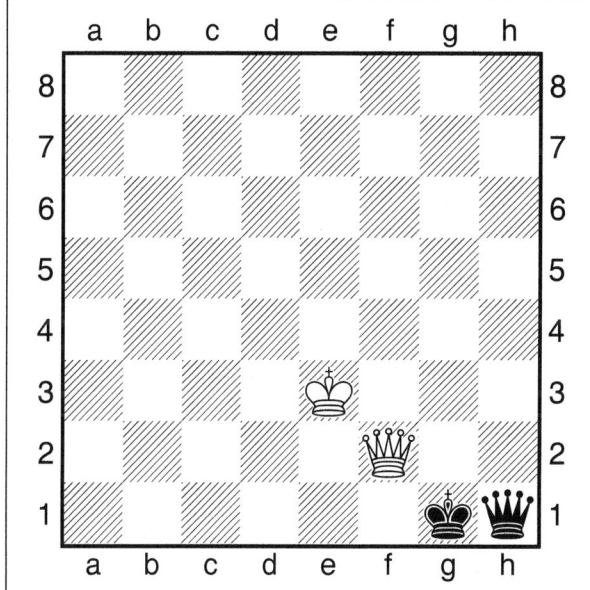

Diagramm 94

Gilt das nun für ausnahmslos alle solche Endspiele? Leider nein, es gibt welche, bei denen wir mit einer solchen Methode nicht zum Ziele kommen. Das gilt als erstes für solche mit Randbauern. Sehen wir uns dazu Diagramm 92 an, so wird uns sofort klar, warum das so ist. Weiß hat es hier geschafft, den König vor seinen Bauern zu treiben. Nun möchte er mit seinem König losrennen, doch nach 1.♔c7 folgt: Nichts mehr, die Partie ist zu Ende, Schwarz ist patt! So wird es uns bei einem Randbauern immer ergehen, wenn unser König noch weit entfernt ist. Schwarz zieht sich in die Ecke zurück, wo er auf Patt steht, Weiß muss ständig Schach sagen und findet keine Zeit, sich mit dem König anzunähern. Prüft es selbst nach, wenn ihr es nicht glaubt!

Regel: Kämpft eine Dame, deren König noch sehr weit entfernt ist, gegen einen Randbauern, der ein Feld vor der Umwandlung steht und von seinem König unterstützt wird, endet die Partie Remis.

Eine Rettung gibt es nur, wenn sich der eigene König schon relativ nahe am Kampfplatz befindet. Dann kann man manchmal noch ein paar Tricks in Anwendung bringen. Sehen wir uns als kurzes Beispiel die Diagramme 93 und 94 an! Im Diagramm 93 ist der weiße König schon in der Nähe des Bauern. Er kann sich diesem zwar nicht zum Schlagen annähern, doch kann man hier anderes planen. 1.♕f3+ ♔g1 2.♔e3!!! Was ist nun los, Weiß lässt es zu, dass sich Schwarz eine Dame holt?! 2...h1-♕ 3.♕f2#. Eine schöne Stellung. Doch so etwas geht nur, wenn der eigene König schon nahe ist. Überlegt also immer gut, bevor ihr ein Remis annehmt, vielleicht gibt es doch noch eine Gewinnmöglichkeit!

Und eine zweite Art von Bauern gibt es, bei denen dieses Endspiel gewöhnlich Remis endet – die Läuferbauern, also diejenigen, die sich auf der c- oder f-Linie befinden, auf der in der Ausgangsstellung die Läufer stehen. Warum nun gerade diese Bauern? Auch das ist einfach zu beantworten: Werfen wir als Beispiel einen Blick auf Diagramm 95! Alles scheint bestens zu stehen, die schwarze Dame hat sich dem Gegner ordentlich angenähert, unser Verfahren funktioniert scheinbar: 1...♕d6+ 2.♔c8 ♔b3 3.♔b8 ♕b6+ 4.♔a8!!! Siehe Diagramm 96! Ganz gegen seine Gewohnheiten lässt der Weiße seinen Bauern einfach im Stich. Schwarz freut sich schon, doch dann sieht er, dass er den Bauern gar nicht schlagen

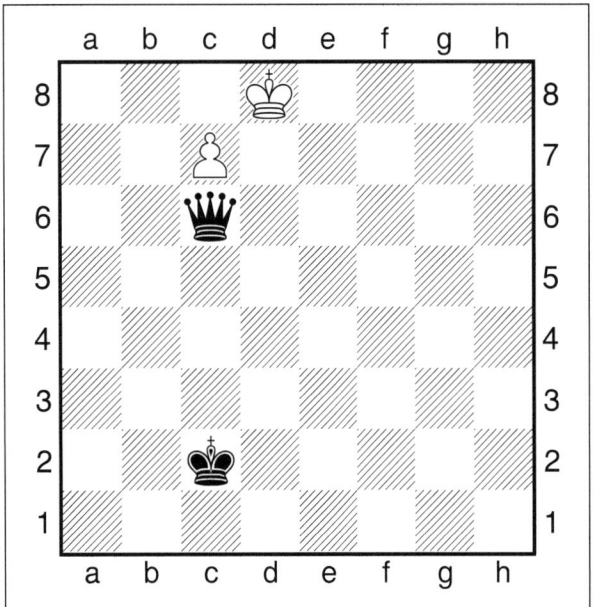

Diagramm 95

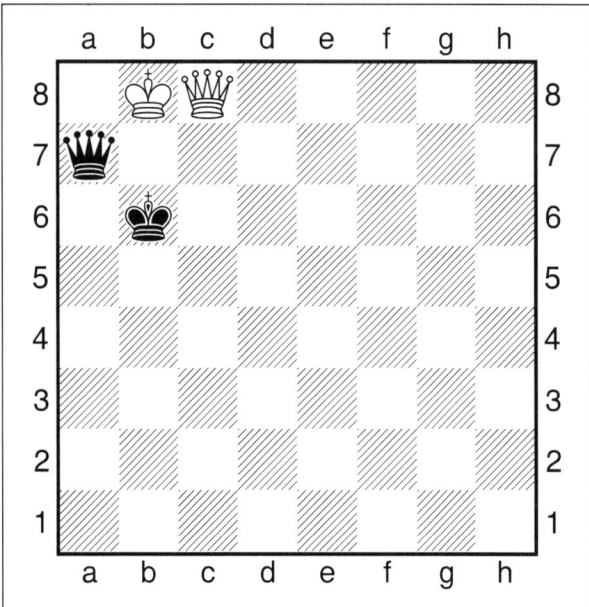

Diagramm 97

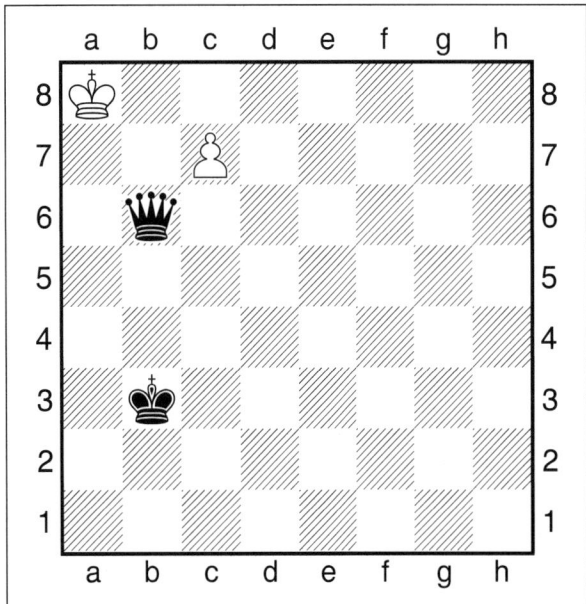

Diagramm 96

darf, will er den König nicht patt setzen. Bei Läuferbauern hat der König eben die Chance, sich in die Ecke zurückzuziehen, wo er auf Patt steht, nehmen wir den Bauern weg. Wieder hat die Dame keine andere Möglichkeit, als dauernd Schach zu sagen, der König kommt nicht heran. Wer ungläubig ist, kann es wieder ausprobieren.

Regel: Kämpft eine Dame, deren König noch weit entfernt ist, gegen einen Läuferbauern ein Feld vor der Umwandlung, der von seinem König unterstützt wird, so endet die Partie Remis, wenn sich der König in die Ecke zurückzieht.

Auch hier gibt es jedoch einen Gewinnweg, wenn der eigene König schon nahe genug steht, um wieder eine Mattfalle aufbauen zu können. Stellen wir den schwarzen König dazu im Diagramm 96 von b3 nach a5! Scheinbar hat sich die Stellung nicht verändert, doch jetzt gewinnt Schwarz, wenn er gut nachdenkt: 1...♛c6+ 2.♔b8 ♚b6!!! Wieder darf der Gegner sich eine Dame holen, bevor er kaltgestellt wird. 3.c8-♕ ♛d6+ 4.♔a8 ♛a3+ 5.♔b8 ♛a7#. Siehe Diagramm 97! Ein schönes Matt, doch eben auch nur erreichbar, wenn der König schon fast da ist, leider!
Nun wissen wir alles, was ein Großmeister über den Kampf einer Figur gegen einen Bauern wissen kann. Manchmal frage ich mich selbst, wie es kommt, dass ich so klug bin, und doch so viele Partien

verliere. Aber Wissen ist eben das eine, Anwenden das andere. Übt deshalb alles nochmals bestens, dann seid ihr schon ein gutes Stück weiter auf dem Weg zum Weltmeister!

4.3.

Der Kampf zweier unterschiedlicher Figuren gegeneinander

Als nächstes wollen wir uns ansehen, wie man vorgeht, wenn sich zwei unterschiedliche Figuren auf dem Brett gegenüberstehen. Sind dabei noch Bauern vorhanden, so wird alles noch einfacher als es so schon ist. Nehmen wir an, es gibt einen Kampf Dame und vier Bauern gegen Turm und vier Bauern. Dann wird Weiß mit seiner Dame mehr Bauern gewinnen als Schwarz mit seinem Turm und schnell die Partie für sich entscheiden. Sollten aber alle Bauern abgetauscht werden, so erhalten wir ein Endspiel, wie wir es im Folgenden betrachten wollen. Wir brauchen uns in diesem Kapitel also nur um reine Figurenendspiele ohne Bauern zu kümmern, der Rest erledigt sich wie von selbst. Auch das wird uns aber keine Schwierigkeiten bereiten, dieser Abschnitt ist sehr einfach.

4.3.1

Dame gegen Turm

Eine Dame wird gegen einen Turm immer dann gewinnen, wenn ihr Besitzer richtig mit ihr umzugehen weiß. Lest euch also das Folgende gut durch, dann dürfte es keine Schwierigkeiten bei solchen Kämpfen geben! Der große Vorteil der Dame gegenüber dem Turm besteht darin, dass sie wesentlich beweglicher ist, nicht nur gerade, sondern auch schräg ziehen kann. Das weiß jeder, wir müssen dieses Wissen nur richtig ausnutzen.

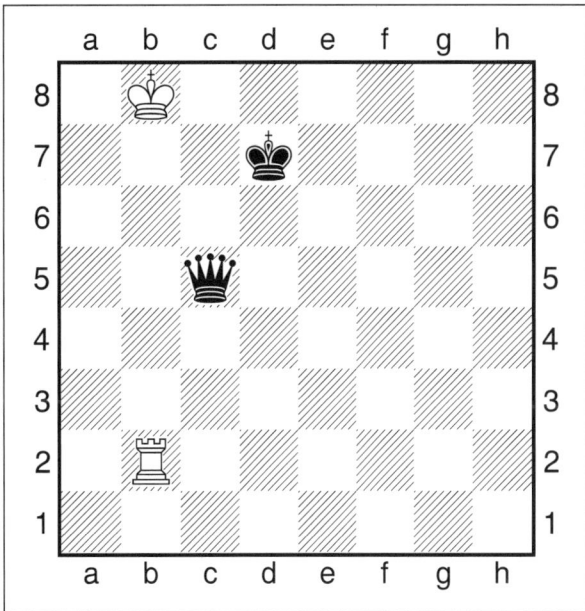

Diagramm 98

Unser Plan muss es sein, durch Schachgebote und langsames Vorgehen von Dame und König den Gegner an den Rand zu treiben oder den feindlichen König von seinem Turm zu trennen. Dann können wir entweder leicht mattsetzen oder den Turm durch Schach mit Gabel erobern.

In Diagramm 98 haben wir unser Ziel bereits verwirklichen können, der König ist von seinem Turm getrennt und zudem an den Rand getrieben. Schwarz am Zug kann hier ganz einfach 1...♕e5+!! spielen, dieser Gabel kann Weiß nicht mehr ausweichen, im nächsten Zug folgt ♕:b2 und Matt in wenigen Zügen. Schwarz kann sich aber auch dafür entscheiden, gleich auf Matt zu spielen: 1...♕c7+!! 2.♔a8 ♔c8. Nun droht das Ende auf b8, b7 und a5. Weiß kann höchstens noch 3.♖b5 spielen, um dem Matt zu entgehen, dann aber folgt 3...♕c6+ 4.♔a7 ♕:b5 5.♔a8 ♕b7#. Sind König und Turm erst getrennt, ist ihr Widerstand gebrochen. Wie aber erreicht man das?

Die Partei, der nur noch der Turm geblieben ist, wird natürlich alles tun, um diesen in der Nähe des Königs zu behalten, damit sich beide Figuren gegenseitig decken. Auch wird sie mit ihrem König nur ungern an den Rand gehen. Die Verteidigungsidee ist damit klar, wenn wir aber gut spielen, nutzt sie meist wenig. Hier kommt viel auf Erfahrung und langes Überlegen an. Als Faustregel gilt, dass geschickte Schachgebote aus verschiedenen Richtungen mit der Dame ihr Ziel meist erreichen. Gehen wir mit dem König vor, müssen wir natürlich aufpassen, dass der Gegner uns die Dame nicht anfesseln kann. Sehen wir auf Diagramm 99!

Weiß am Zug gibt erst mal ein Schach – mal sehen, wo der König hingeht!? 1.♕f7+ ♔b6 2.♕d7 ♖c5+. Das Gegenschach lässt sich Schwarz nicht entgehen. 3.♔d6. Schon haben wir eine für Schwarz schwierige Stellung erreicht. Mit dem König kann er nicht mehr ziehen, will er den Turm nicht verlieren. ♖c1 z.B. sähe gut aus (es droht ♖d1+!), doch ist der Turm dann weit weg vom König und mit 4.♕d8+ ♔b7 5.♕e7+ schafft sich Weiß freie Bahn, um den Turm mit einer Gabel zu erobern. Da spielt Schwarz doch lieber ruhig und sicher 3...♖b5. 4.♕c7+ ♔a6 5.♕c4 ♔b6 6.♕a4! Wieder kann Schwarz seinen König nicht bewegen, auch ♖c5 geht nicht wegen ♕d4! und Turmverlust. Also 6...♖a5 7.♕c6+ ♔a7 8.♔c7. Und Schwarz hat keine Möglichkeit mehr, das Matt zu verhindern, wenn er nicht seinen Turm opfert. Wenn Schwarz das nun vorausberechnet, und statt 6...♖a5 lieber 6...♖b1 spielt? Dann gewinnen wir durch Schachgebote den Turm: 7.♕d4+ ♔a5 (auf allen anderen Fluchtfeldern erreicht ihn die Gabel schon im nächsten Zug.). Nun aber folgt einfach 8.♕a7+ ♔b4 9.♕b7+ ♔c3 10.♕:b1.

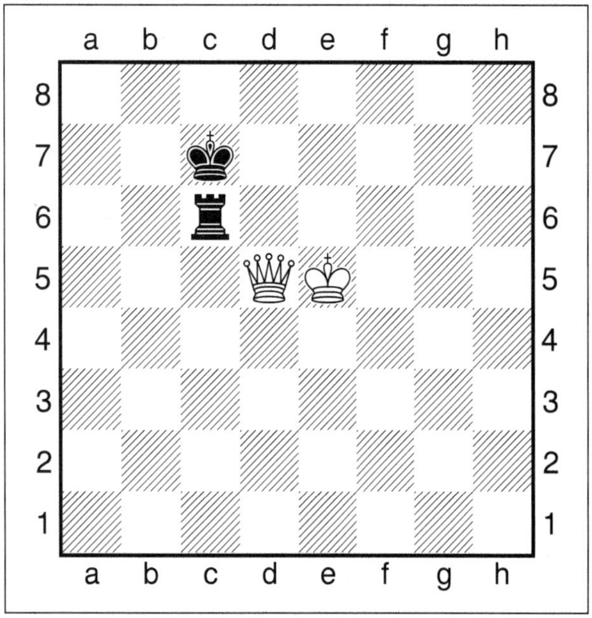

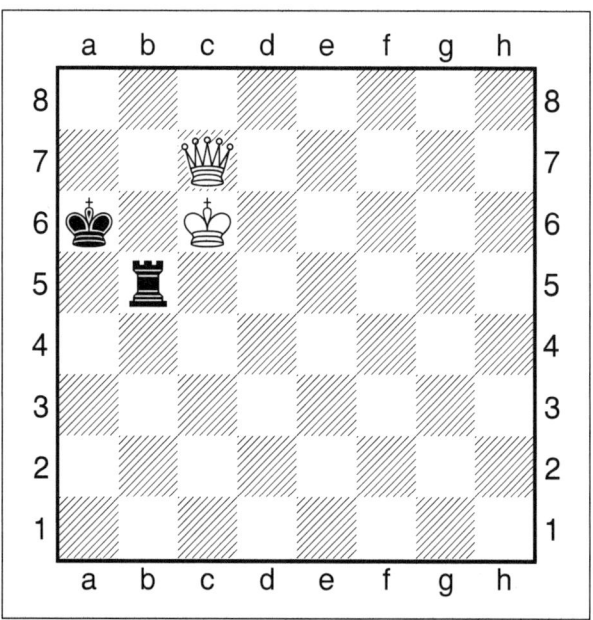

Diagramm 99

Diagramm 100

Ihr habt euch nun mit den Kampfprinzipien vertraut gemacht, übt jetzt selbst, denn das ist der sicherste Weg zum Erfolg! Vorsicht ist jedoch immer geboten – wenn man nur einen Moment nicht aufpasst, kann man alles verdorben haben. Der Turm verfügt nämlich über kleine Rettungsfallen. Sehen wir uns Diagramm 100 an, es entstünde, wenn wir eben statt 5.♕c4! lieber 5.♔c6? spielen würden. Dabei sieht dieser Zug doch so gut aus. Schwarz spielt aber ganz einfach und frech 5...♖c5+!! dagegen. Wir sind gezwungen zu schlagen (sonst Damenverlust) und Schwarz ist patt. Eine Wendung, auf die man immer achten sollte!

Auch Diagramm 101 zeigt einen Stolperstein. Schwarz hat Weiß schon gut eingeengt, aber übersehen, dass der Turm hier ewiges Schach bieten kann, denn die schwarze Dame steht ungünstig hinter ihrem König: 1.♖g3+ ♔h4 2.♖h3+ ♔g4 3.♖g3+... Der Turm gibt ständig auf g3 und h3 Schach, der König kann nicht über die f-Linie fliehen, weil Schwarz sonst nach ♖f3!! die Dame verliert. Also auch bei gewonnenen Stellungen nie die Aufmerksamkeit verlieren!

4.3.2

Dame gegen Leichtfigur

Dieser Kampf bereitet natürlich gar keine Mühe. Eine Leichtfigur ist viel zu schwach, um der Dame Widerstand leisten zu können. Wir müssen uns gar nicht unbedingt darum bemühen, sie zu schlagen, sondern spielen sofort auf Matt, wie wir es gelernt haben. Falls uns die Leichtfigur dabei irgendwann im Wege ist, können wir immer noch schlagen. Beim Kampf gegen einen Läufer ist zu beachten, dass unser König sich auf Feldern bewegt, die dem Läufer unzugänglich sind, damit wir nicht doch in eine Fesselung hineinrennen. Beim Kampf gegen einen Springer müssen wir uns vor den tückischen Springergabeln in Acht nehmen. Wem es zu kompliziert ist, trotz der Leichtfigur mattzusetzen, der kann sich auch die Zeit nehmen, sie vorher durch Schachgebote zu erobern.

4.3.3

Turm gegen Läufer

Dieser Kampf endet gewöhnlich Remis! Zur Verteidigung ist es nur wichtig, folgende Regel zu kennen: Der König, dem nur noch der Läufer geblieben ist, muss sich beim Zurückweichen in eine Ecke zurückziehen, die dem Läufer unzugänglich ist.

Warum das so ist, ersehen wir sofort aus Diagramm 102. Der Läufer kann dann nämlich neben dem König stehen und alle Schachgebote und Mattattacken abdecken. Nach 1.♖g1? ist Schwarz patt und auf z.B. 1.♖e2 folgt einfach 1...♗g6 2.♖e1+ ♗b1 oder 2.♖a2+ ♔b1 3.♖b2+ (♔b3?? ♗f7+!) ♔a1. Weiß kann nicht mattsetzen.

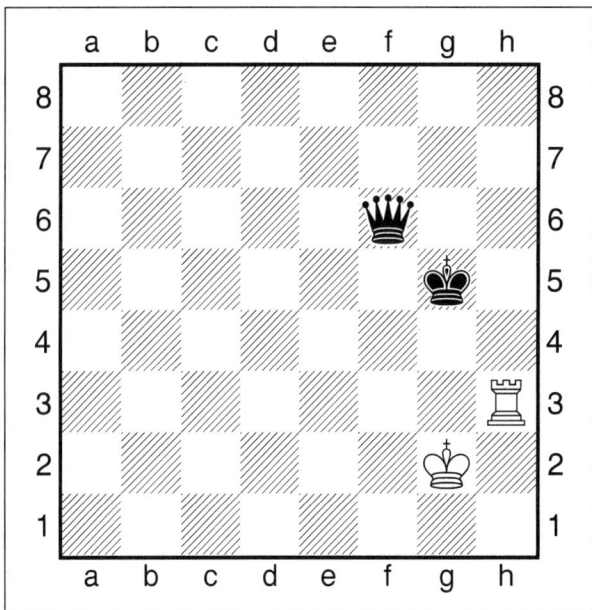

Diagramm 101

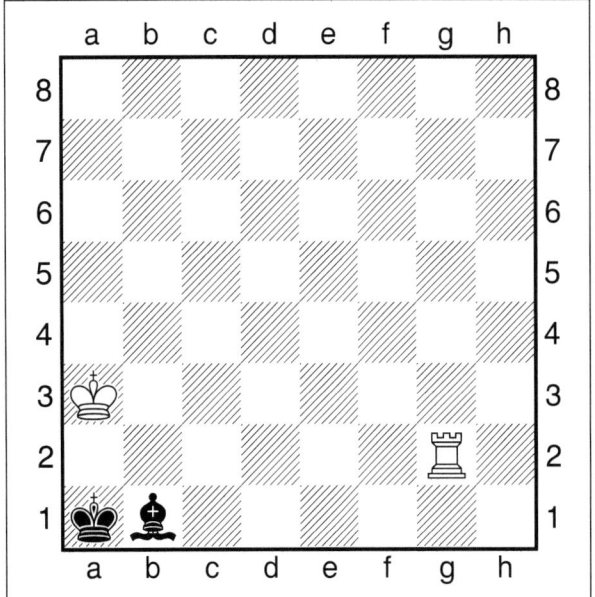

Diagramm 102

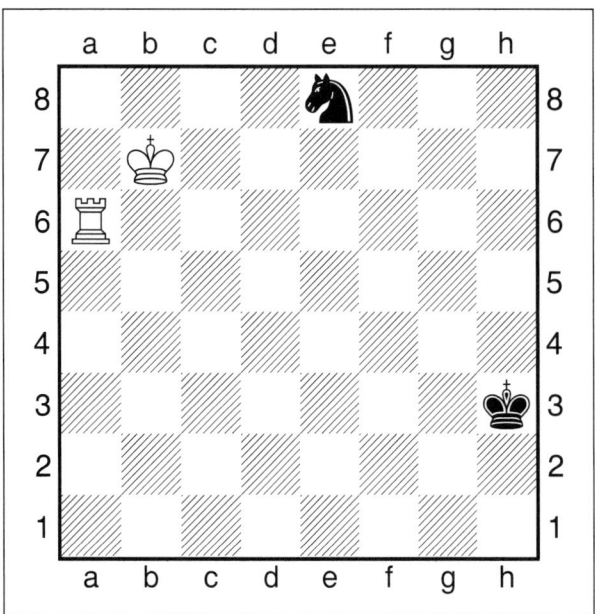

Diagramm 104

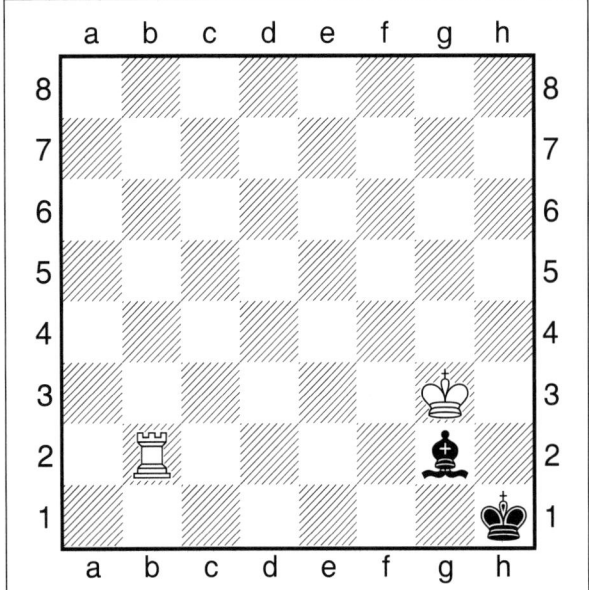

Diagramm 103

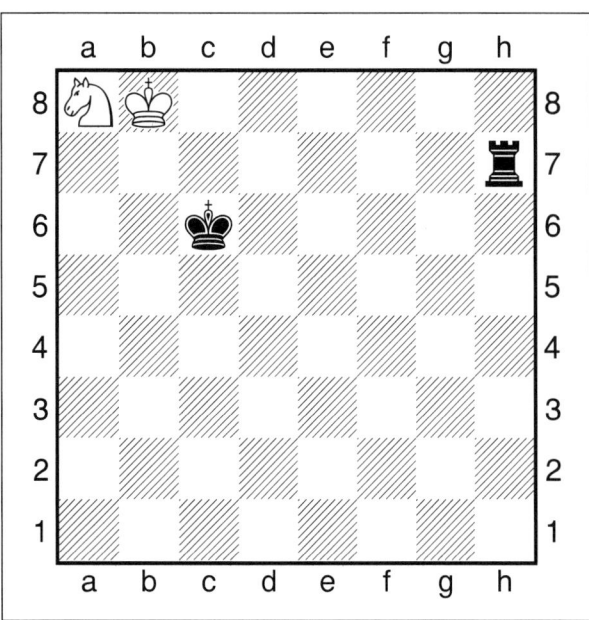

Diagramm 105

Ganz anders liegen die Dinge, wenn Schwarz sich in die falsche Ecke zurückzieht. Dann kann ihn der Läufer nicht schützen, die Partie geht verloren. Sehen wir uns dazu Diagramm 103 an! Schwarz am

Zug muss seinen Läufer retten, es droht aber auch ♖b1#. Da hilft nur 1...♗e4 2.♖a2. Nun kann sich Schwarz nicht mehr verteidigen. Es folgt 2...♚g1 3.♖a1+ ♗b1 4.♖:b1#. Also bietet, wenn ihr einen

Turm gegen einen Läufer habt, nicht gleich Remis an, sondern treibt den König an den Rand und seht euch an, ob der Gegner in die richtige Ecke geht! Wenn er unsere Regel nicht kennt, wird er verlieren.

4.3.4

Turm gegen Springer

Der Springer hat es etwas schwerer als der Läufer, wenn er Remis halten will. Doch schafft auch er dieses Ziel in den meisten Fällen. Der Turm hat hier gute Gewinnchancen, wenn der Springer von seinem König weit entfernt steht, da man ihn dann erobern kann. Auch in der Ecke darf das Pferdchen nicht stehen, weil es dort zu wenig Bewegungsfreiheit hat. Im Diagramm 104 gewinnt Weiß einfach mit 1.♖e6! ♘g7 – das einzige Fluchtfeld. 2.♖h6+ ♔g4 3.♖g6+ und ♖:g7. Der Springer muss bei seinem König

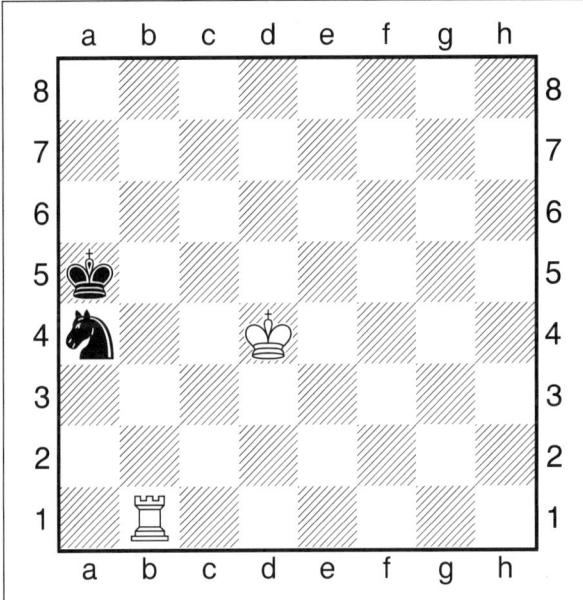

Diagramm 106

stehen. Auch Diagramm 105 ist für Schwarz gewonnen, da der Springer in der Ecke gefangen ist. Weiß am Zug (ist Schwarz am Zug, so spielt er einfach ♖g7 und wartet ab.) verliert den Springer, wenn er ihn zieht; sonst aber wird er nach 1.♔c8? ♖h8# matt. Macht die Partei, der der Springer gehört, solche Fehler jedoch nicht, wird die Partie Remis enden.

Schon das Zurücktreiben des Königs an den Rand dürfte dem Turm sehr schwer fallen. Schafft er es aber, kann der Springer immer noch verteidigen. Man muss nur aufpassen und alle Möglichkeiten der Stellung nutzen! Sehen wir uns Diagramm 106 an! Um matt setzen zu können, muss Weiß den König in Opposition zum Gegner bringen. Das Feld c5 ist ihm aber versperrt. Also 1.♔c4 ♘b6+! 2.♔c5 ♘a4+! Schwarz lässt dem Weißen keine Ruhe. 3.♔c6 (sonst wieder Schach) ♔a6! 4.♖a1 ♔a5. Die Verteidigung steht, König und Springer arbeiten gut zusammen, der Weiße kommt nicht zum Zuge. Nach 5.♔d5 käme ♔b4, nach 5.♖b1 ♔a6. Weiß kann nicht gewinnen. Den Versuch sollte man aber auch hier wagen, vielleicht kennt sich euer Gegner ja nicht aus in der Theorie?!

4.4

Bauernendspiele

Nachdem ihr nun so viel gelernt habt, können wir uns an wirklich komplizierte Sachen wagen. Wer aber bisher gut aufgepasst hat, der wird auch jetzt keine Schwierigkeiten haben!

Bauernendspiele nennt man solche Endspiele, bei denen nur noch Bauern und die zwei Könige auf dem Brett stehen. Bei Turmendspielen z.B. dürfen dagegen außer den Türmen auch noch Bauern vorhanden sein.

Wir wissen bereits, wie man Bauern umwandelt, wo ihre Schlüsselfelder liegen, wie man gegen einen Bauern kämpft. Was nun, wenn sich noch mehrere Bauern auf dem Brett befinden? In diesem Abschnitt wollen wir lernen, wie man dann vorzugehen hat.

4.4.1

Bauern auf einer Linie

Stehen sich Bauern auf einer Linie gegenüber, können nur noch die Könige eine Entscheidung herbeiführen. Ganz typisch dafür ist Diagramm 107. Seht es euch gut an! Beide Könige sind zum Kampf bereit, doch gilt hier eine ganz wichtige Regel: Wer in so einer Stellung direkt an die Bauern herangeht, verliert! Nehmen wir an, Weiß sei am Zuge. 1.♔f5. Der schwarze Bauer ist angegriffen, um ihn zu decken, muss Schwarz ♔d4 spielen. Nun aber ist Weiß am Zug, er muss die Deckung seines Bauern aufgeben, da ihm f4 versperrt ist. 2.♔g4 ♔:e4 und Schwarz gewinnt. Ebenso wäre es Schwarz ergangen, hätte dieser am Zug 1...♔d4 gespielt. Anstatt den Be5 direkt anzugreifen, muss Weiß versuchen, von hinten an ihn heranzukommen: 1.♔g5! ♔c4 2.♔f6! ♔d4 (dahin will er nicht, aber der ♙e5 ist ja bedroht) 3.♔f5! Schwarz muss ziehen und verliert. Das ist ein besonders schlauer Trick, aber wer die Schlüsselfelder kennt, findet doch noch eine Rettung für Schwarz: Auf 1.♔g5 muss er 1...♔d6! 2.♔f6! ♔d7! spielen, denn nach 3.♔:e5 ♔e7! lässt Schwarz den Weißen nicht auf die Schlüsselfelder und hält doch noch Remis. Prägt euch das gut ein!

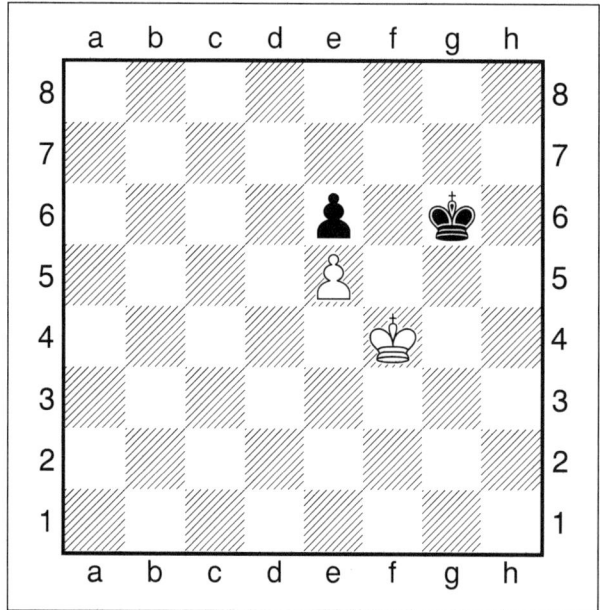

Diagramm 108

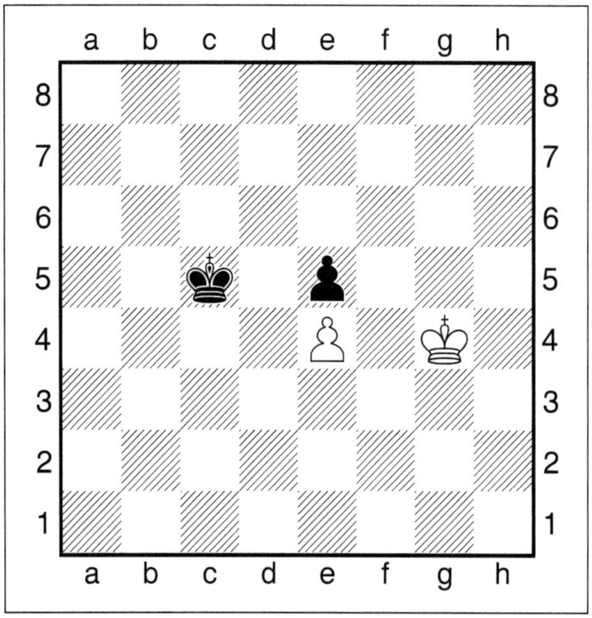

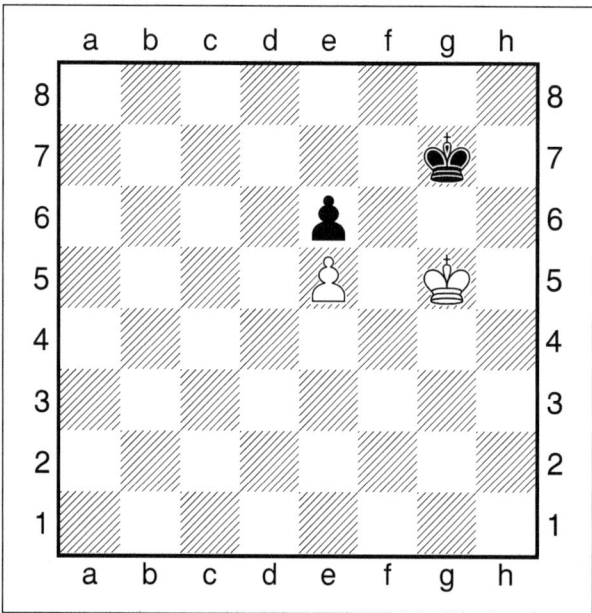

Diagramm 107

Diagramm 109

Auch wenn sich die Bauern noch nicht direkt gegenüberstehen, endet die Partie meist Remis, wenn sich beide Könige in der Nähe befinden. Zwar kann es manchmal gelingen, dem Gegner den Bauern abzunehmen, doch wenn dieser richtig spielt, lässt er einen dann nicht auf die Schlüsselfelder, wie wir es eben gesehen haben.

Baut folgende Stellung auf eurem Brett auf – Weiß: ♔d5, ♙e3; Schwarz: ♚d7, ♟e7! Weiß am Zug könnte spielen: 1.e4 e6+ 2.♔e5 ♚e7 3.♔f4 ♚f6 4.e5+ ♚g6. Siehe Diagramm 108! Weiß kann nicht vorbeikommen: 5.♔g4 ♚h6! 6.♔h4 ♚g6... Die Partie ist Remis, denn natürlich wird Weiß nicht den Fehler machen, mit seinem König zurückzugehen: 7.♔g3? ♚f5, und Schwarz gewinnt den Bauern.

Zu dieser wichtigen Beispielstellung gehört eine zweite, die ihr im Diagramm 109 findet. Ist Schwarz hier am Zuge, verliert er die Partie doch noch, denn

der weiße Bauer und der weiße König sind schon zu weit vorgedrungen. Indem Weiß den Schwarzen einengt, drängt er ihn von seinem Bauern ab, gewinnt diesen und steht damit schon auf einem Schlüsselfeld seines eigenen Bauern. Dieselbe Stellung um ein Feld nach hinten verschoben (also Weiß: ♔g4 usw.) könnte Schwarz Remis halten – warum? 1...♚f7

2.♔h6 ♚f8 3.♔g6 ♚e7 4.♔g7 ♚d8 5.♔f8 ♚d7 6.♔f7. Habt ihr gesehen, wie der Schwarze von seinem Bauern verdrängt wurde? So macht man das in allen ähnlichen Stellungen immer wieder. 6...♚d8 7.♔:e6 ♚e8, und Weiß gewinnt. Damit ihr diesen wichtigen Prozess des Abdrängens auch lernt, gebe ich euch hier ein zweites Beispiel an:

Weiß: ♔d2, ♙b3; Schwarz: ♚d4, ♟b4

Weiß am Zug muss die Opposition verlassen, was ihm zum Verhängnis wird: 1.♔c2 ♚e3 2.♔d1 ♚d3 3.♔c1 ♚c3 und Sieg oder auch: 1.♔c2 ♚e3 2.♔c1 ♚d3 3.♔b2 ♚d2 4.♔b1 ♚c3 5.♔a2 ♚c2 6.♔a1 ♔:b3.

Wäre hier Schwarz am Zug, so könnte Weiß Remis halten, weil dann Schwarz die Opposition verlassen müsste: 1...♚e4 2.♔e2! ♚d4 3.♔d2... Weiß geht immer wieder in die Opposition hinein und Schwarz kommt nicht vorbei. Auch eine ganz wichtige Vorgehensweise, die man sich merken muss!

Nachdem wir uns das alles verdeutlicht haben, wird es uns nicht schwer fallen, in solchen Endspielen das Richtige zu ziehen. Baut folgende Stellung auf – Weiß: ♔f2, ♙e3 ; Schwarz: ♚f5, ♟e5! Was soll Weiß am Zug spielen? Um allen Schwierigkeiten aus dem Wege zu gehen, kann hier ganz einfach 1.e4+ kommen. 1...♔:e4 2.♔e2 und Remis (wenn man weiß, wie es weitergeht) oder auch 1...♚f4 2.♔f1! (Der König muss das Feld e2 genau dann betreten, wenn Schwarz auf e4 schlägt!). Es geht aber auch 1.♔f3 e4+ 2.♔f2 ♚g4 3.♔g2, weil Weiß in die Opposition hineingehen kann. Das muss man vorher aber genau durchrechnen. Stellt beliebige Stellungen mit Bauern auf einer Reihe auf euer Brett und übt das eben Gelernte gründlich!

4.4.2

Bauern auf verschiedenen Linien

Nachdem wir uns eben mit einer ganzen Menge Regeln und speziellen Vorgehensweisen herumgeschlagen haben, gibt es nun wieder mehr zum

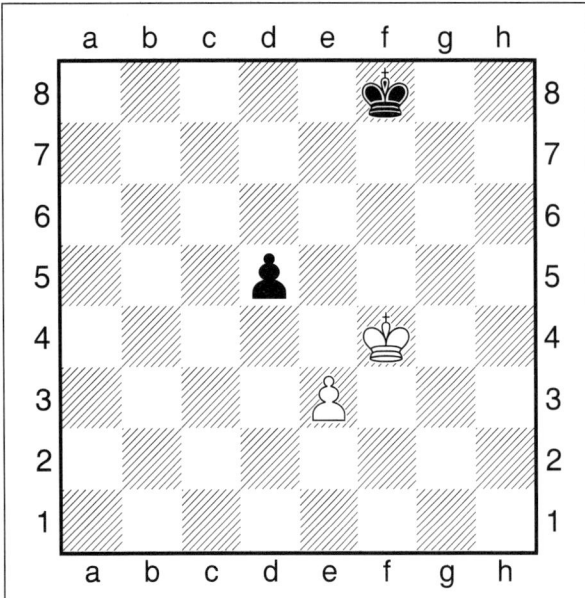

Diagramm 110

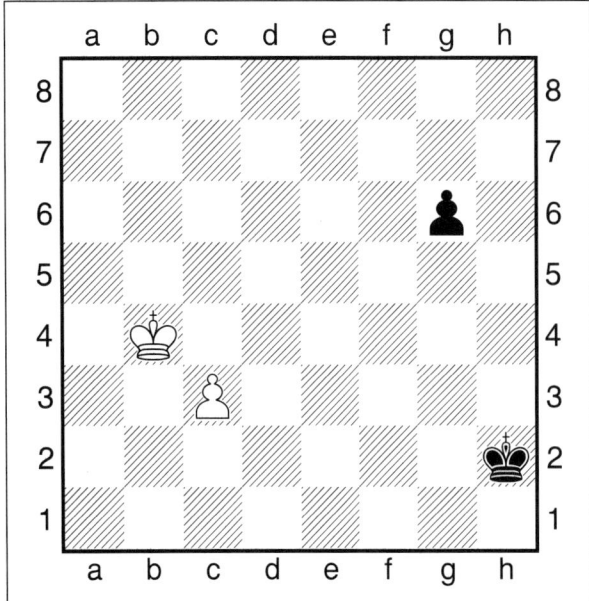

Diagramm 111

Könige geschickt, lassen sich nicht abdrängen und machen keine sinnlosen Züge, enden Stellungen mit Bauern auf benachbarten Linien fast immer Remis, da die Bauern beim Vormarsch aneinander vorbei müssen und dabei abgetauscht werden. Aber auch wenn ein König nahe und einer entfernter steht, gibt es hier oft Rettungsmöglichkeiten. Sehen wir uns dazu Diagramm 110 an: Schwarz am Zug sieht hier sehr verloren aus. Auf 1...♔e7 folgt 2.♔e5, und der schwarze Bauer fällt. Gleichzeitig mit dem Schlagen stellt sich der weiße König noch dazu auf ein Schlüsselfeld seines eigenen Bauern, so dass Schwarz aufgeben kann. Was tun? Rettung verspricht hier der hervorragende Zug 1...d4!! Sein Sinn besteht darin, den weißen Bauern zum Schlagen zu zwingen und damit seine Schlüsselfelder so weit nach vorne zu verschieben, dass der König sie nicht mehr erreichen kann. Das gelingt hier auch, denn Weiß muss schlagen (überlegt selbst, warum die Stellung Remis ist, wenn er nicht schlägt!). 2.e:d4 ♔e8!! Nach z.B. ♔e7? könnte Weiß seinen König in die Opposition hineinstellen: 3.♔e5! So aber geht Schwarz auf jeden weißen Zug, der den König nach vorn bringt, selbst in Opposition, z.B. 3.♔e5 ♔e7, und das Spiel ist Remis.

Wie wir gesehen haben, ist das A und O bei solchen Bauernendspielen immer wieder die Schlüsselfeldregel. Diese kann ich euch gar nicht oft genug ans Herz legen!

Wie ändert sich nun die Lage, wenn die Bauern weiter voneinander entfernt stehen? Dann hängt viel davon ab, welcher sich der Umwandlung schon näher befindet und wie die Könige zu den Bauern stehen. Sehen wir auf Diagramm 111! Beide Könige stehen bei ihren eigenen Bauern, sie sind zu weit entfernt, um den anderen Bauern am Einzug hindern zu können.

Der weiße König steht zwar noch im Quadrat des schwarzen Bauern, doch schützt der schwarze König dessen Einmarschgebiet. Hier hängt also alles davon ab, wer schneller ist: 1.c4 g5 2.c5 g4... Wir erkennen bereits, dass beide Bauern gleichzeitig einziehen werden, die Stellung endet Remis. Hätte der weiße

Knobeln und praktischen Spielen. Stehen Bauern auf verschiedenen Reihen, können sie sich gegenseitig kaum beeinflussen. Eine Ausnahme bildet der Standpunkt auf benachbarten Linien Spielen beide

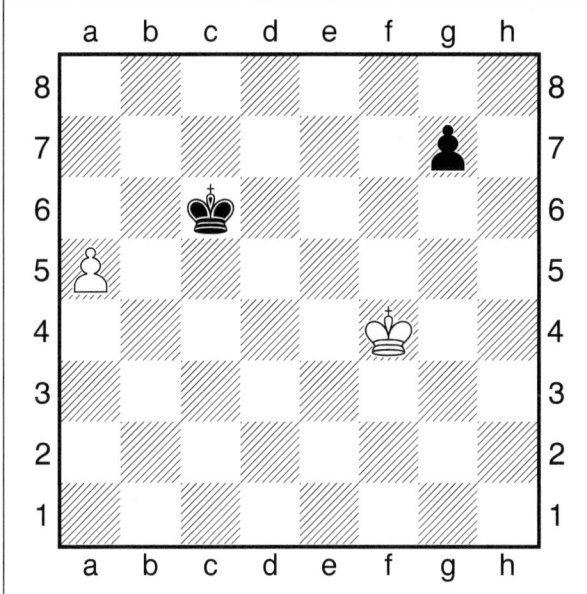

Diagramm 112

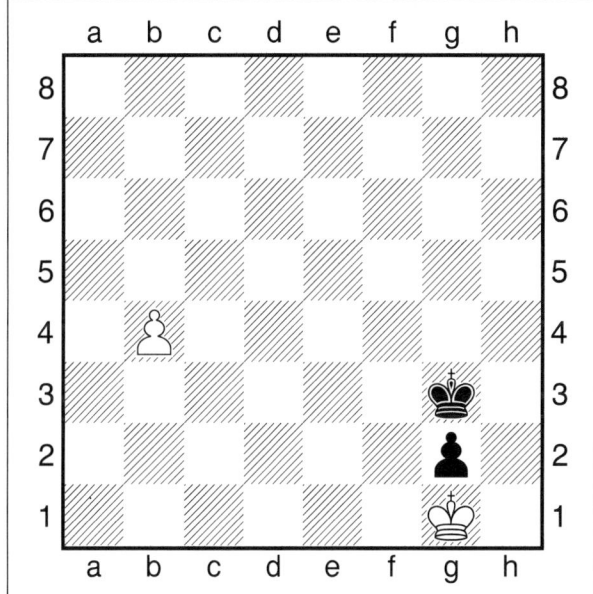

Diagramm 113

Bauer in der Ausgangsstellung dagegen ein Feld weiter vorn gestanden, also auf c4, dann wäre der Punkt an Weiß gegangen, die Zugfolge wäre am Schluss gewesen: 4.c8-♕ g2. Wie aber die Dame den Bauern auf g2 bekämpfen kann, haben wir im Abschnitt 4.2. gelernt.

Genau das Gegenteil sehen wir dagegen im Diagramm 112. Auch hier endet die Partie zwangsläufig Remis, diesmal aber, weil die Könige zu weit von ihren eigenen Bauern entfernt sind. Keiner der beiden kann seinen Bauern schützen, sie werden also durch den Feind aufgefressen, z.B. 1.♔g5 ♔b5 2.♔g6 ♔:a5 3.♔:g7.

Im Diagramm 113 wird die Stellung schon eher kritisch. Weiß hat das Umwandlungsfeld des schwarzen Bauern besetzt und wäre schön dumm, würde er es wieder freigeben. Sein Bauer hingegen kann ungehindert laufen. Ist Weiß am Zug, gewinnt er deshalb mit 1.b5 die Partie. Schwarz dagegen kann sich, wenn er am Zuge ist, noch retten, indem er sich nach der Quadratregel sofort ins Quadrat des Bauern b4 begibt und den eigenen opfert. Dieser kommt ja sowieso nicht durch. 1...♔f4 2.♔:g2 ♔e4! 3.♔f2 ♔d4 4.♔e2 ♔c4 und Remis oder auch 1...♔f4 2.b5 ♔e5 3.b6 ♔d6 4.b7 ♔c7 5.b8-♕+ ♔:b8 6.♔:g2.

Wir sehen, dass es hier meist keine grundlegenden Probleme gibt. Wichtig ist, dass man seine Stellung gut durchrechnet und sie anhand unserer Regeln richtig einschätzen kann. Dann wird man kaum Fehler machen. Es gibt aber auch hier komplizierte Stellungen, von denen wir eine gleich wiederfinden werden.

4.4.3

Die Symmetrie des Schachbrettes

Die kürzeste Verbindung zwischen zwei Punkten ist die Gerade! Das wussten schon die alten Griechen vor über 3000 Jahren. Und ihr wisst das auch. Deswegen geht man z.B. gerade über die Straße und nicht schräg – wer möchte schon gerne überfahren werden?! Und wenn ihr mit euren Eltern von Hamburg nach Bremen wollt, werdet ihr wahrscheinlich nicht über Dresden fahren, sondern die gerade Strecke bevorzugen, sonst dauert die Tour statt 2 Stunden 20!

Im Schachspiel aber ist das anders! Das Schachbrett hat eine ganz eigene Symmetrie, die darauf beruht, dass man ein Feld sowohl gerade als auch schräg vorwärts gehen kann. Messt mit eurem Lineal die Strecke von a8 nach h8 und die von a8 nach h1 nach! Die zweite ist wesentlich länger, aber der König braucht für beide Strecken dieselbe Zugzahl, nämlich 7. Diesen Umstand nutzt man oft aus, wenn es gilt, zwei Fliegen mit einer Klappe zu schlagen, sich zwei Figuren gleichzeitig zu nähern. So kann man oft in schwierigen Situationen den Hals noch einmal aus der Schlinge ziehen. Sehen wir uns Diagramm 114 an! Schwarz ist am Zuge und hat Probleme. Nähert er sich den Bauern sofort, ist Weiß schneller: 1...♔b4 2.♔g7 ♔c3 3.♔g6 ♔d2 4.♔g5 ♔e2 5.♔h4. Der schwarze Bauer ist angegriffen. Um ihn zu decken, müsste Schwarz 5...♔f2 spielen. Wir erinnern uns aber an unsere Regel, dass in solchen Stellungen der verliert, der sich den Bauern als Erster nähert. So auch hier: 6.♔h3 ♔e3 7.♔:g3 und Sieg. Schwarz verliert also seinen Bauern in jedem Falle. „Gut", denkt er, „besetze ich eben die Schlüsselfelder, wenn der Weiße meinen Bauern schlägt!" Ein guter Plan, aber hier nutzt Weiß die Symmetrie des Schachbrettes aus. Er nähert sich dem Bauern g3 schräg und drängt damit gleichzeitig den schwarzen König ab: 1...♔b5 2.♔f7! ♔c5 3.♔e6! ♔d4 4.♔f5 ♔e3 5.♔g4! Wieder erobert Weiß den Bauern g3, und wieder kann Schwarz das wichtige Feld g5 nicht besetzen. Aber trotzdem gibt es eine Rettung! Denn was Weiß kann, kann Schwarz schon lange. Der König muss sich g5 so nähern, dass er dem Weißen dabei ausweicht. Das geht auf der Diagonalen a5-d8-g5. Schwarz braucht dazu nicht mehr Züge als für den direkten Weg nach g5: 1...♔b6!! 2.♔f7 ♔c7 3.♔e6 ♔d8 4.♔f5 ♔e7 5.♔g4 ♔f6 6.♔:g3 ♔g5!!, und Schwarz hält Remis. Ist das nicht erstaunlich? Ihr könnt ja mal euren Vater oder euren Bruder fragen, ob sie dieses Problem ohne eure Hilfe lösen können! Die Idee dazu stammt übrigens von dem russischen Studienkomponisten N. Grigorjew.

Einen ähnlichen Leckerbissen seht ihr im nächsten Diagramm. Es handelt sich dabei um eine Studie von R. Reti, die unter dem Namen „Hasenjagd" Berühmtheit erlangt hat. Weiß ist am Zug, doch scheint seine Stellung aussichtslos. Nie kommt er ins Quadrat des feindlichen Bauern, der eigene kann aber jederzeit von Schwarz geschlagen werden. Und doch ist die Stellung Remis, denn Weiß macht Jagd auf zwei

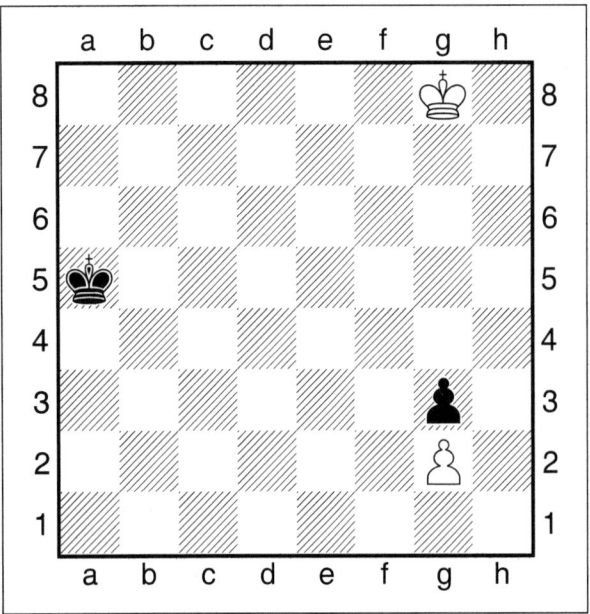

Diagramm 114

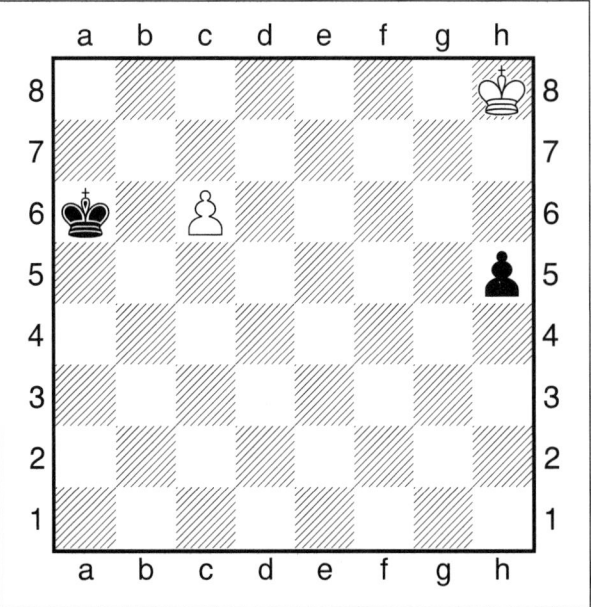

Diagramm 115

Hasen, indem er die Symmetrie des Schachbrettes ausnutzt: 1.♔g7 ♔b6. "Sicher ist sicher!", denkt sich Schwarz. 2.♔f6 h4. Es drohte sonst ♔g5 mit Bauerngewinn. 3.♔e5!! Nun aber droht sowohl 4.♔f4, wonach der König doch noch im Quadrat wäre, als auch 4.♔d6, wonach der Weiße plötzlich neben seinem eigenen Bauern auftaucht und diesen sicher zur Dame führt. Beide Drohungen kann Schwarz nicht abwehren, also Remis. Dann war der erste Zug ein Fehler," denkt sich Schwarz und zieht also 1...h4 2.♔f6 h3 3.♔e5. Nun aber kann Schwarz wieder ♔d6 nicht mehr verhindern. Sucht nach weiteren Varianten; wenn Weiß richtig spielt, hält er immer Remis! Diese Möglichkeit, sich zwei Zielen gleichzeitig zu nähern, solltet ihr euch gut einprägen!

4.4.4

Endspiele mit einigen Mehrbauern

Ganz kurz wollen wir uns ansehen, was geschieht, wenn eine Seite über zwei oder noch mehr Bauern Vorteil verfügt. Dann ist der Gewinn so gut wie immer gesichert, entweder indem ein Bauer geopfert wird und der andere zur Dame einzieht oder indem der König einen der Bauern unterstützt und so sicher zur Dame führt. Sehen wir uns Diagramm 116 an. Weiß könnte mit seinem König dem Bauern f5 zu Hilfe eilen: 1.♔f2 usw. Da die Bauern aber schon weit vorgerückt sind, geht es in diesem Fall auch einfacher: 1.b6 ♔d7 2.f6 ♔d8 (auf ♔e6 folgt b7 und auf ♔c6 f7!) 3.f7 (oder auch b7) ♔e7 4.b7 und Weiß bekommt eine Dame. Also null Problem! Vorsicht aber, wenn die Bauern noch weiter hinten stehen! In der Stellung Weiß: ♔h1, ♙b2, f2 ; Schwarz: ♔d4 kann Weiß am Zug nicht gewinnen, wenn er die Bauern vorzieht. Hier hilft nur 1.♔g2!! Analysiert selbst, warum das so ist!

Sind die beiden Mehrbauern verbunden wie im Diagramm 117, so können sie eine sehr günstige Lage einnehmen, wenn sie sich gegenseitig decken. Dann kann ihnen der feindliche König nichts anhaben, auch wenn der eigene noch weit ist. Weiß am Zug darf hier nicht 1.♔:f6?? spielen, weil der Bauer e5 sonst für ihn uneinholbar zur Dame läuft: 1...e4! Somit stehen beide Bauern sicher und der König kann in Ruhe kommen: 1.♔e4 ♔b7 (natürlich nicht 1...f5+??? 2.♔:e5 f4 3.♔:f4 und Remis. Die Bauern müssen so stehen bleiben, bis ihr König da ist.)

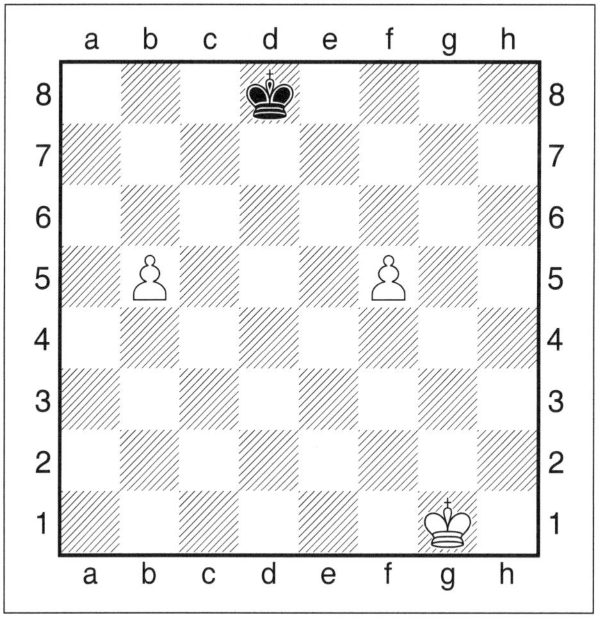

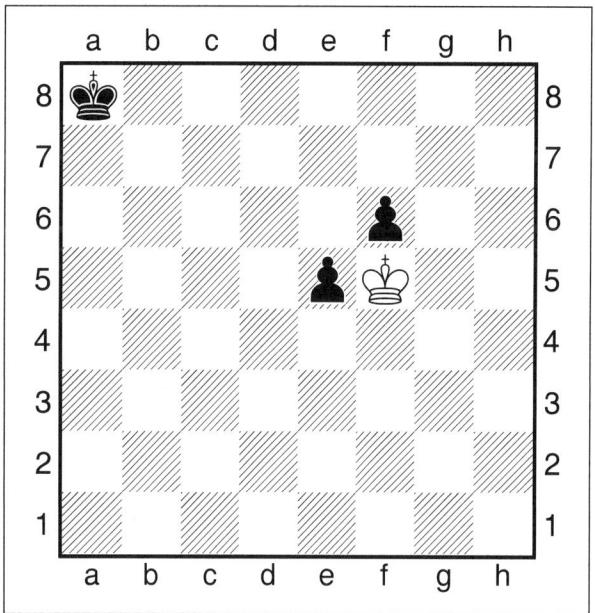

Diagramm 116

Diagramm 117

2.♔f5 ♔c6 3.♔e4 ♔d6 4.♔f5 ♔d5 5.♔g4 ♔d4 6.♔f3 ♔d3 7.♔f2 e4 und Schwarz gewinnt ganz leicht.

Alle die Motive, Regeln, Stellungsbilder und Fallen, die wir nun kennen gelernt haben, finden wir wieder, wenn sich noch sehr viele Bauern auf dem Brett befinden. Mit diesem Endspieltyp wollen wir uns zum Schluss beschäftigen. Dazu muss aber alles bisher Gesagte von euch verstanden worden sein. Wer also noch Schwierigkeiten hat, wiederholt lieber vorher nochmals die letzten Abschnitte!

4.4.5

Bauernendspiele mit vielen Bauern

Befinden sich noch eine ganze Menge Bauern auf dem Brett, werden wir uns davon natürlich hauptsächlich für die Freibauern interessieren. Sie bestimmen den Ausgang des Spieles. Wer es als erster schafft, einen Freibauern zu bilden, wird meist das Spiel gewinnen, egal, ob er einen Mehrbauern hat oder nicht. Deshalb verspricht z.B. ein gedeckter Freibauer, den man in der Eröffnung bilden kann, schon einen Sieg im Endspiel, wenn man richtig spielt.

Die Bildung eines Freibauern geschieht oft sogar durch das Opfer eines oder mehrerer Bauern, was sich aber fast immer lohnt. Wenn der feindliche König nicht im Quadrat des neuen Freibauern steht, so kann dieser schließlich ungestört zur Dame werden, im anderen Falle muss der König sich ständig um ihn kümmern, während er seine anderen Bauern verliert. Deshalb muss man stets darauf achten, wie es mit der Möglichkeit der Entstehung von Freibauern aussieht!

Im Diagramm 118 verfügen beide Seiten über drei Bauern. Auf den ersten Blick könnte man glauben, die Stellung sei ausgeglichen. Sieht man aber genauer aufs Brett, so erkennt man, dass Schwarz wesentlich besser steht. Er hat nämlich die Möglichkeit, sich einen entfernten (vom Standort der Könige entfernten) Freibauern zu bilden. Ist Schwarz am Zug, so folgt: 1...a3!! 2.b:a3. Das muss Weiß spielen, da sonst a:b2 folgt. Schwarz hat einen Bauern geopfert, doch Weiß ist nichtsdestoweniger verloren. 2...b2!! Der Freibauer entscheidet die Partie, da er unaufhaltsam zur Dame schreitet.

Solche Opfer treten immer dann auf, wenn eine der beiden Seiten an einem Flügel über ein Bauernübergewicht verfügt. Hier war es Schwarz, der am Damenflügel einen Bauern mehr hatte. Hätte der weiße König auf d2 gestanden, war der Sieg so nicht möglich. Deshalb darf man sich in solchen Stellungen nicht von dem Flügel entfernen, an dem man weniger Bauern hat. Stünden beide Könige auf dem Damenflügel, z.B. Weiß: ♔d2 ; Schwarz: ♔b5, so hätte Weiß mit 1.g5!! einen Freibauern bilden können und so gewonnen.

Im Diagramm 119 sehen wir eine ähnliche Situation. Weiß am Zug möchte seine Bauernmehrheit am Königsflügel nutzen und einen Freibauern bilden. Er könnte dieses Ziel mit 1.g5 vorbereiten, braucht hier aber gar nicht so viel Zeit zu verlieren, denn 1.h6!! reicht schon aus, um Schwarz zu besiegen. Was soll dieser tun? Es droht 2.h:g7, aber 1...g:h6 geht nicht, weil Weiß dann auf f5 einen starken Freibauern bekommt. Auch 1...g6 oder 1...g5 ist indes verloren, denn jedes Mal steht auf f5 ein Freibauer, außerdem

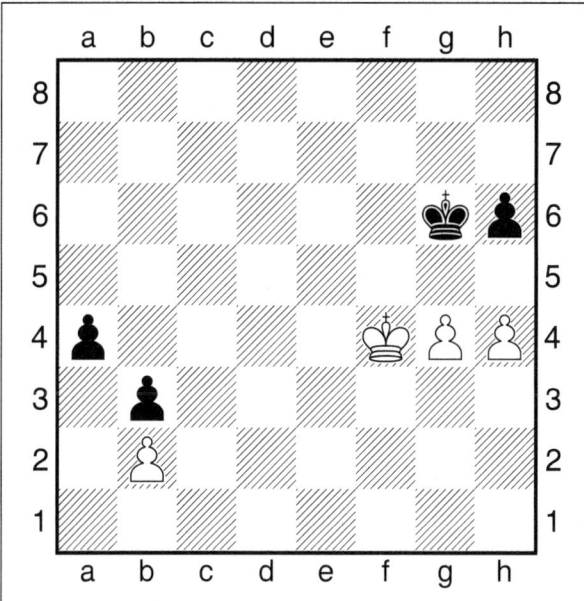

Diagramm 118

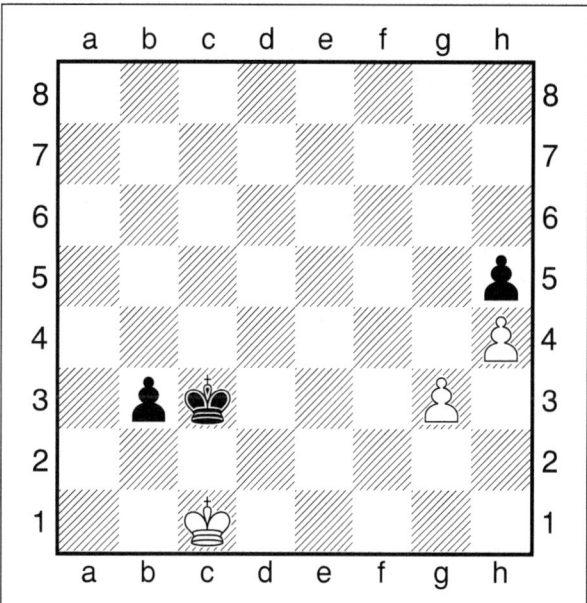

Diagramm 120

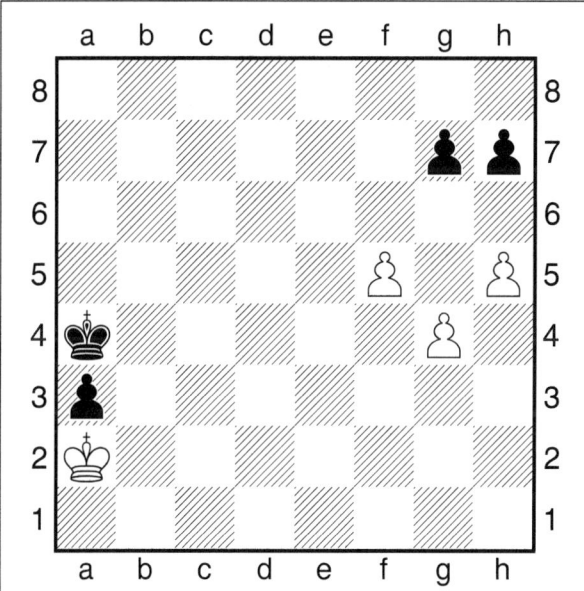

Diagramm 119

ginge dann auch 2.f:g6 wonach Weiß auf h6 einen Freibauern bekommt. Schwarz hat verloren; z.B. 1...g:h6 2.f6 und der schwarze König steht nicht im Quadrat. So wichtig kann also die Bildung eines Freibauern sein. Dabei muss man allerdings darauf achten, dass die eigenen Bauern schon weit vorgedrungen sind und der fremde König fern steht, sonst nutzt das Opfer nichts und kann sogar schlecht sein. Sehen wir uns dazu Stellung 120 an! Weiß am Zug ist in der Lage, sich mit 1.g4 einen Freibauern zu bilden. Doch stehen seine Bauern dafür noch zu weit hinten, der schwarze Bauer wird in diesem Falle ja ebenfalls Freibauer und ist schneller als der weiße: 1.g4? h:g4 2.h5 g3 3.h6 g2 4.h7 g1-♛#. Weiß hat also ein volles Eigentor geschossen. Auch hier ist demnach Vorsicht angebracht, man muss vorher schon etwas rechnen und sich zwei Fragen stellen:

**1.
Welcher der entstehenden Freibauern ist schneller – meiner oder der meines Gegners?**

**2.
Kann der gegnerische König meinen Freibauern noch abfangen?**

Muss man eine dieser Fragen mit ja beantworten, sollte man in den meisten Fällen etwas Anderes spielen.

Im Diagramm 121 hat Weiß zwar einen Bauern mehr, kommt aber nirgendwo durch die gut verteidigten schwarzen Reihen. Zum Ziel führt hier wiederum unsere Freibauernbildung. Allerdings kann Schwarz den Freibauern, der nach 1.g6 f:g6 auf f6 entsteht, noch aufhalten. Dazu muss er jedoch die Deckung seines Bauern c7 aufgeben. Hier lohnt sich also das Opfer, obwohl der Freibauer nicht zur Dame wird: 1.g6 f:g6 2.f7 ♔e7 3.♔:c7! Das Ziel ist erreicht. Nun hat Weiß einen Freibauern auf b5, der nicht mehr aufzuhalten ist. 3...g5! Schwarz darf sich keine Zeit nehmen, den Bauern auf f7 zu schlagen, da ihm dieser sowieso sicher ist. Will er eine Chance haben, muss er sofort losstürmen. Hier aber hilft ihm auch das nichts mehr. 4.b6 g4 5.b7 g3 6.b8-♕ ♔:f7 (sonst folgt f8-♕.) 7.♕b1! Die Dame erobert den Bauern und gewinnt leicht.

Auch wenn der feindliche König im Quadrat des Freibauern steht, kann dieser eine tödliche Waffe sein, wenn es sich nämlich um einen gedeckten Freibauern handelt (also um einen Freibauern, der von hinten durch einen anderen Bauern geschützt ist und so nicht geschlagen werden kann). Sehen wir uns Diagramm 122 an! Weiß verfügt hier über einen solchen Bauern und obwohl wieder Bauerngleichstand herrscht, ist die Stellung für ihn klar gewonnen. Der schwarze König muss ja im Quadrat des Bauern b6 bleiben, also 1.♔f5! ♔d8 2.♔f6. Nun möchte Schwarz gar zu gern seinen Bauern mit ♔e8 decken, aber eben das geht nicht, da sonst b7! folgt. Der Bauer bindet den König an den Damenflügel, so dass Weiß in aller Seelenruhe am Königsflügel abräumen kann. 2...♔d7 3.♔:f7 ♔c6 4.♔g6. Nun darf Schwarz auch nicht ♔b5 spielen, da sonst wieder b7! gewinnt. Tatenlos muss er zusehen, wie er die Partie verliert: 4...♔b7 5.♔:h6 ♔c6 6.♔:g5 und die weißen Bauern machen das Rennen. Eine scheußliche Situation für Schwarz! Passt auf, dass es euch nie ähnlich geht! Gegen einen gedeckten Freibauern kann ein König nicht ankommen. Man braucht dazu wenigstens eine Leichtfigur, die den Störenfried bewachen kann. Hat der Gegner einen solchen Freibauern, darf man deshalb nie alle Figuren abtauschen, weil das reine Bauernendspiel unter Garantie verloren geht! Im Diagramm 123 verfügt Weiß über keinen Frei-

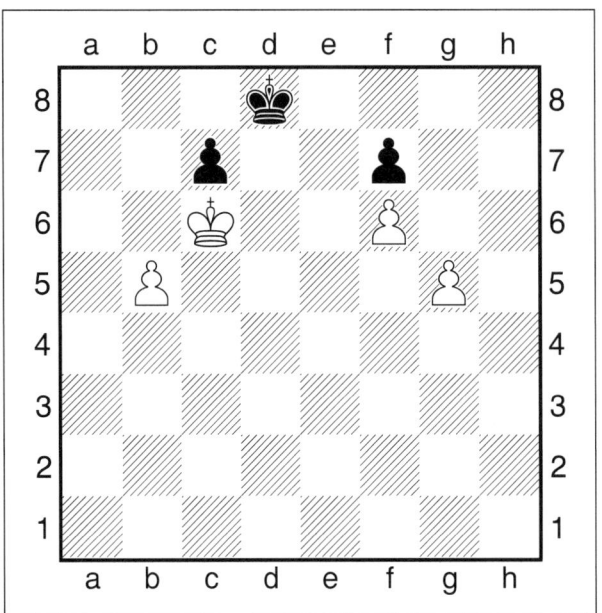

Diagramm 121

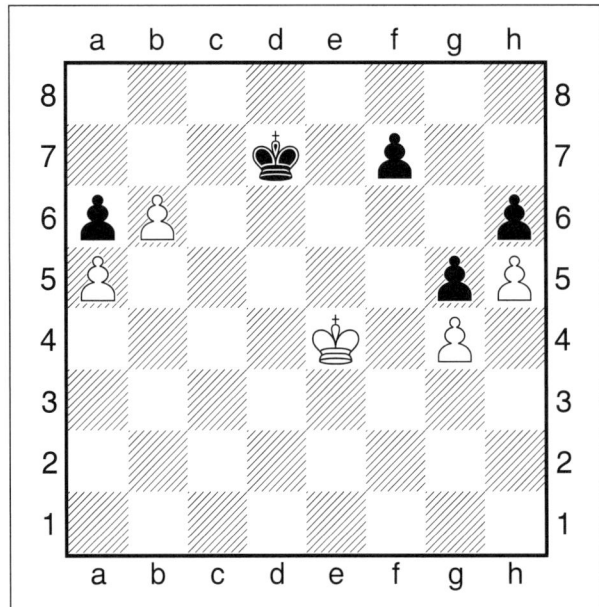

Diagramm 122

bauern, doch wird es ihm keine Mühe machen, sich einen zu schaffen. Hier sehen wir, wie schlecht ein Doppelbauer im Endspiel ist, denn obwohl beide Seiten vier Bauern besitzen, ist der Bauer g7 völlig

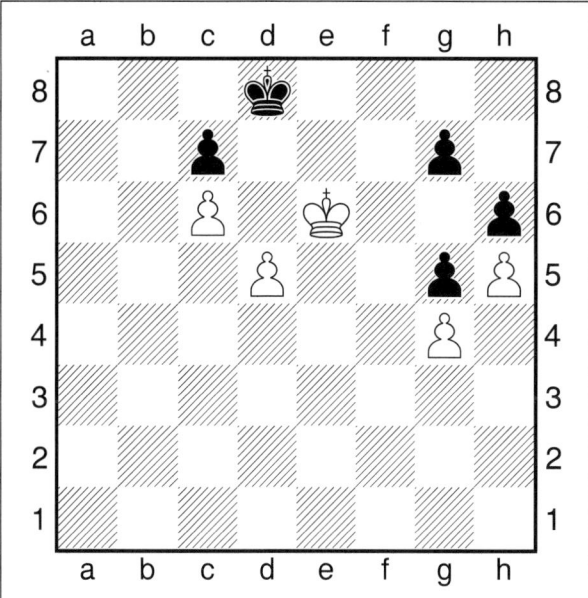

Diagramm 123

c6 zu gestatten. Beide Stellungen sind für ihn verloren: 1...c:d6 2.♔:d6 ♔c8 3.c7 ♔b7 4.♔d7! oder 1...♔c8 2.d7+!! (viel besser als d:c7?) 2...♔d8 3.♔f7, und Schwarz kann nur noch 3...g6 ziehen, worauf er nach 4.h:g6 h5 5.g7 matt wird.

Sehen wir uns nun noch ein paar Stellungen an, in denen keiner der beiden Gegner über einen nennenswerten Vorteil verfügt! Sind solche Bauernendspiele automatisch Remis? Das kommt natürlich auf die Spieler an, aber fest steht: einfach sind sie nicht!

Beschäftigen wir uns mit Diagramm 124! Hier scheinen beide Spieler eben erst die Schwerfiguren abgetauscht zu haben, das Bauernendspiel beginnt gerade. Merken wir uns für diesen Fall gleich zu Anfang zwei wichtige Regeln:

1.
In Bauernendspielen müssen die Könige mitspielen. Man sollte sich deshalb beeilen, um seinen König so schnell wie möglich vor die Bauern ins Zentrum des Kampfes zu bringen!

2.
Ein Bauer kann nicht rückwärts gehen. Deshalb sollte man zweimal überlegen, bevor man einen Bauern zieht.

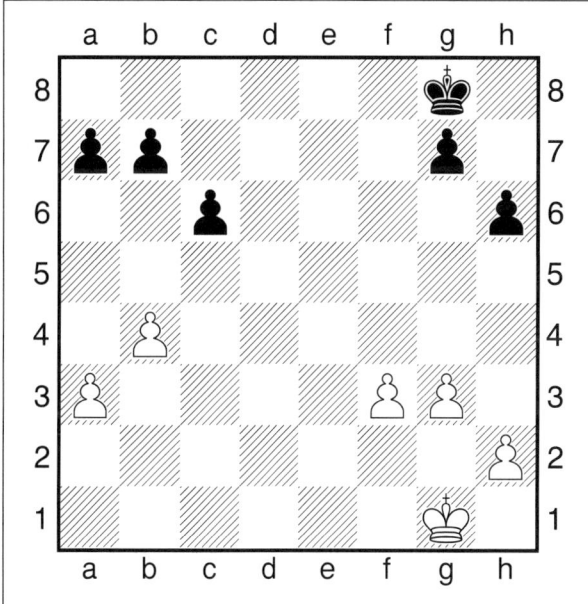

Diagramm 124

nutzlos für Schwarz, zählt also nicht. Weiß spielt 1.d6!!, und Schwarz hat nun die Wahl, mit ♔c8 die Bildung eines gedeckten Freibauern auf d7 zuzulassen oder mit c:d6 ♔:d6 Weiß einen Freibauern auf

Beide Spieler werden also schnellstens mit ihren Königen loslaufen: 1.♔f2 ♚f7 2.♔e3 ♚e6 jetzt ist es an der Zeit, sich zu überlegen, wohin man seinen König am besten stellt. Weiß muss nun einfach durchrechnen, ob es für ihn günstiger ist, sich in Richtung Damenflügel oder zum Königsflügel zu bewegen. Versuchen wir es mit dem Königsflügel: 3.♔f4 ♚f6. Stürmt Schwarz gleich zum Damenflügel, verliert er, da Weiß nach 3...♚d5 in acht Zügen eine Dame hat, Schwarz aber neun brauchen würde. Rechnet das bitte selbst nach! Also muss Schwarz seinen Königsflügel verteidigen. 4.h4 g6 5.g4 b6. Beide versuchen, in vorteilhafte Position für die Bildung eines Freibauern zu kommen. 6.g5+ h:g5+ 7.h:g5+ ♚e6 8.♔e4 a5 9.b:a5 b:a5 10.a4 c5 11.f4 c4. Schwarz opfert seinen Bauern, um den König von der Verteidigung des Feldes f5 abzulenken. 12.♔d4 ♚f5 13.♔:c4 ♚:f4 14.♔b5 ♚:g5 15.♔:a5 ♚f4 16.♔b5. Beide Partner erhalten gleichzeitig ihre Dame, die Partie ist Remis. Haben beide optimal gespielt? Überlegt, ob ihr hier oder da einen anderen Zug gemacht hättet!

Was passiert nun, wenn sich Weiß im dritten Zug für den Damenflügel entscheidet? 3.♔d4 b6 (natürlich nicht b5?? 4.♔c5!!) 4.♔c4 a6. Schwarz verhindert b5. 5.a4 ♚e5. Schwarz sieht, dass er am Damenflügel nichts wird ausrichten können und wendet sich deshalb dem Flügel zu, auf dem die Mehrheit des Gegners stationiert ist. 6.b5 c:b5+ 7.a:b5 a:b5+ 8.♔:b5 ♚d4 9.♔:b6 ♚e3. Weiß hat einen Bauern gewonnen, doch ist er nun weit vom Spielgeschehen entfernt. Er kann seine Bauern nicht beschützen. 10.f4 ♚f2 11.♔c6 ♚g2 12.♔d6 ♚:h2 13.g4 ♚g3 14.f5 ♚:g4 15.♔e6 h5 und Schwarz gewinnt. Wie wir gesehen haben, war es kein guter Entschluss, mit dem König aktive Operationen an dem Flügel zu beginnen, wo Weiß die Bauernminderheit hatte. Der König hätte besser im Zentrum bleiben sollen oder sich dorthin begeben, wo er die Bauernmehrheit besaß.

Aber auch hier muss man von Stellung zu Stellung unterscheiden. Wichtig ist dabei, dass man immer durchrechnet, welche Bauern schneller am Umwandlungsfeld sind und dass man bei allen Aktionen aufpasst, dass der König nicht plötzlich am anderen Flügel steht und zu spät zurückkommt!
Ansonsten gelten in Bauernendspielen mit vielen Bauern natürlich dieselben Regeln, wie wir sie vorher bei einem oder zwei Bauern kennen gelernt haben. Man muss sie hier nur miteinander verbinden können. Das ist oft schwer und noch alte, erfahrene Meister machen manchmal schlimme Fehler im Endspiel. Wer glaubt, dass es ganz leicht wäre, bei so wenigen Figuren auf dem Brett richtig zu spielen, sich deshalb keine Mühe gibt und anfängt loszublitzen, der wird an seinen Ergebnissen sehen, dass das die falsche Einstellung ist!

Im nächsten Abschnitt wollen wir uns nun mit Turmendspielen beschäftigen, also mit Endspielen, in denen sich außer Königen und Bauern noch Türme auf dem Brett befinden. Bevor ihr euch aber diesem neuen Thema zuwendet, wiederholt nochmals alle Regeln, die wir betreffs der Bauernendspiele kennen gelernt haben und übt diese allein oder mit einem Partner, indem ihr euch passende Stellungen aufbaut und diese zu Ende spielt!

4.5.

Turmendspiele

Turmendspiele sind in den meisten Fällen sehr kompliziert zu spielen, so dass es schwer fällt, immer den richtigen Zug zu finden. Wir wollen hier lernen, welche groben Fehler man vermeiden muss, wie man Schwächen des Gegners ausnutzen kann und worauf es bei dieser Art von Endspielen besonders ankommt.

Geht man mit Türmen richtig um, so kann man ein Endspiel mit einem Bauern weniger durchaus Remis halten!

Diese erste Regel wollen wir uns merken. Ihre Richtigkeit werden wir im Verlaufe dieses Kapitels bestätigt finden. Und noch eine Regel sollten wir uns

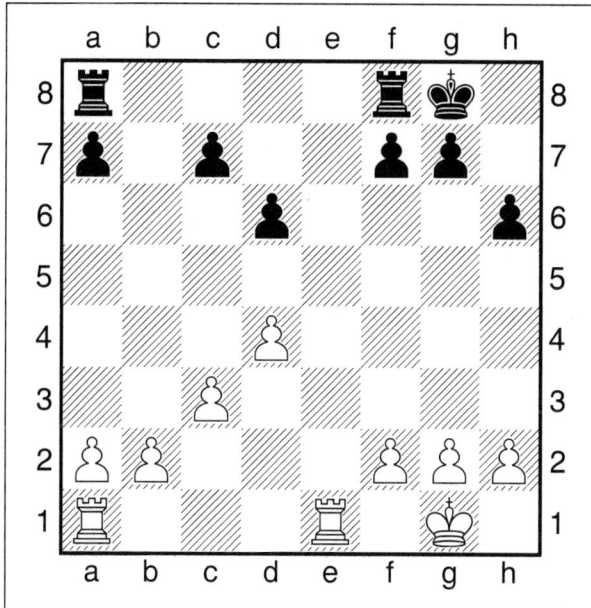

Diagramm 125

gleich zu Anfang einprägen, denn sie ist die wichtigste für Turmendspiele überhaupt:
Die Türme müssen offene Linien besetzen und stets verdoppelt arbeiten. Wem es gelingt, die zweite Reihe seines Gegners mit seinen Türmen zu besetzen, der gewinnt fast immer auch das Spiel!

Die zweite Reihe des Gegners ist die, auf welcher seine Bauern stehen. Auf sie wollen wir im Folgenden besonders scharf achten. Sehen wir uns nun Diagramm 125 an! Das Turmendspiel dürfte gerade erst entstanden sein, vielleicht haben beide im letzten Zug ihre Damen abgetauscht. Alles scheint ausgeglichen zu sein, doch hat Weiß die einzige offene Linie besetzt. Ein großer Pluspunkt in einem Turmendspiel! Wäre Schwarz am Zuge, könnte er das mit Tae8 leicht ausgleichen. Aber Weiß kommt ihm zuvor: 1.♖e7! Weiß besetzt die 7. Reihe (also die zweite Reihe von Schwarz) und macht seine Türme gleichzeitig zur Verdoppelung auf der wichtigen e-Linie bereit. 1...♖ac8. Schwarz muss seinen Bauern decken und verliert dadurch wertvolle Zeit. 2.♖ae1! Weiß verdoppelt seine Kräfte. Nun kann Schwarz nicht mehr ♖fe8 spielen, weil der Turm dort geschla-

gen würde. 2...a5 3.f3! (Weiß möchte ♖d7 spielen, um beide Türme auf die 7. Reihe zu bringen. Würde das sofort geschehen, folgte aber ♖fe8 4.♖:e8+ ♖:e8 5.♖:c7?? ♖e1#.

Das sogenannte Grundreihenmatt, vor dem man sich in Acht nehmen muss! Deshalb macht Weiß seinem König ein „Luftloch", damit die Majestät nicht erstickt. 3...b5? Schwarz hätte hier ♖fd8 spielen können, um ♖d7 zu verhindern. So aber hat Weiß keine Schwierigkeiten bei der Besetzung der 7. Reihe. 4.♖d7! b4 5.♖ee7! Weiß hat sein Ziel erreicht, er besitzt die wichtige siebente Reihe. Schwarz stehen schon nicht mehr viele Züge zur Verfügung, denn c7 hängt, zieht er diesen aber vor, so fällt d6.

5...b:c3 6.b:c3 c5. Was soll Schwarz tun? 7.♖:d6 c:d4 8.c:d4 ♖c1+ 9.♔f2 ♖c2+. Schwarz möchte den Bauern a2 gewinnen, aber Weiß hat noch eine Möglichkeit der Rettung desselben: 10.♖e2! ♖:e2+ 11.♔:e2 ♖b8. Weiß konnte einen Bauern gewinnen, nun blickt er froh in die Zukunft; doch Schwarz hat noch seine Chancen. Mit ♖b2+ will er den Bauern a2 erobern. Das kann Weiß nicht verhindern. Spielt er z.B. a3, so folgt ♖b3, auf ♔d1 kommt ♖b1+ und auf ♔d3 ♖b2 mit Doppelangriff. Seht euch die Stellung gut an, der Bauer a2 ist verloren. 12.d5 ♖b2+ 13.♔f1 ♖:a2 14.♖d8+ ♔h7 15.d6. Beide haben nun einen Freibauern gebildet, der mit Hilfe des Turmes nach vorne geht. 15...a4 16.d7 ♖d2! (Wenn Schwarz das nicht spielt, kommt 17.♖h8+ ♔:h8 18.d8-♕+.) 17.♔e1 ♖d6 der Turm muss hinter dem weißen Bauern bleiben. 18.f4 a3 19.g3 a2 20.♖a8 ♖:d7 21.♖:a2 und die Partie endet Remis. Wir haben gesehen, dass Weiß in großem Vorteil war, aber Schwarz doch noch Remis halten konnte. Das ist zwar nicht immer möglich, hier aber hat sich gezeigt, wie schwierig Turmendspiele zu gewinnen sind. Sehen wir uns als nächstes an, wie ein Turm gegen einen einzelnen Freibauern kämpft. Wir wollen dazu nur je einen Turm, König und einen Bauern aufs Brett stellen, bei entsprechend mehr Figuren ändert sich nichts am Grundprinzip.

Im Diagramm 126 seht ihr eine typische Stellung, wie sie oft in solchen Endspielen auftritt. Der schwarze Turm hat das Vorrücken des Bauern von unten unterstützt, der weiße greift ihn von hinten an. Ginge der weiße Turm von der c-Linie herunter, würde er sofort verlieren, z.B. 1.♖a8? ♖b1! und Schwarz holt sich eine Dame. Solange aber der weiße Turm hinter dem Bauern steht, hat Schwarz ein Problem. Er kann nicht das Umwandlungsfeld für den Bauern freimachen, weil dieser geschlagen wird, sobald der Turm wegzieht. Und hier nun gibt es eine wichtige Regel, die ganz einfach ist:

In solchen Endspielen wie im Diagramm 126 muss der König der schwächeren Seite immer auf der 2. Reihe bleiben!

Warum das so ist, sehen wir sofort: Geht der König auf die 3. Reihe oder steht noch weiter oben, so zieht Schwarz einfach den Turm mit Schach weg und holt sich seine Dame, z.B. 1.♔g3?? ♖g1+!! 2.♔f2 c1-♕, und Schwarz gewinnt. Also muss der König auf der zweiten Reihe bleiben, denn dort könnte er den Turm bei einem Schach schlagen. Auch Schwarz will natürlich dem Bauern nahe kommen, doch gelingt

ihm das nicht recht. Stünde sein König auf d7, so ginge der Turm nach c3. Würde er dort vom König angegriffen, ginge er zurück nach c8 und könnte von dort aus ständig Schach sagen, um zu verhindern, dass der schwarze König von d2 oder b2 aus den Einzug seines Bauern deckt. Wir sehen uns das noch an. Hier wird folgen: 1.♔g2 ♔e6 2.♔h2!! **Auf gar keinen Fall darf kommen 2.♔f2??**, denn dann gewinnt Schwarz mit einer ganz gemeinen Falle: 2...♖h1!! (siehe Diagramm 127). Es droht c1-♕, also muss Weiß schlagen: ♖:c2. Nun aber spielt Schwarz ♖h2+!! und gewinnt so den Turm und damit die Partie. Dieses Manöver müsst ihr euch unbedingt merken! Nach 2.♔h2 folgt nun 2...♔d5 3.♔g2 ♔d4 4.♔h2 ♔d3 5.♖d8+ ♔c4 6.♖c8+ ♔b5 7.♖b8+ ♔c6 8.♖c8+ ♔d6. Nochmals eine ganz wichtige Stellung! Hier darf nun keinesfalls ♖d8+?? folgen, sonst spielt Schwarz ♔c7!! und Weiß kommt nicht mehr auf die wichtige c-Linie zurück. Nach ♖d2 ♖h1+!! verliert er doch noch. Also ganz vorsichtig: 9.♔g2! ♔d7 10.♖c3 ♔d6 11.♔h2 ♔d5 12.♔g2 ♔d4 13.♖c8 ♔d3 14.♖d8+ usw. Die Partie endet wieder einmal trotz des Mehrbauern Remis.

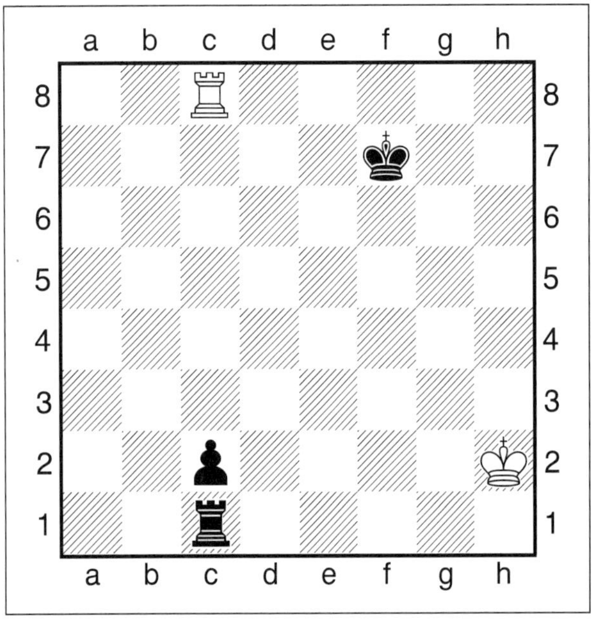

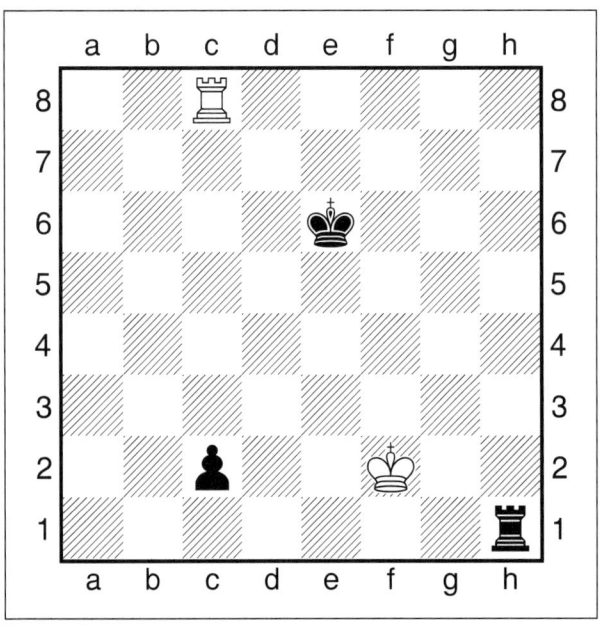

Diagramm 126

Diagramm 127

Wir haben gesehen, dass es für die schwächere Seite nützlich ist, wenn der Turm den Bauern von hinten angreifen kann. Angriffe von der Seite aus sind wesentlich schlechter, denn dann geht der Bauer einfach immer ein Feld weiter voran. Der König der schwächeren Seite muss auf der zweiten Reihe bleiben und darf sich nicht mehr als ein Feld vom Rand entfernen – das als Faustregel. Hätte der weiße König im Diagramm 126 auf a2 statt auf h2 gestanden, wäre natürlich alles noch viel einfacher: 1.♔b2 ♖b1+ 2.♔:c2 und Remis.

Etwas anders liegen die Dinge, wenn sich wie im Diagramm 128 noch viele Bauern tummeln, hinter denen die Könige sich verstecken können. Hier kommt Schwarz einfacher zum Ziel: 1.♖e4 ♔f6. Der König darf auf die dritte Reihe, weil ihn sein Bauer vor einem Schach auf f8 schützt. 2.♔d5 ♔e7! Hier darf sich der König auch vom Rand entfernen, da die Kombination 3.♖h8 ♖:c7 4.♖h7+ nicht möglich ist, denn auf f7 steht ein Bauer im Wege. Außerdem wäre der König auf e7 schon nahe genug am Bauern, um nach ♖h7+ seinen Turm mit ♔d8! zu decken. Der weiße König kommt nun nicht weiter. 3.a4 ♔d7 4.♖f8! Die einzige Chance für Weiß. Er opfert seinen Freibauern für einen anderen Bauern, denn c7 geht sowieso verloren. Nun darf Schwarz nicht ♖:c7? spielen, denn nach ♖:f7+ ♔d8 ♖:c7 gewinnt Weiß das Bauernendspiel. Also 4...♖:c7 5.♖:f7+ und die schwarze Lage ist schwierig, aber nicht hoffnungslos. Spielt diese Stellung weiter! Ob Schwarz Remis halten kann?

Wir stellen nun den König im Diagramm 128 von f3 nach d6. Dann kommt die Bauernstruktur ausschließlich Weiß zugute: 1.♔d7! ♖d1+. Es drohte Te8 und somit c8-♕. 2.♔c6 ♖c1+ 3.♔b7! Und nun ist es Weiß, der sich hinter den Bauern verstecken kann. Schwarz hat keine Chance, z.B. 3...♔f6 4.♖e8, und Weiß gewinnt.

Im Regelfalle ist es also für die stärkere Seite nicht von Vorteil, wenn ihr Turm vor dem Bauern steht. Er kann das Vorrücken desselben besser von der Seite oder von hinten unterstützen.

Wie wir es schon beim Kampf einer Figur gegen einen Bauern gelernt haben, ist es für die schwächere Seite immer gut, wenn ihr König vor dem fremden Bauern steht und so sein Vorrücken verhindert.

Sehen wir uns eine solche Stellung an (Diagramm 129): Schwarz will natürlich seinen König nach f3 bringen, denn nur so kann er den Weißen von e1 vertreiben. Schafft er das, kommt Weiß in eine sehr ungünstige Situation. Deshalb ist es hier von Vorteil, wenn der weiße Turm König und Bauer von Schwarz von hinten angreift. Es droht dann ein ewiges Schach, wie wir es schon im letzten Diagramm beobachten konnten. Also zurück mit dem Turm! 1.♖c8! Nun bringt 1...♖a1+ 2.♔e2 dem Schwarzen nichts ein, also wohl 1...♔f4 2.♖f8+. Der schwarze König findet auf dem Brett kein Feld, wo er sich vor den Turmschachs verstecken könnte. Auch darf er nicht zu weit zurückgehen, weil Weiß sonst mit ♖e8 den Bauern erobert, z.B. 2...♔g5 3.♖g8+ ♔f6? 4.♖e8 ♖a3 5.♔e2 und Remis, da der Bauer fällt. Weiß kann demnach immer Remis halten.

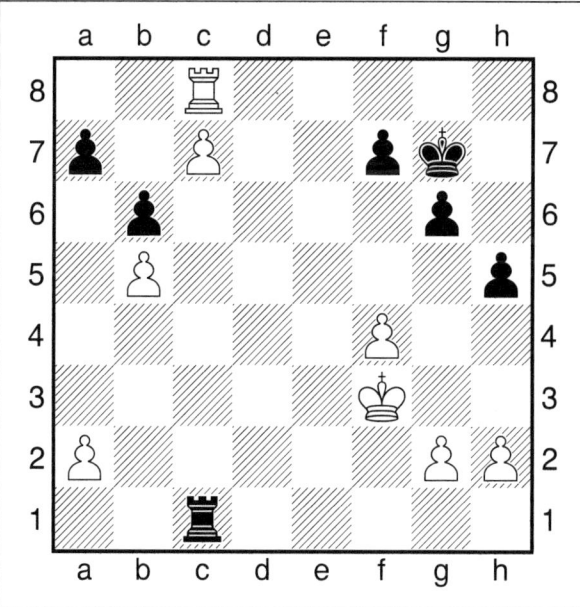

Diagramm 128

Anders sieht es aus, wenn der König der stärkeren Seite vor seinem Bauern steht. Dann wird er meist gewinnen, wir wollen uns das im Diagramm 130 ansehen.

Weiß spielt sofort 1.♔d7! ♖d1 2.d6 ♔g3 3.♖b6 ♔f4 4.♔d8 ♔e5 5.d7. Weiß hat seinen Bauern Schritt für Schritt nach vorn gebracht, aber auch Schwarz konnte sich ihm nähern. Nun droht ♔e7, wonach Weiß eine Dame bekommt, weil Schwarz nicht Schach sagen kann. Deshalb muss der König die e-Linie räumen. 5...♔f5 6.♔c7! ♖c1+ 7.♖c6! und Weiß holt sich seine Dame. Dieser Gewinn war nicht allzu schwer, denn der feindliche König stand noch zu weit zurück. Was nun, wenn beide Könige direkt beim Bauern stehen? Dann kommt alles auf die jeweilige Stellung an. Man muss in solchen Fällen ganz genau überlegen, sich alle Möglichkeiten vor Augen führen und viel Zeit investieren. Sehen wir uns noch zwei kleine Beispiele an, um zu demonstrieren, womit man noch in scheinbar klaren Stellungen rechnen muss:

Im Diagramm 131 glaubt Weiß, einen schnellen Remisweg gefunden zu haben. Mit 1.♔b3 will er zwangsläufig den Bauern gewinnen. Doch Schwarz spielt 1...c2!! und Weiß sieht, dass dieser Bauer nicht geschlagen werden darf wegen 2.♖:c2?? ♖b7+ 3.♔c3 ♖c7+ und der weiße Turm geht verloren. Also 2.♖f1+ ♔e2 3.♖c1 ♔d3! Und wieder scheitert das Schlagen 4.♖:c2?? an ♖b7+!! Man muss also auf vieles achten. Im Diagramm 132 hingegen kann Weiß nicht gewinnen, obwohl alles sehr günstig für ihn aussieht. Denn sobald der Turm die 7. Reihe verlässt, sagt Schwarz von der Seite aus Schach. Der weiße König hat davor kein Fluchtfeld. Bleibt der weiße Turm aber auf der 7. Reihe, bekommt Weiß seinen Bauern nicht durch. Schwarz zieht z.B. immer hin und her: ♖b8-♖a8-♖b8-♖a8... Oftmals gibt es eben noch Auswege, man muss nur gründlich danach suchen.

Nun wollen wir uns wieder Turmendspielen mit mehreren Bauern zuwenden. Im Diagramm 133 verfügen beide Spieler über einen Freibauern. Schwarz sei am Zug. In solchen Stellungen gilt die folgende Regel:

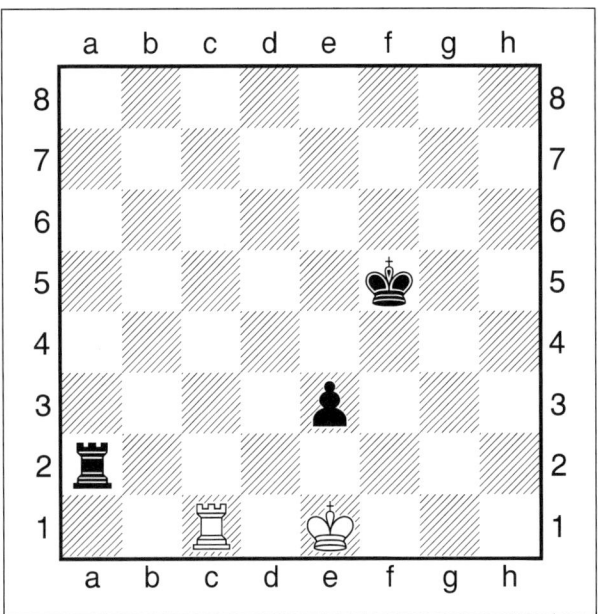

Diagramm 129

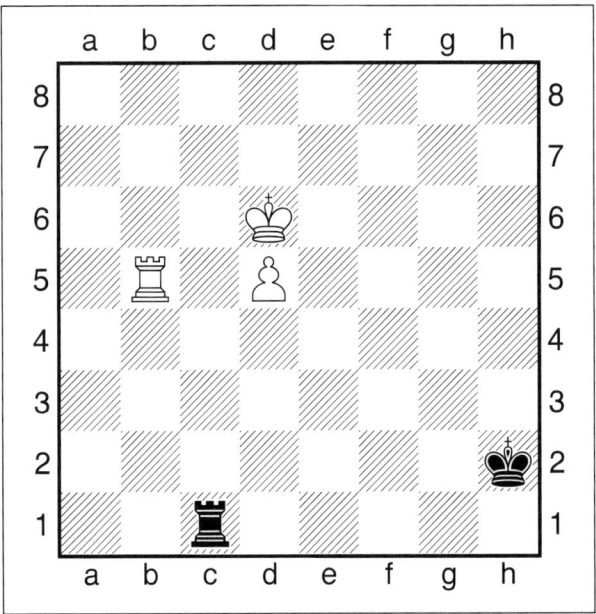

Diagramm 130

Es ist am besten, wenn der Turm hinter seinem Freibauern steht und diesen so unterstützt.
Also spielt Schwarz 1...♖a7!! 2.♖c2. Der weiße König würde zur Bekämpfung des Bauern zu spät kommen. Also muss der Turm das übernehmen. 2...a3 3.♖a2

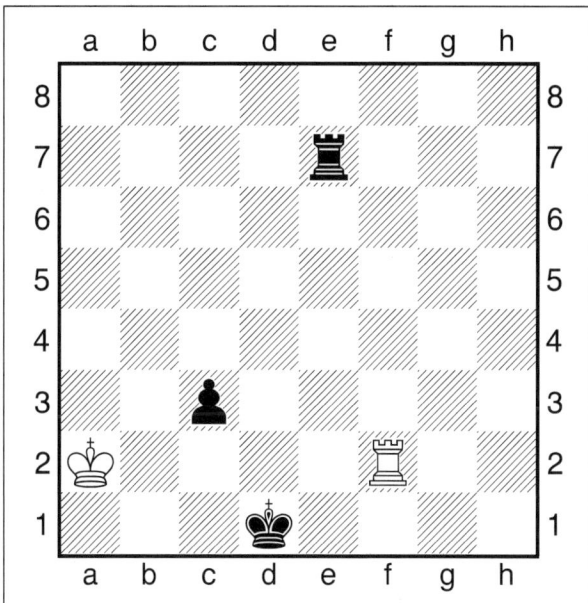

Diagramm 131

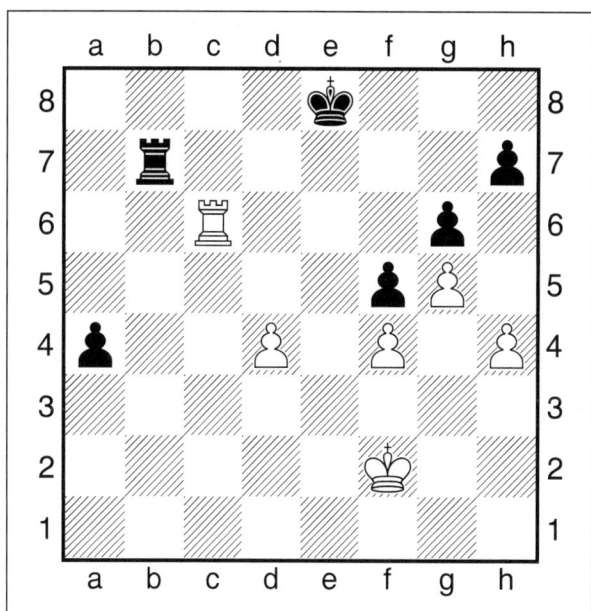

Diagramm 133

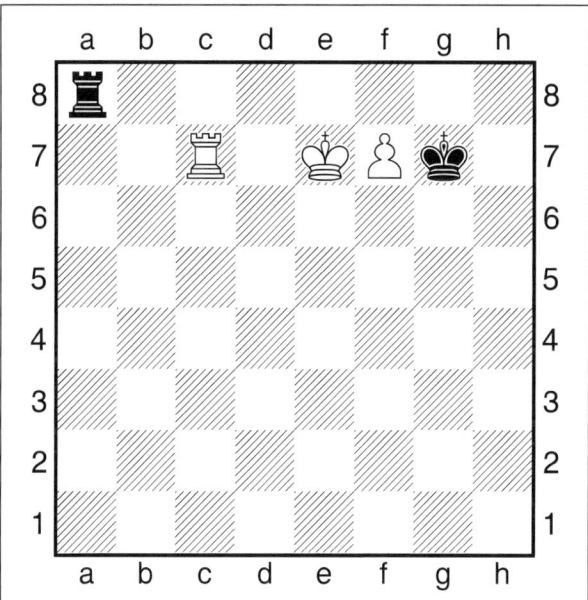

Diagramm 132

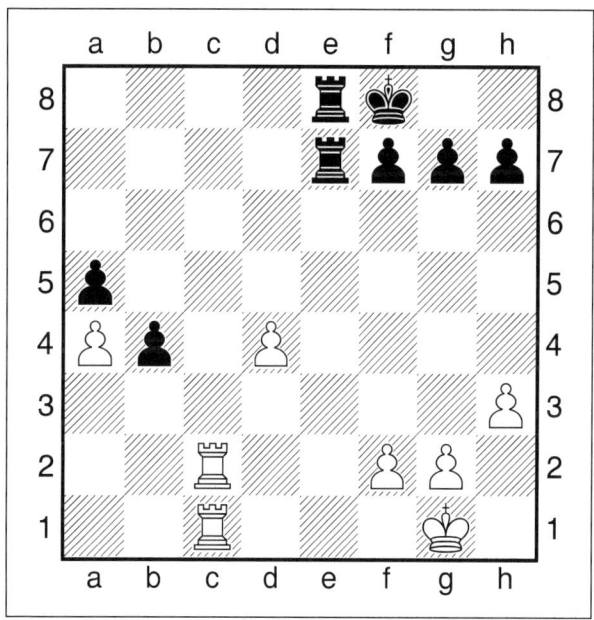

Diagramm 134

♖a4! Der Turm muss so weit wie möglich nach vorn. 4.♔e3 ♔d7 5.♔d3 ♔d6 6.♔c3 ♔d5. Der Bauer d4 geht verloren, mit ihm auch sein Kollege auf f4. Dafür kann man a3 schon geben. 7.♔b3 ♖:d4 8.♔:a3 (nach ♖:a3? Kann Schwarz mit ♖d3+!! die Türme tauschen und gewinnt dann das Endspiel leicht.) 8...♖:f4 9.♖h2 ♖g4! (Verhindert h5) 10.♔b3 ♔e4 11.♔c3 ♔f3 12.♔d3 ♔g3 und Schwarz gewinnt schnell. Indem Schwarz sich hinter seinen Bauern stellte, zwang er den weißen Turm vor diesen und

107

stellte ihn damit kalt. Dann konnte er seinen Stellungsvorteil ruhig ausnutzen.

Im Diagramm 134 haben beide Partner ihre Türme auf einer offenen Linie verdoppelt. Jeder besitzt noch 5 Bauern, doch verfügt Schwarz über einen gedeckten Freibauern, was ihm entscheidenden Vorteil sichert. Schafft Schwarz es, die Türme abzutauschen, gewinnt er das Bauernendspiel auf jeden Fall. Also spielt er: 1...♖e1+! 2.♔h2 ♖:c1 3.♖:c1. Ein Turm ist bereits weg. 3...♖e2! Mit dem Besetzen der 2. Reihe sichert sich Schwarz nochmals Vorteile. 4.♔g3 (f2 soll gedeckt werden.) 4...♖a2!! Der Bauer a4 kann nicht mehr verteidigt werden. Jetzt hat Schwarz zwei verbundene Freibauern, die nicht aufzuhalten sind. Der Bauer d4 nutzt Weiß wenig, da der schwarze König ihn leicht aufhält. Schwarz gewinnt.

Damit wollen wir unseren Ausflug ins Reich der Turmendspiele abschließen. Zu diesem Thema müsste man ein eigenes Buch schreiben, um es richtig zu behandeln. Solche Bücher gibt es auch, doch werdet ihr sie erst in ein paar Jahren brauchen. Wenn ihr euch die hier genannten Beispiele richtig anseht und gut durchdenkt, die Regeln lernt und fleißig übt, dann wisst ihr schließlich über Turmspiele schon eine ganze Menge und werdet keine groben Fehler begehen.

4.6.

Leichtfigurenendspiele

Nach den Turmendspielen, die doch sehr kompliziert sind, haben wir uns nun etwas Erholung verdient. Und die werden wir auch finden, denn Leichtfigurenendspiele sind nicht so schwer zu meistern, zumindest nicht für unsere Zwecke. Hat einer der Spieler eine oder mehrere Leichtfiguren Vorteil, wird er damit leicht gewinnen, wenn noch Bauern auf dem Brett sind. Wir wollen deshalb nur ausgeglichene Stellungen betrachten. Hier müssen wir natürlich unterscheiden nach der Art der Leichtfiguren, die gegeneinander kämpfen.

4.6.1

Springerendspiele

Springer sind im Endspiel zuverlässige Helfer, besonders dann, wenn sich nur noch auf einem Flügel Bauern befinden. Stehen noch auf beiden Flügeln welche, haben sie manchmal Probleme wegen ihrer

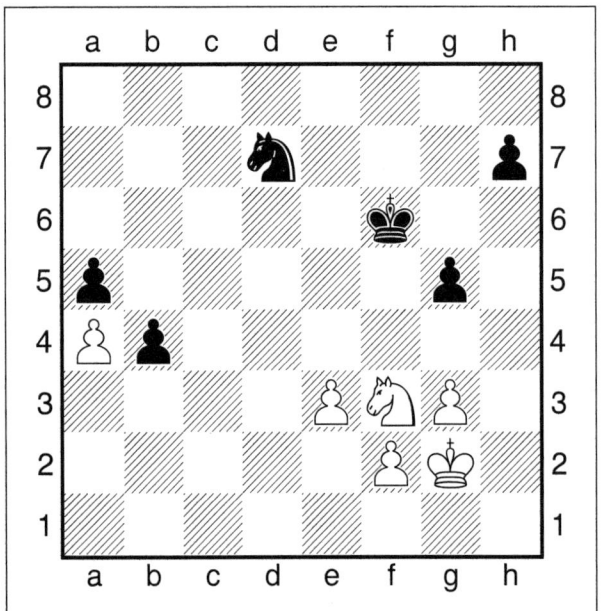

Diagramm 135

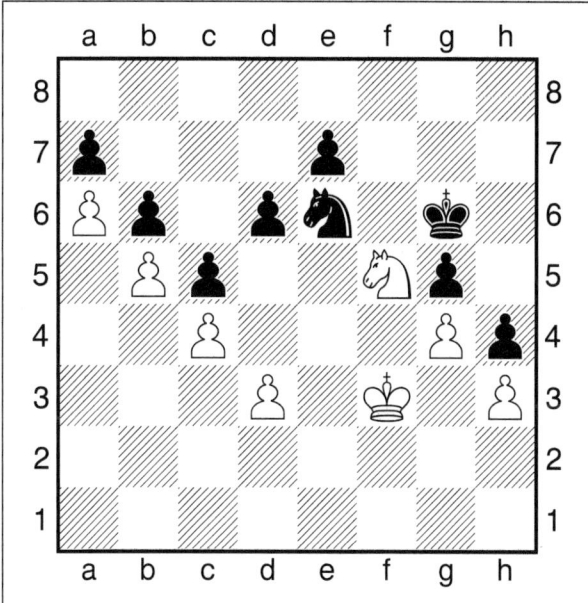

Diagramm 136

langsamen Gangart und sind nicht rechtzeitig zur Stelle. Ein Springer braucht mindestens drei Züge, um von einem Flügel auf den anderen zu kommen. Aber besonders in Stellungen mit vielen ineinander verkeilten Bauern finden sie immer eine Lücke zum Durchschlüpfen und sind deshalb sehr nützlich. Besonders gefährlich ist wie immer ihre Eigenschaft, Gabeln spielen zu können. Wer es aber gelernt hat, auf drohende Springerzüge zu achten, der wird keine Schwierigkeiten mit ihnen haben.

Egal, ob einer der Spieler über einen Mehrbauern verfügt oder nicht, ist die Gewinnidee fast die gleiche wie bei Bauernendspielen. Es kommt darauf an, einen Freibauern zu bilden. An diesen ist dann entweder der Springer oder der König des Gegners gebunden, so dass man frei operieren kann. Sehen wir uns das im Diagramm 135 an!

Hier haben beide Seiten einen Freibauern, doch ist der von Schwarz wesentlich gefährlicher, weil er ein entfernter Freibauer ist. Auch steht der ♟a4 sehr schlecht. Das sollte es Schwarz ermöglichen zu gewinnen. 1.♞d4. Weiß muss den b4 stoppen. 1...♞c5! Angriff auf a4 und Schutz des Feldes b3.

2.♞f3. Weiß ist machtlos. Gegen Springer und gedeckten Freibauern ist sein Springer zu schwach. Der König muss sich beeilen. 2...b3! Das ist viel besser als ♞:a4? ♞b3!, und Weiß gewinnt den Bauern zurück und hält b4 auf. 3.♞b5 will er die Umwandlung noch verhindern, muss sich Weiß beeilen. 3...b2 4.♞c3 ♞:a4! Weiß darf den Springer nicht nehmen, weil sonst b1-♛ folgt. 5.♞b1 ♞b6! Schwarz will den Bauern a5 in Marsch setzen. 6.♔e2 a4 7.♔d2 ♞c4+! 8.♔c3 a3!! Wenn Weiß jetzt ♔:c4 spielen sollte, bekommt Schwarz mit a2! eine Dame. 9.♞b3. Weiß hat es gerade noch geschafft, das Schlimmste abzuwehren, doch hat Schwarz seinen Plan erreicht. Beide weißen Figuren sind am fernen Damenflügel, der schwarze König ist mit den weißen Bauern allein. 9...♔f5 10.f3. Weiß kann nicht ♞:a3 spielen, denn nach ♞:a3 ♔:a3 würde b1-♛ kommen. 10...g4. Damit bricht Schwarz die weiße Bauernmauer auf. 11.f:g4 ♔:g4 12.e4 h5. Schwarz bringt noch seinen Bauern so weit wie möglich nach vorn, denn nach ♔g3 geht der große Abtausch los (♔g3 13.e5 ♞:e5 14.♞:a3 usw.). 13.♞c3. Nach e5 würde ♔f5 folgen, wonach Weiß beide Bauern verliert. 13...♔:g3 14.e5 ♞:e5 15.♔:a3 ♞d3 16.♔a2 h4 17.♞d1 h3 18.♞e3 h2 19.♞f1+. Was bleibt Weiß sonst? 19...♔g2 20.♞:h2 ♔:h2 und mit seinem letzten Bauern gewinnt Schwarz die Partie.

Die Gefährlichkeit von Springern in geschlossenen Stellungen sehen wir uns im nächsten Beispiel an (Diagramm 136). Hier ist die Bauernstruktur verkeilt, man könnte auf Remis tippen, aber in Springern steckt viel Energie. 1.♞:e7+ ♔f7 2.♞c6, schon nach 2 Zügen sieht alles ganz anders aus. Der rückständige Bauer a7 ist angegriffen und nicht mehr zu decken. 2...♔e8 3.♞:a7 ♔d7 4.♞c6 ♔c7 5.a7 ♔b7. Der schwarze König steht in der hintersten Ecke, er ist ausgeschaltet. 6.♔e4 ♞f4. Schwarz startet zur Gegenattacke. Gabel auf d3 und h3 ist angesagt. 7.d4 ♞:h3 8.d5 ♞f2+ 9.♔f3 ♞d3 10.♞e7. Weiß opfert seinen Bauern a7, um dafür d6 zu bekommen. 10...♔:a7 11.♞c8+ ♔b8 12.♞:d6 ♞e5+! Schwarz schlägt zurück und gewinnt nun g4. 13.♔g2 ♞:g4 14.♔h3 ♞e3 15.♔e4 ♞c4 16.♞g5. Weiß hat wieder etwas gutgemacht. 16...♞e3 17.d6 c4 18.♞e4 ♞f5 19.♔g4 ♞:d6!! 20.♞:d6 c3 und Weiß kann den schwarzen Bauern nicht aufhalten. Dieses Beispiel

sollte die Möglichkeiten demonstrieren, die immer wieder in Springern stecken. Spielt es nun nochmals nach und überlegt, wo Weiß etwas falsch gemacht haben könnte!

Ich hoffe, ihr geht nun respektvoll mit Springern im Endspiel um, sonst könnt ihr böse Überraschungen erleben!

4.6.2

Läuferendspiele

Läufer eignen sich besonders gut, wenn Bauern an beiden Flügeln stehen, denn sie überwinden schnell weite Strecken. Bei Läuferendspielen ist es wichtig zu unterscheiden, ob es sich um gleichfarbige oder um ungleichfarbige Läufer handelt (wenn nur noch je ein Läufer vorhanden ist). Von gleichfarbigen Läufern spricht man, wenn beide Läufer auf Feldern derselben Farbe stehen. Ist das der Fall, so unterscheiden sich die Endspiele nicht großartig von Springer- oder Bauernendspielen. Wer es schafft, sich einen Freibauern zu bilden, der ist in großem Vorteil. Darum dreht sich also der Kampf. Wichtig ist dabei noch die Unterscheidung in „gute" und „schlechte" Läufer. „Gut" ist ein Läufer, der auf einer anderen Farbe steht als die meisten seiner Bauern. Dann kann er sich nämlich frei bewegen und die Bauern des Gegners angreifen. Im anderen Fall handelt es sich um einen schlechten Läufer. Im Diagramm 137 sehen wir ein Endspiel mit gleichfarbigen Läufern. Dabei hat Schwarz einen guten und Weiß einen schlechten Läufer. Wir sehen sofort, dass Schwarz viel mehr Möglichkeiten hat als Weiß. Ist er am Zug, folgt 1...♗g6! Weiß kann ♗b1 nicht verhindern, ihm bleibt nur die Verteidigung. 2.♗d1. Sonst kommt ♗b1 a3 ♗c2! Mit Bauerngewinn! 2...♔f4 3.♔e1. Was soll Weiß spielen? Der Läufer darf nicht von d1 weggehen, da sonst ♗b1 a3 ♗c2 folgt, nach e2 darf der König nicht wegen ♔:g4. 3...♔e3 4.a3 ♗e4 5.a4 g5. Weiß hat alle seine Tempi erschöpft. Nun muss er den schwarzen König an den Damenflügel lassen. 6.♔f1 ♔d2! 7.♗e2 ♗c2. Schwarz gewinnt zwei Bauern und damit die Partie. Deshalb bei gleichfarbigen Läuferendspielen die Bauern immer so stellen, dass man selbst keinen schlechten Läufer bekommt! Sobald der eigene Läufer an die Verteidigung seiner Bauern gebunden ist, bekommt man große Probleme!

Vor einer völlig anderen Situation sehen wir uns dagegen, wenn es sich um ein Endspiel mit ungleichfarbigen Läufern handelt. Solche Endspiele enden meist Remis, selbst wenn der Gegner einen Freibauern oder sogar einen Mehrbauern besitzt. Manchmal lassen sich auch Endspiele mit zwei Minusbauern Remis halten. Das liegt einfach daran, dass die Läufer sich nicht gegenseitig Felder abnehmen können. Am besten sehen wir uns das an einem Beispiel an (Diagramm 138): Weiß am Zug hat einen gedeckten Freibauern, der gleichzeitig ein Mehrbauer ist. In einem Bauern-, Springer- oder gleichfarbigen Läuferendspiel wäre der Kampf damit zu seinen Gunsten entschieden. Doch hier hält Schwarz relativ mühelos Remis. Sein Läufer beherrscht die weißen Felder und lässt keinen Bauern nach vorn gehen. Er muss nur noch den König zum Damenflügel bringen, dann verhindert er erfolgreich alle weißen Durchbruchsversuche. 1.♔d4 ♔e6 2.♗f4 ♗g2 3.♔g3 ♗f3... Der schwarze Läufer zieht hin und her, bleibt dabei aber natürlich auf der wichtigen Diagonalen a8-h1.

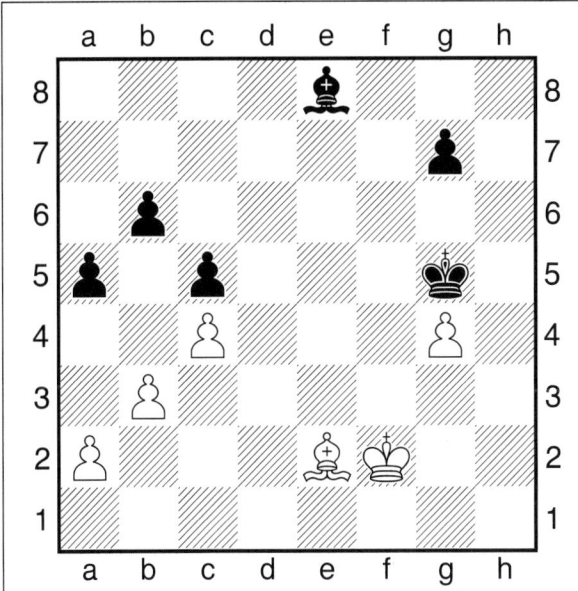

Diagramm 137

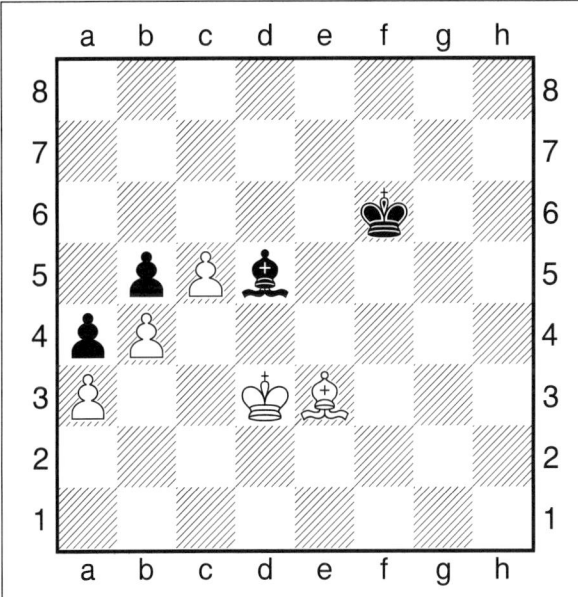

Diagramm 138

Der weiße König kommt nicht durch, da ihm sein Kollege den Weg verlegt. Der weiße Läufer kann den Vormarsch der Bauern nicht unterstützen. Die Partie ist Remis.

Merken wir uns diesen wichtigen Unterschied gut! Läufer ist im Endspiel eben nicht gleich Läufer und so mancher halbe Punkt wurde gewonnen oder verloren, weil es sich um einen Läufer der „richtigen" oder eben der „falschen" Farbe handelte. Wichtig ist es deshalb auch, sich beim Abtausch klarzumachen, was man vom Endspiel erhoffen darf. Hat man Bauern weniger, Doppelbauern oder andere Nachteile, sollte man versuchen, so abzutauschen, dass ungleichfarbige Läufer auf dem Brett bleiben. Das vergrößert die Remischancen. Hat man dagegen Mehrbauern, Freibauern oder andere Vorteile, darf man es nicht zu einer Stellung mit ungleichfarbigen Läufern kommen lassen, weil die Partie sonst doch noch Remis enden könnte.

4.6.3

Läufer gegen Springer im Endspiel

Hier müssen wir noch unterscheiden, ob sich zwei oder vier Leichtfiguren auf dem Brett befinden. Ob zwei oder vier Läufer oder Springer gegeneinander kämpfen, macht vom Prinzip her keinen großen Unterschied. Deshalb haben wir bisher meist nur eine Leichtfigur auf jeder Seite betrachtet. Spielen aber Läufer gegen Springer, müssen wir hier doch unterscheiden. Hat nämlich ein Spieler ein Läuferpaar, so ist er meist im Vorteil. Die Vorzüge eines Läuferpaars haben wir uns beim Matt mit zwei Läufern ansehen können. Zwei gut zusammenarbeitende Läufer sind eine starke Waffe. Deshalb steht der besser, der zwei Läufer gegen einen Läufer und einen Springer oder gegen zwei Springer hat. Dieser Vorteil ist aber meist nur klein und selten spielentscheidend. Der andere kann seinen Springer oder Läufer gegen einen der Läufer abtauschen, wonach sich wieder ein reines Läuferendspiel oder der nun zu betrachtende Fall ergibt.

Hat der eine Gegner einen Läufer und der andere einen Springer, so ergeben sich aus den Besonderheiten der Figuren Schlussfolgerungen für das Endspiel:

Ein Springer ist meist in Stellungen vorteilhafter, in denen Bauern nur noch an einem Flügel stehen oder in denen viele Bauern ineinander verkeilt sind.

Ein Läufer ist in Stellungen vorteilhafter, in denen sich an beiden Flügeln Bauern befinden und in denen er offene Diagonalen hat.

Sehen wir uns dazu je ein Beispiel an! Im Diagramm 139 finden wir eine verkeilte Stellung. Außerdem verfügt Schwarz über einen schlechten Läufer. Seine eigenen Bauern versperren ihm überall den Weg ins feindliche Lager. In dieser Situation ist der Springer dem Läufer weit überlegen. Er findet Lücken, um beim Feind einzudringen. 1.♘b2 ♝c7 2.♘c4! Schon steht der Springer hervorragend. Er greift b6 und d6 an, welche nun ständig durch den Läufer verteidigt werden müssen. Dadurch ist dieser an das Feld c7 gebunden. 2...♚f7. Schwarz könnte mit seinem König nach a6 wandern, um dort b5 zu spielen. Aber der Springer ist in der Lage, den Damenflügel zu verteidigen und der weiße König würde solange am Königsflügel einbrechen. 3.♔g3! Weiß will hier aktiv werden. 3...♚g7 4.h4 g:h4+. Das ist erzwungen, sonst bekommt Weiß einen gedeckten Freibauern. 5.♔:h4 ♚h6 6.♘d2! Der Springer greift ein. 6...♝d8 7.♘f3 ♝e7 8.♔g3. Nun, wo der Springer das Feld g5 deckt, kann sich der König zum Damenflügel begeben. Kommt er nach b5, muss Schwarz b6 verteidigen können. Also läuft sein König mit. 8...♚g7 9.♔f2 ♚f8 10.♔e2 ♚e8 11.♔d3 ♚d7 12.♔c4 ♚c7 13.♔b5 ♝d8. Auch der Läufer muss bei der Verteidigung helfen, denn in zwei Zügen kann der Springer wieder auf c4 stehen. 14.♘d2 ♚b7 15.♘c4 ♝c7. Diese Stellung wollte Weiß erreichen. Beide Figuren von Schwarz sind am Damenflügel gebunden, er aber hat am Königsflügel eine Bauernmehrheit. Demnach lässt sich ein Freibauer bilden. 16.g5!! Schwarz muss schlagen, weil sonst g6 folgt. 16...f:g5 17.f6! ♝d8. Die letzte Möglichkeit, den Einzug zu verhindern. 18.♘:d6+ ♚c7 19.f7!! Der König darf den Springer nicht nehmen, sonst holt sich Weiß eine Dame. 19...♝e7 20.♘f5 ♝f8 21.d6+! ♚b7. Der Läufer darf nicht schlagen, sonst wird er abgetauscht und Weiß bekommt die Dame. 22.d7 ♚c7 23.d8-♕+ ♚:d8 24.♘:b6. Das war das Ziel von Weiß. Nun gewinnt er am Damenflügel. 24...♚d7 25.♘:a5 ♚e6 26.♘b6 ♚:f7 27.a5 und Weiß zieht siegreich zur Dame.

Ein lehrreiches Beispiel dafür, wie man kleine Schwächen im gegnerischen Lager ausnutzen kann und wie wertvoll dabei oft ein Springer ist.

Sehen wir uns dagegen Diagramm 140 an, so haben wir einen ganz anderen Stellungstyp vor uns. Auf beiden Seiten befinden sich, weit entfernt voneinander, Bauern. Die Stellung ist offen und Schwarz hat einen guten Läufer, der die Bauern des Gegners

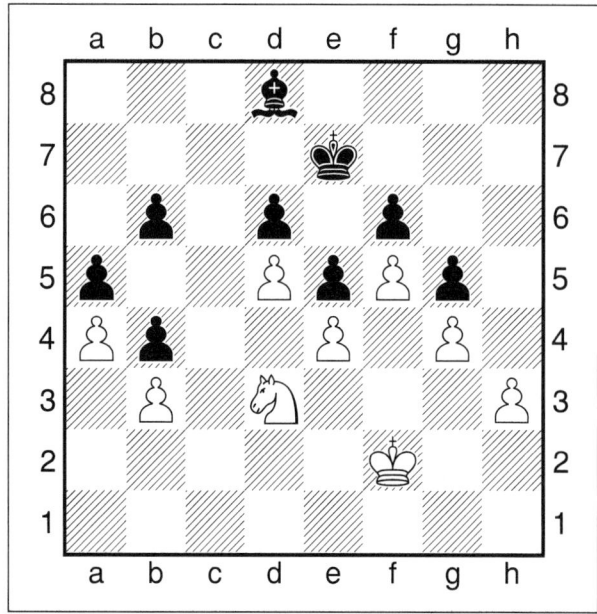

Diagramm 139

angreifen kann. Hier kann der Läufer seine Stärken voll ausspielen, der Springer ist ihm nicht gewachsen. Sei Schwarz am Zuge: 1...♗e6 2.♘d4 ♗d5. Der Läufer greift gleichzeitig Bauern auf verschiedenen Flügeln an. Springer und König von Weiß haben nur mit der Verteidigung zu tun. 3.♔f2 ♔e5! 4.♘f3+ ♔f4 5.♘d2. Weiß hat es noch einmal geschafft alles abzudecken, aber wie steht er da? Schwarz hat die Stellung bereits voll in der Hand. 5...♗e6!! Das bringt Weiß in Zugzwang. Der Springer darf nicht ziehen, also muss der Herrscher ziehen, dann aber kann Schwarz auf die dritte Reihe vorstoßen. 6.♔f1 ♔e3 7.♔e1 ♗d5! In der Zwischenzeit sind zwei Bauern und der Springer von Weiß angegriffen, was diesen überfordert. Auch ♘c4 geht ja nicht wegen ♗:c4 b:c4 ♔d4. Also z.B. 8.♘f1+ ♔d3 9.♔f2 ♗:b3 und Schwarz gewinnt, nachdem er noch auf a4 geschlagen hat.

Wozu haben wir uns das angesehen? Nun, damit ihr den Unterschied versteht, den es zwischen Stellungen verschiedenen Typs gibt. Das muss man beim Abtausch im Mittel- oder frühen Endspiel beachten. Im letzten Beispiel hätte Weiß z.B. früh erkennen müssen, dass sein Springer schlechte Chancen bot und er beim Abtausch einen Läufer behalten musste. Im vorhergehenden Beispiel war es umgekehrt. Anhand unserer Bauernstruktur müssen wir also erkennen, welche Figur für uns vorteilhafter ist. Ebenso können wir an ihr sehen, welcher unserer Läufer ein guter und welcher ein schlechter ist. Man versucht natürlich immer, den guten zu behalten und den schlechten abzutauschen. Außerdem sollten wir einschätzen können, ob ein gleichfarbiges oder ungleichfarbiges Läuferendspiel für uns günstig ist (je nachdem, ob wir Remis oder Sieg schaffen wollen). Das sollten uns die eben gesehenen Beispiele klar gemacht haben. Es ist deshalb falsch, einfach alles abzutauschen, was gerade im Weg steht. Man muss immer sorgfältig prüfen, ob man nicht gerade dabei ist, seinen guten Läufer gegen den schlechten des Gegners zu geben!

Diese Überlegungen wollen wir am letzten Beispiel dieses Abschnittes üben. Seht euch dazu Diagramm 141 an! In diesem komplizierten Endspiel können gerade eine Menge Figuren abgetauscht werden. Nun müssen beide Spieler überlegen, welche Figuren sie tauschen und welche sie behalten wollen. Sehen wir

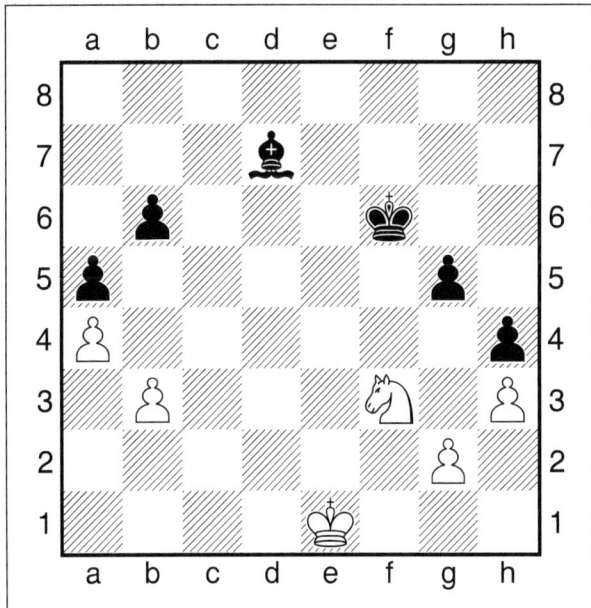

Diagramm 140

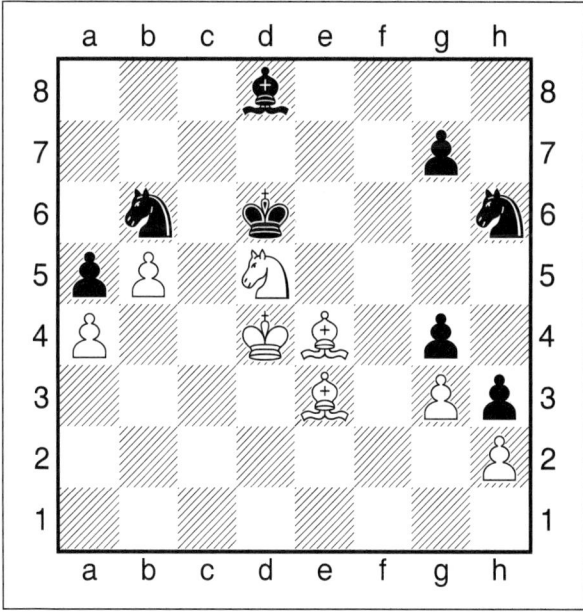

Diagramm 141

uns die Bauernstruktur an, so erkennen wir sofort, dass die weiße wesentlich günstiger ist, denn Schwarz hat einen Doppelbauern, Weiß aber einen gedeckten Freibauern. Weiß wird demnach berechtigte Hoffnungen auf Sieg haben, Schwarz wäre mit einem Remis bei seiner schlechten Stellung schon zufrieden. Überlegt nun selbst, welche Figuren ihr als Schwarzer und welche als Weißer abtauschen würdet! Was würdet ihr spielen, wenn ihr als Weißer oder als Schwarzer am Zug wäret?

Weiß am Zug darf natürlich nicht 1.♗:h6? g:h6 2.♘:b6?? spielen, weil Schwarz dann mit ungleichfarbigen Läufern gute Remisaussichten hat. Richtig ist 1.♘:b6! ♗:b6+ 2.♔d3, und entweder hat Weiß den Vorteil des Läuferpaares oder er kann mit Läufer gegen Springer spielen (wenn Schwarz auf e3 tauscht), wofür die Stellung mit Bauern an verschiedenen Flügeln günstig ist. Seinem Sieg steht nichts im Wege. Ist Schwarz am Zug, so spielt er am besten 1...♘d5!! Nun geht ♗:d5 nicht, da Weiß dann nach 2...♘f5+!! eine Figur verliert. Deshalb ist Weiß gezwungen, 2.♗:h6 g:h6 3.♗:d5 zu spielen. Auf dem Brett befinden sich ungleichfarbige Läufer, Schwarz hat also nichts zu befürchten. Außerdem kann er hier sogar mit 3...♗b6+ 4.♔e4 ♗g1!! in Vorteil kommen. Ihr seht, wie euch euer neues Wissen über die Endspiele schon im Mittelspiel helfen wird, den richtigen Kurs zu steuern.

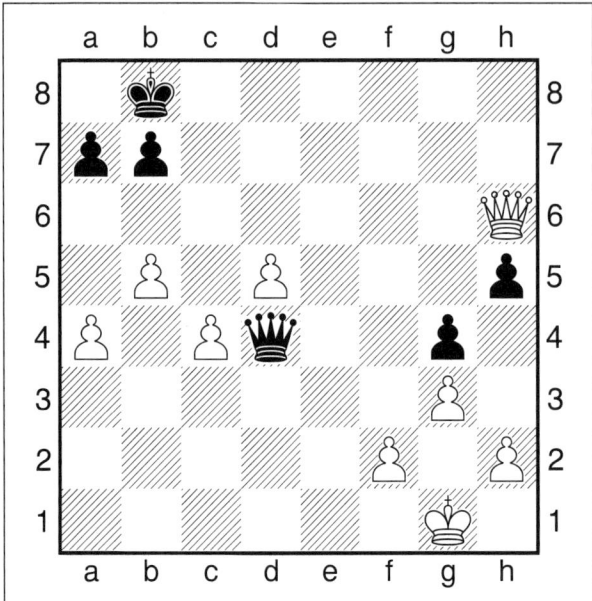

Diagramm 142

4.7.

Damenendspiele

Damenendspiele sind die kompliziertesten überhaupt, denn wer kann schon immer alle Möglichkeiten vorausberechnen, die so eine starke Dame hat. Hier ist es sehr schwierig, alle Bauern gut zu decken, den König vor einem Dauerschach zu schützen und einen eventuellen Freibauern zum Umwandlungsfeld zu bringen. Deshalb gilt hier wie auch in Turmendspielen folgende Regel:

Die schwächere Seite muss versuchen, die Damen zu behalten, die stärkere Seite kann meist nur gewinnen, wenn es ihr gelingt, die Damen zu tauschen.

Damentausch erreicht man am besten, wenn man mit seiner Dame eine Gabel auf König und Dame des Gegners spielt. Dann muss abgetauscht werden. Ist der Spieler der schwächeren Seite aber aufmerksam, wird er solche Situationen verhindern können. Ein

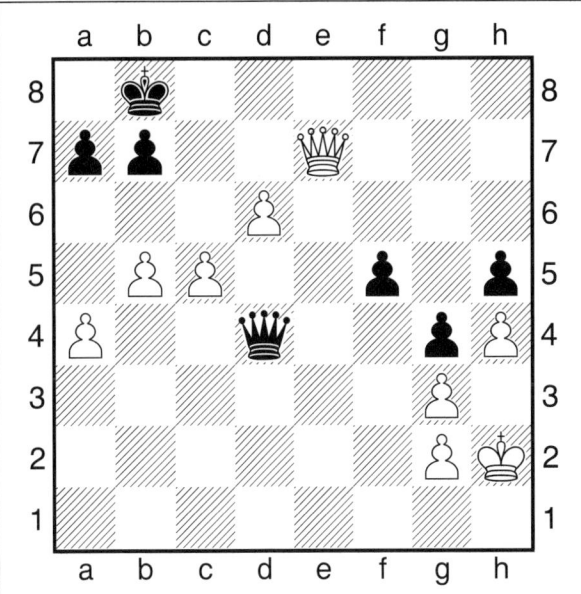

Diagramm 143

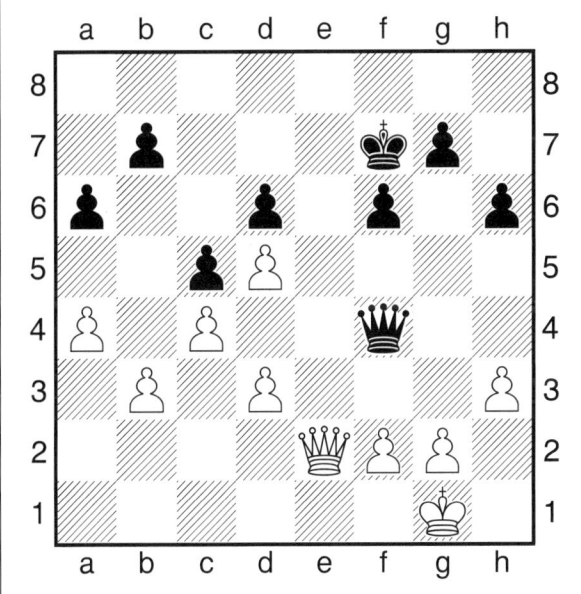

Diagramm 144

Diagramm 142 könnt ihr das beobachten. Ist Weiß am Zug, so kann er mit 1.♛f4+!! den Gegner zum Damentausch zwingen. Zwar bekommt er dabei einen Doppelbauer, aber bei zwei Mehrbauern ist das nicht so schlimm. Die ungedeckte schwarze Dame muss schlagen und der gedeckte Freibauer d5 gewinnt für Weiß die Partie. Ist aber Schwarz am Zug, sieht die Sache ganz anders aus. Er nutzt das Loch in der Bauernstellung des Weißen auf f3/g2 aus und rettet sich in ein Dauerschach: 1...♛d1+ 2.♔g2 ♛f3+ 3.♔f1 oder ♔g1 3...♛d1+ 4.♔g2 ♛f3+ usw. Remis!

Diese Dauerschachmöglichkeit sollten beide Spieler in Damenendspielen immer im Auge behalten. Gegen sie muss sich derjenige, der die Partie gewinnen will, sicher verteidigen können. Zu einer solchen Verteidigung ist ein Doppelbauer sehr nützlich. Im Diagramm 143 sehen wir eine derartige Stellung. Der weiße König hat sich perfekt hinter der eigenen Bauernmauer verbarrikadiert, die schwarze Dame kommt nicht an ihn heran. Das und seine zwei weit vorgerückten Mehrbauern versprechen Weiß hier den Sieg. Schwarz am Zug muss sich gegen ♛d8 matt wehren, das geht nur mit 1...♛h8 (auch auf 1...a6 oder 1...b6 kann Weiß nach spätestens zwei Zügen mattsetzen, findet heraus wie!) 2.♛c7+ ♔a8 3.d7 und Weiß bekommt eine zweite Dame. Solche Stellungen sind aber bei Damenendspielen selten.

Hat der König kein so gutes Versteck, muss seine Dame neben ihren Angriffsoperationen immer noch ein Auge auf ihn haben, um ihn notfalls zu schützen. Damit ist sie aber meistens überfordert, so dass ein Gegner, der lange nachdenkt, eine Gelegenheit findet, auf die eine oder andere Weise Remis zu sichern. Sehen wir uns Diagramm 144 an. Weiß hat einen Mehrbauern, doch nutzt ihm dieser wenig, da noch keine direkten Drohungen bestehen. Schwarz dagegen droht mit ♛c1+ und ♛f4+ Dauerschach zu geben. 1.g3. Weiß deckt diese Drohung ab, doch kann Schwarz nun mit 1...♛c1+ 2.♔g2 ♛c3 den weißen Bauern b3 angreifen. Weiß hat mit dem König wieder eine „dauerschachsichere" Stellung erreicht, doch hat er nun andere Probleme. Die Deckung des Bauern mit ♛d1 oder ♛a2 wäre zu passiv, also

wichtiges Mittel dazu ist das Remis durch Dauerschach, welches in Damenendspielen oft droht. Indem die Dame sich die Löcher in der gegnerischen Stellung zunutze macht, rettet sie die Partie. Im

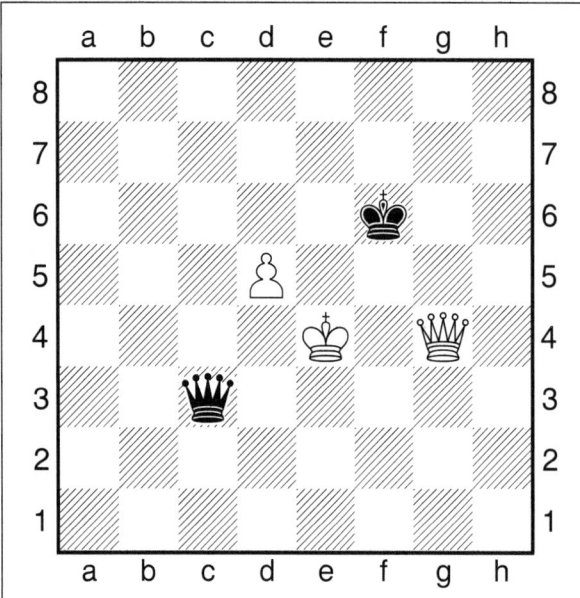

Diagramm 145

Gegenangriff: 3.♕e6+ ♔g6 (nicht ♔f8?, wonach Weiß auf d6 mit Schach schlagen könnte.) 4.♕:d6 ♕:b3 5.♕:c5 ♕:d3 6.d6 ♕e4+ 7.♔h2 ♕e8. Das verhindert d7 und greift a4 an. 8.a5 ♕d8 9.♕c7!! Nun wird es ernst für Schwarz. 9...♕e8 10.d7 ♕e1!! Aber auch Schwarz hat noch seine Möglichkeiten. Auf d8-♕? folgt nun ♕:f2 mit Dauerschach. 11.♕c5. Auch ♔g2 ♕e4+ usw. hilft Weiß nicht. 11...♕d2!! Die Dauerschachdrohung bleibt und d7 ist angegriffen. Weiß kann seinen Bauern nicht decken, ohne Dauerschach zu bekommen. Damit geht dieser verloren, die Partie endet auf jeden Fall Remis.

Wie wir gesehen haben, findet man meistens eine Rettung, wenn man danach sucht. Deshalb ist es für den Stärkeren so wichtig, die Damen zu tauschen. Davor sollte man sich als Schwächerer immer in Acht nehmen, denn es bedeutet dann meist den sicheren Verlust im Bauernendspiel.

Sehen wir uns zum Abschluss dieses Abschnittes und damit unseres Endspielkapitels noch an, wie man mit einer Dame und einem Bauern gegen eine Dame vorgeht. Solche Endspiele sind sehr schwer zu spielen und bis heute trotz Computertechnik nicht eindeutig erforscht. Hier hängt viel vom Einfallsreichtum der Spieler ab. Für den König der stärkeren Seite wird es das Ziel sein, sich hinter seiner Dame oder seinem Bauern vor den Schachgeboten zu verstecken, die Dame der schwächeren Seite muss versuchen, Dauerschach zu bieten. Im Diagramm 145 haben wir eine solche Stellung. Weiß muss den feindlichen König abdrängen, den Bauern vorstoßen und den König sichern. Ob er das alles schaffen kann? 1.♕e6+ ♔g7 2.d6 ♕e1+ 3.♔d5 ♕d2+ 4.♔c6 ♕c3+ 5.♔d7. Die Dame hat kein Schach mehr, aber der Bauer kann im Moment auch nicht weiter. 5...♕b4. Schwarz möchte erneut Schach sagen. 6.♔e8. Nun beantwortet Weiß ♕b5+ oder ♕a4+ mit d7! 6...♕b8+ 7.♔e7 ♕f8+ 8.♔d7. Wieder gibt es kein Schach, und wieder kann der Bauer nicht ziehen. Diesmal steht die Dame aber schlechter. 8...♕b8 9.♕e7+ ♔h6 (sonst folgt ♕e8+!! mit Damentausch und Sieg.) 10.♕f6+ ♔h7 11.♕f7+ ♔h6 12.♔e7!! Jetzt folgt auf jedes Schach von Schwarz d7. 12...♕b4! 13.♕f6+ ♔h7? 14.♔e8 (nun geht ♕e1+ oder ♕e4+ nicht, da dann ♕e7+ mit Damentausch folgt. 13...♔h7 war also ein Fehler.) 14...♕b8+ 15.♕d8. Schwarz hat kein Schach und kann den Bauern nicht fesseln. Endlich darf dieser vorrücken. Wenn Weiß keinen Fehler macht, wird er gewinnen. Probiert das aus! Es wäre viel günstiger für Schwarz, wenn er jetzt den König auf g6 (statt auf h7) hätte. Dann ginge nämlich 15...♕b5+ 16.d7 (mit dem König auf h7 hätte Weiß natürlich 16.♕d7+! gespielt) 16...♕e5+ 17.♔e7 ♕h8+ 18.♕f8 ♕e5+ 19.♔d8 ♕b8+ 20.♔e7 ♕e5+ und Schwarz hält Remis durch Dauerschach. Auf jeden Fall muss Schwarz in so einer Stellung ganz genau spielen, um das Remis zu halten. Da euer Gegner sicher nicht so gut spielt, würde ich es auf jeden Fall versuchen, mit Dame und Bauer gegen eine Dame zu gewinnen!

Damit wollen wir dieses Kapitel abschließen. Ich hoffe, dass euch auch die trockene Theorie etwas Spaß gemacht hat und dass ihr etwas gelernt habt. Endspiele, das kann man gar nicht oft genug betonen, sind ebenso wichtig wie Eröffnungen und Mittelspiele. Eine gute Portion Wissen über sie gehört zu jedem echten Schachspieler. Widmet euch

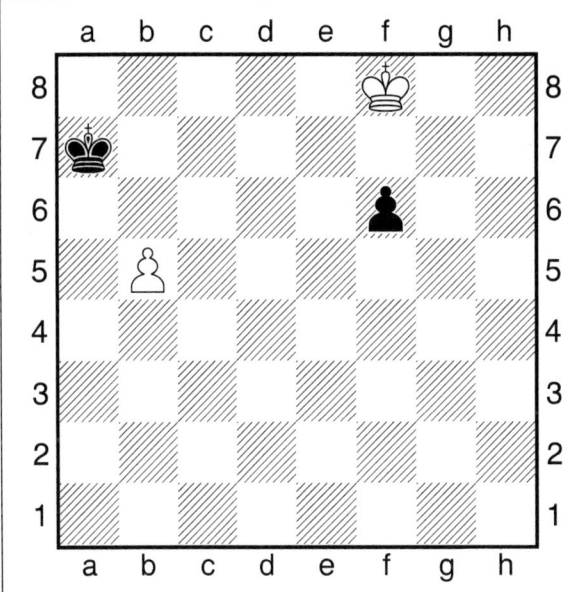

Diagramm 146

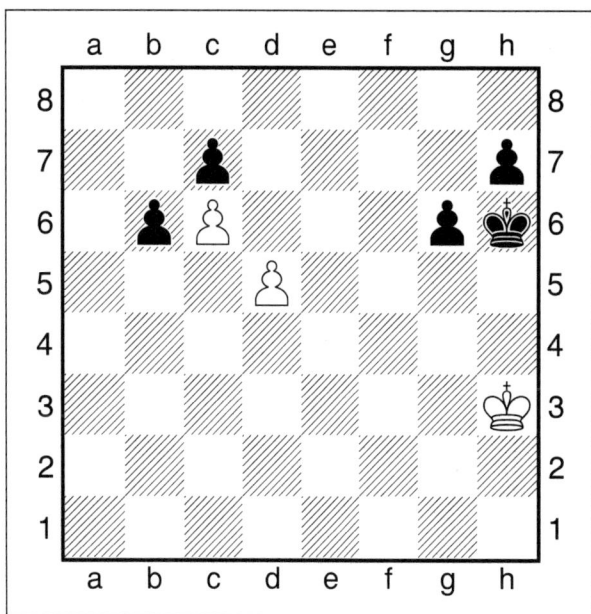

Diagramm 148

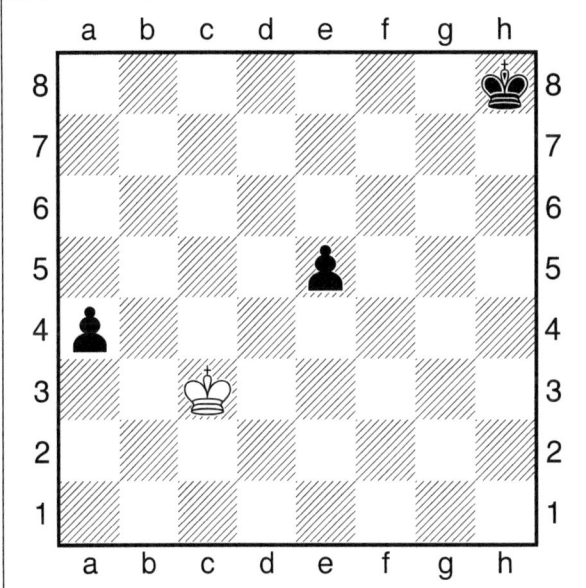

Diagramm 147

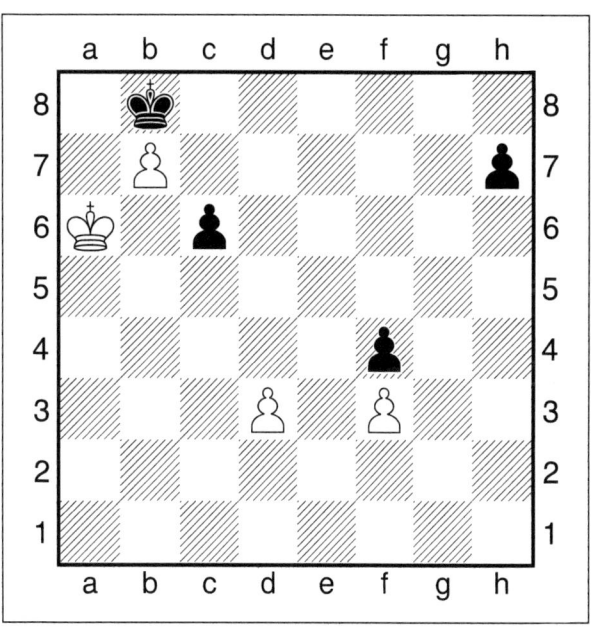

Diagramm 149

deshalb mit besonderer Aufmerksamkeit den folgenden Kontrollfragen! Überprüft mit ihrer Hilfe, wo ihr noch Wissenslücken habt und schlagt dort

nochmals nach! Wer aber die folgenden Fragen schon recht gut zu beantworten weiß, der ist wirklich auf dem besten Wege zum Schachmeister!

117

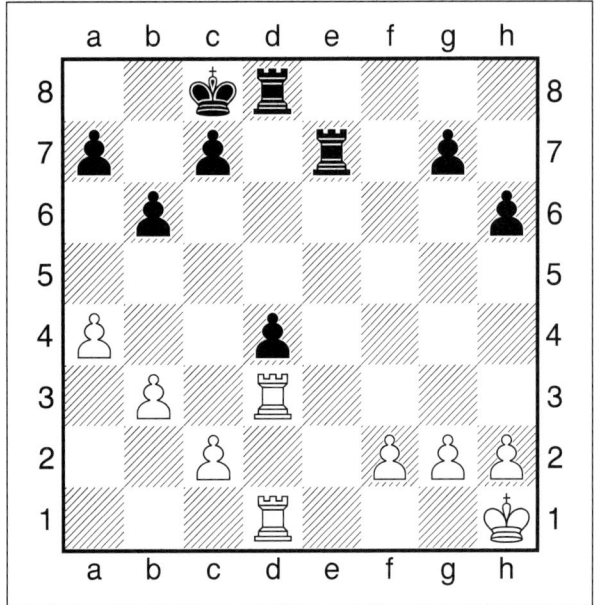

Diagramm 150

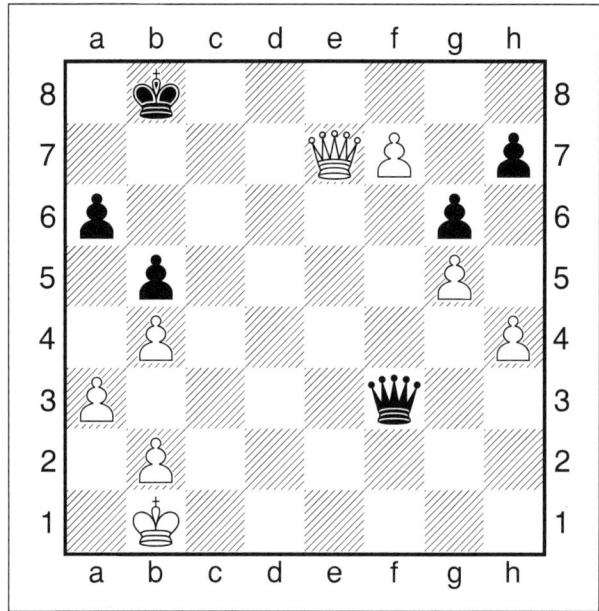

Diagramm 152

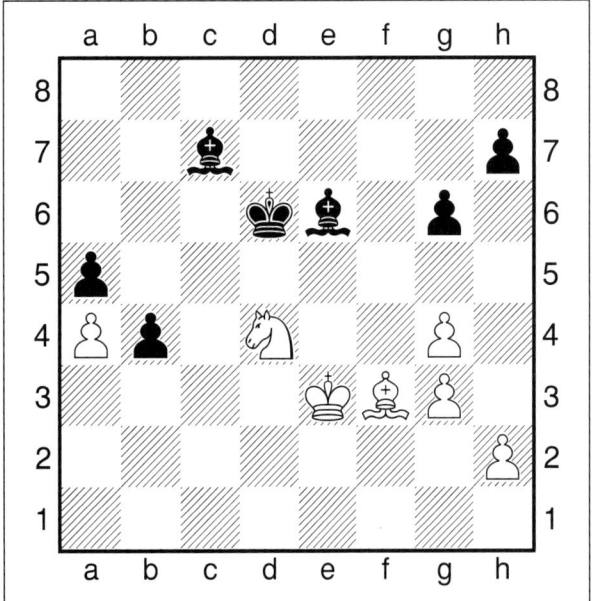

Diagramm 151

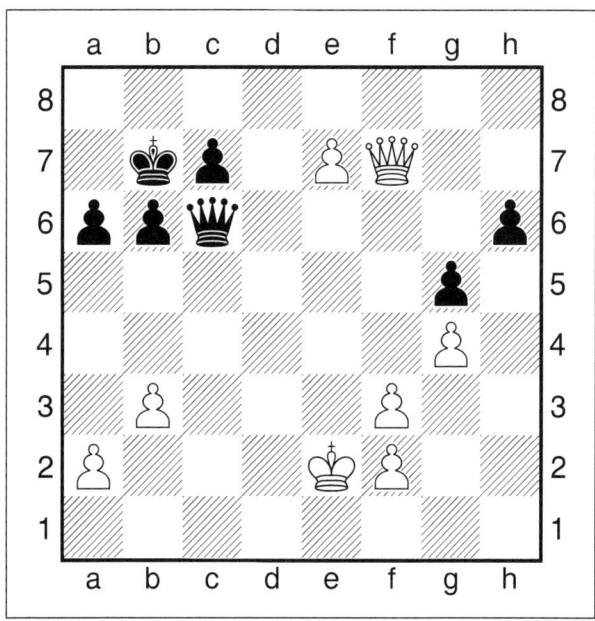

Diagramm 153

4.8.

Kontrollfragen

1.
Wie kann Weiß am Zug in den folgenden Stellungen die Umwandlung des schwarzen Bauern verhindern? Wie endet das Spiel?

Weiß	Schwarz
a) ♔d2	♚f3, ♟e2
b) ♔b7, ♗d8	♚f3, ♟e2
c) ♔b7, ♗e8	♚f3, ♟e2
d) ♔d8, ♘b4	♚f3, ♟e2
e) ♔a8, ♘c5	♚f3, ♟a2
f) ♔h8, ♘b7	♚e4, ♟a2
g) ♔g7, ♖a8	♚e2, ♟d2
h) ♔c1, ♖b4	♚e3, ♟d3
i) ♔b6, ♕b8	♚f2, ♟g2
j) ♔b5, ♕b8	♚g2, ♟f2

2.
Wie kann ein Springer einen Randbauern wirksam aufhalten, bis ihm sein König zu Hilfe eilt?

3.
Gegen welche Bauern (ein Feld vor der Umwandlung) kann eine Dame nicht gewinnen, wenn ihr König weit entfernt ist? Warum ist das so?

4.
In den folgenden Stellungen ist Weiß am Zug. Wie soll er spielen? Wie endet die Partie, wenn beide Spieler keine Fehler machen?

Weiß	Schwarz
a) ♔f4, Bd4	♚f6, ♝d5
b) ♔h3, ♟e4	♚g5, ♟e5
c) ♔f5, ♟c5	♚e7, ♟c6
d) ♔h6, ♟f4	♚d3, ♟f5

5.
Seht euch die Stellung im Diagramm 146 an! Wie muss Weiß am Zug spielen? Was muss Schwarz darauf antworten, will er nicht verlieren?

6.
Was hat es mit der Symmetrie des Schachbrettes auf sich?

7.
Wie spielt Schwarz am Zug im Diagramm 147 am günstigsten?

8.
Im Diagramm 148 ist Weiß am Zug. Wer gewinnt diese Partie und wie?

9.
Was sollte Weiß in folgender Stellung spielen? Wer steht dann besser, wie endet die Partie?
Weiß: ♔f4, ♗b4, c4, d3, g4, h4;
Schwarz: ♚d6, ♝c5, d7, g7, g6, h7

10.
Welcher der beiden Freibauern im Diagramm 149 ist gefährlicher? Wer gewinnt die Partie? Ist es dabei wichtig, wer am Zug ist?

11.
Wohin muss der König der schwächeren Seite bei einem Endspiel Turm gegen Läufer gehen? Warum gilt diese Regel?

12.
Wie endet ein Endspiel Dame gegen Turm? Mit welcher Idee muss die Dame kämpfen?

13.
Wie endet ein Endspiel Turm gegen Springer meistens?

14.
Welche wichtigen Dinge muss man bei einem Turmendspiel beachten? Welche Regeln habt ihr dazu kennen gelernt?

15.
Seht euch Diagramm 150 an! Warum darf Weiß auf gar keinen Fall ♖:d4?? spielen? Was sollte er statt dessen ziehen? Was kann Schwarz am besten darauf antworten? Wer steht dann besser?

16.
Welchen Zug muss Weiß in dieser Stellung unbedingt spielen? Warum? Weiß: ♔c3, ♖g7 ; Schwarz: ♚c8, ♖g1, ♟g2

17.
Kann Schwarz am Zug in dieser Stellung Remis halten, wenn ja, wie? Weiß: ♔f4, ♖h1, ♟f7, h7; Schwarz: ♚h8, ♖d2

18.
Warum ist Weiß am Zug in dieser Stellung rettungslos verloren? Weiß: ♔d2, ♖h2; Schwarz: ♔a5, ♖b5, ♙g2

19.
In folgenden Stellungen ist Weiß am Zug. Wie wird das Endspiel ausgehen? Begründet euere Entscheidung!

Weiß
a) ♔g2, ♗a8
b) ♔f6, ♔b3, ♙d4, e5
c) ♔d2, ♗g3, ♙a4, b3, g4, h5
d) ♔f5, ♘a7, ♙a4, b3, c4, d5

Schwarz
♔g4, ♗f6, ♙f4, g3
♔d7, ♗f5, ♙e6
♔c6, ♘c8, ♙a5, b4, g7, h6
♔d7, ♗e7, ♙a5, b4, c5, d6

20.
Was ist der Unterschied zwischen einem guten und einem schlechten Läufer? Über was für einen verfügt Schwarz in Aufgabe 19.d)?

21.
Wer ist im Endspiel stärker – ein Springer oder ein Läufer?

22.
Warum unterscheidet man bei Läuferendspielen nochmals in gleichfarbige und ungleichfarbige?

23.
Analysiert die Stellung im Diagramm 151 gründlich! Weiß am Zug könnte entweder mit ♘:e6 den Springer gegen den Läufer tauschen oder mit ♘b5+ den anderen Läufer nehmen. Für welche Möglichkeit soll er sich entscheiden? Warum? Was sollte Schwarz am Zuge spielen?

24.
Welche besondere Verteidigungschance hat der Schwächere meist in Damenendspielen? Was muss der Stärkere schaffen, wenn er gewinnen will?

25.
In den Diagrammen 152 und 153 ist jeweils Schwarz am Zug. Kann er die Partie noch retten? Wenn ja oder auch nein – warum?

26.
In der folgenden Stellung ist Schwarz am Zug. Kann er Remis halten? Begründet eure Entscheidung! Weiß: ♔g8, ♕f7, ♗e7; Schwarz: ♔b2, ♕c5

Und wie geht es jetzt weiter?

Markus Spindler – Schachlehrbuch für Kinder - Fortgeschrittene

132 Seiten, 114 Diagramme, Illustrationen, gebunden
Dieses Lehrbuch für Fortgeschrittene wurde für Kinder geschrieben, die bereits die Gangart der Figuren kennen und über das Mattsetzen und einfache Endspiele im Bilde sind.
Wie der erste Band, der Kinder ohne Vorkenntnisse ins Schach einführt, ist es wegen des klaren Aufbaus besonders zum Selbststudium geeignet. Es leistet auch in Schachgruppen gute Dienste.
Rezension von Gerald Berghöfer:
Für das Folgebuch für Fortgeschrittene gilt im Wesentlichen das Gleiche wie für das Anfängerbuch, wobei nun folgende Themen abgedeckt werden:
Das Finden eines Planes, das Positionsspiel, die Taktik, Eröffnungstheorie und Eröffnungsrepertoire, die Schachuhr, Vorbereitung auf den Schachwettkampf, Lehrpartien, Testpartien, um herauszufinden, wie gut man schon ist, sowie die Lösungen für die Übungen beider Bände.